FACULTÉ DE DROIT DE PARIS

DE LA RESPONSABILITÉ

DES

MAGISTRATS PUBLICS

EN DROIT ROMAIN

DE LA RESPONSABILITÉ

DES FONCTIONNAIRES

EN DROIT FRANÇAIS

THÈSE POUR LE DOCTORAT

L'ACTE PUBLIC SUR LES MATIÈRES CI-APRÈS SERA SOUTENU LE

JEUDI 28 JUIN 1883 à 1 heure et demie

PAR

FRANÇOIS, ROBERT, ALEXIS GUÉRIN

Rédacteur au cabinet du préfet de la Seine

PARIS

LIBRAIRIE NOUVELLE DE DROIT ET DE JURISPRUDENCE

ARTHUR ROUSSEAU, ÉDITEUR

14, RUE SOUFFLOT, ET RUE TOULLIER, 13

1883

THÈSE

POUR LE DOCTORAT

Imprimerie du Fort-Carré, Paris, 19, Chaussée-d'Antin

FACULTÉ DE DROIT DE PARIS

DE LA RESPONSABILITÉ

DES

MAGISTRATS PUBLICS

EN DROIT ROMAIN

DE LA RESPONSABILITÉ

DES FONCTIONNAIRES

EN DROIT FRANÇAIS

THÈSE POUR LE DOCTORAT

L'ACTE PUBLIC SUR LES MATIÈRES CI-APRÈS SERA SOUTENU LE

JEUDI 28 JUIN 1883 à 1 heure et demie

PAR

François, Robert, Alexis GUÉRIN

Rédacteur au cabinet du préfet de la Seine

Président : M. JALABERT

	MM. LÉVEILLÉ	Professeur
SUFFRAGANTS :	MICHEL HENRI	
	LAINE	Agrégés
	BEAUREGARD	

PARIS

LIBRAIRIE NOUVELLE DE DROIT ET DE JURISPRUDENCE

ARTHUR ROUSSEAU, ÉDITEUR

14, RUE SOUFFLOT, ET RUE TOULLIER, 13

1883

A MON PÈRE

DE LA RESPONSABILITÉ

DES

MAGISTRATS PUBLICS

PREMIÈRE PARTIE

DOCTRINE

—

Sources Juridiques de la responsabilité.

Le caractère exact du contrat passé entre la société et les magistrats publics est demeuré longtemps indéterminé ; la famille, cette forme primitive de l'association, basée sur la nécessité de protection de l'enfant par le père, avait consacré le principe de commandement ; lorsque le développement des lignes collatérales et l'éloignement de l'auteur commun, substituèrent un nouveau lien à celui qui résultait de la naissance, la transition s'opéra insensiblement, et le chef de nation se trouva investi de l'autorité du patriarche.

Bien que ce nouveau pouvoir différât essentiellement de l'ancien dans sa source, il fallut de longues années pour qu'on dégageât les principes véritables, et qu'on examinât la question au point de vue doctrinal.

Contrat de mandat. — Quelle est aujourd'hui la nature juridique des relations qui s'établissent entre le gouvernant et la nation ? Il y a là généralement un *mandat,* c'est-à-dire un pouvoir conféré par l'une des parties, et accepté par l'autre, d'accomplir, au nom de l'État, les actes de gestion et de commandement inhérents à son existence.

Quasi-contrat de gestion d'affaires. — Il peut se rencontrer pourtant telle hypothèse où, par suite d'un interrègne, d'une interruption dans le fonctionnement du pouvoir, un citoyen fasse spontanément acte de gouvernement, et gère la chose publique, d'une façon temporaire et dans l'intérêt de tous ; nous n'hésiterons pas à reconnaître que, si la nation ratifie *ex post facto* cette initiative, il en naîtra les actions réciproques résultant du *quasi-contrat de gestion d'affaires.* La Société sera tenue de respecter les actes qui lui auront été profitables, par une sorte d'action *de in rem verso* ; et le *negotiorum gestor* sera soumis aux règles de la responsabilité qui incombe au mandataire. (art. 1872, c. civil).

Nous devions indiquer cette situation, car elle s'est présentée, en fait, à diverses reprises, et les gouvernements régulièrement institués ont toujours reconnu la validité des actes du pouvoir intérimaire ; mais, en adoptant cette conduite ils ne cédaient généralement qu'à des considérations politiques ; il n'est donc pas sans intérêt de constater que les principes de la gestion d'affaires leur en faisaient une obligation légale, et cette observation trouverait peut-être place si, dans une circonstance analogue, on était tenté de méconnaître ce lien de droit. Aristote, (Politique, III, 2 § 10 et s.) examine longuement la question, mais au point de vue des intérêts du peuple, et non pas au point de vue de son obligation légale.

Délit et quasi-délit. — Sous le bénéfice de cette exception, il faut avouer que dans la plupart des cas, celui qui exerce le pouvoir sans en avoir reçu l'investiture, agira probablement dans son intérêt particulier, et qu'on ne saurait, sans indulgence excessive, le considérer comme un *nego-tiorum gestor* : mais alors, s'il n'y a ni contrat, ni quasi-contrat, d'où pourrait provenir pour lui une responsabilité ? de nulle source, évidemment. Il s'ensuit que l'usurpateur n'est pas obligé à rendre des comptes. Cette conclusion para-doxale en apparence, mais rigoureusement juridique, ne présente d'ailleurs aucun danger, car elle est purement thé-orique ; en effet, il est évident que l'usurpateur aura lésé des droits et sera tenu en vertu de ses délits : nous avons seule-ment voulu faire observer que ce n'est pas *l'exercice du pou-voir* que l'on peut incriminer chez lui, mais l'*excès du pouvoir*.

Il était pourtant nécessaire de faire cette remarque, car elle ex-pliquera pourquoi, dans le cours de cette étude, nous écarte-rons absolument la recherche de la responsabilité qu'encourent les gouvernements de fait, violents et oppresseurs ; non pas qu'elle soit moins lourde, mais elle n'a pas sa source dans la *fonction* puisque toute fonction suppose un mandat. Les délits et quasi-délits que commettent les tyrans ne sont pas crimes fonctionnels, gouvernementaux ; ce sont des crimes de droit commun qui doivent être jugés d'après les lois pénales ordinaires ; ce qui fait au contraire l'intérêt de notre sujet, c'est le caractère tout spécial que donne aux actes d'un fonctionnaire la fonction dont il est revêtu. Nous examinerons plus loin cette question ; indiquons seu-lement dès à présent que le problème réside dans la diffi-culté de respecter l'exercice de la fonction, utile à l'ordre social, tout en réprimant le fonctionnaire. Or, on voit aisé-ment que chez l'oppresseur, l'utilité de respecter un pouvoir que nul ne lui a confié n'apparaissant pas, ne vient pas en-traver le châtiment qui vise l'individu.

Le gouvernement *de fait* ne se prête pas à une thèse spé-ciale pour les motifs suivants :

1° *L'usurpateur* n'est tenu qu'en vertu de délits de droit commun — *le gouvernant* est tenu en vertu d'un mandat dont les règles sont spéciales.

2° L'usurpateur sera poursuivi selon les formes ordinaires de la justice criminelle — le gouvernant sera soumis à une procédure toute particulière, dont l'établissement et le fonctionnement constituent un des problèmes les plus délicats du sujet.

A ce propos remarquons que si l'usurpation commise *par un gouvernant* est qualifiée de *haute trahison*, c'est précisément parce qu'elle émane d'un individu *préalablement* revêtu d'une autorité régulière; mais les mêmes faits qui le constituent coupable de haute trahison, s'ils provenaient d'une individualité sans mandat, resteraient crimes de droit commun.

3° La responsabilité du gouvernant est assurée par la mise en jeu de cette procédure légale, laquelle fonctionne sans violence, comme un rouage normal du système constitutionnel. Cette certitude de la responsabilité du gouvernant n'est pas un des moindres bienfaits du régime, elle procure le calme aux esprits, écarte tout recours à la violence, et par cela même qu'elle rend *inutile* l'appel à la force contre l'autorité, elle le rend *sans excuse*.

Au contraire, il est à peine besoin de démontrer que, à l'égard de l'usurpateur, la difficulté d'assurer sa responsabilité s'accroît en raison même de la gravité des délits qu'il a commis : on ne la procurera généralement qu'au prix de luttes, de déchirements. La répression dépendra alors des hasards du combat, à moins que quelque citoyen, estimant que la violation du droit naturel autorise la mise *hors l'humanité*, ne s'érige en juge, et n'assassine celui que la loi positive ne peut frapper. C'est là le terrain sur lequel s'est placé le gouvernement de fait ; étranger au droit par son origine, il le demeure dans son fonctionnement et dans sa chute; nous n'avons pas donc à tracer pour lui des règles de responsabilité que la violence du pouvoir éludera, ou que la force du peuple suppléera suffisamment.

Notre travail, pour rester purement juridique, ne doit envisager que les régimes constitutionnels.

Etude du mandat gouvernemental.

Quels actes entraînent la responsabilité. — A quels actes du gouvernant s'appliquera le principe de la responsabilité?

. Pour trancher cette question, il importe de définir la nature du mandat donné au gouvernant. Ce mandat a sa source dans l'*utilité générale ;* c'est donc elle qui doit en être *la mesure.* La société confie au gouvernement la direction des forces communes, à charge pour lui d'assurer aux gouvernés les bienfaits de l'état civilisé; en vue de ce résultat, chaque citoyen renonce à une partie de son indépendance théorique, dans la limite où elle entraverait l'action de l'État.

Ce contrat synallagmatique est-il exécuté? L'État est armé contre l'individu de moyens coercitifs et répressifs que lui fournissent les lois; les premiers assurent directement l'accomplissement des devoirs; les seconds châtient les défaillants.

Nous verrons au cours de cette étude de quels moyens de recours l'individu dispose contre l'État.

Mais remarquons qu'en aucun cas l'individu n'exercera ce recours contre le gouvernement tant que celui-ci se sera maintenu strictement dans le rôle que lui tracent les lois. Si rigoureuses qu'on les suppose, celles-ci comportent avec elles l'impunité et l'irresponsabilité (art. 64 C. Pénal), pour ceux qui en ont procuré l'exécution. Si le pouvoir législatif a tracé une règle, c'est qu'il a pensé que l'utilité générale exigeait cette lésion des intérêts privés; et nul n'a qualité pour en contester la nécessité.

Cette obéissance aux lois, expression de la volonté commune, est une des conditions essentielles du maintien des sociétés. Les intérêts atteints, les droits méconnus par les lois n'étaient pas des intérêts respectables, n'étaient pas des droits véritables; ainsi le décide la doctrine de la souveraineté de

la loi. Quel autre critérium peut-on admettre — en droit
positif — que la décision du législateur? et que resterait-il
du pacte social le jour où tout individu pourrait nier la légitimité de la loi, et se refuser à son exécution?

L'individu n'est cependant pas désarmé contre une législation qu'il juge oppressive. Il peut, soit agir sur le pouvoir
législatif pour obtenir la modification de la règle constitutionnelle — (par le vote, la pétition, les réunions, la presse), —
soit renoncer à une nationalité qui lui paraît insuffisamment
tutélaire. Encore, à l'occasion de ce second procédé, faut-il
reconnaître à l'État le droit de s'opposer à une dénationali-
sation, si elle est faite à contre-temps, comme serait celle
de l'homme qui, après avoir bénéficié pendant vingt ans
d'une nationalité, s'expatrierait pour lui refuser le service
militaire (V. décret du 26 Août 1811). Dans le même ordre
d'idées, exagérant le principe, certains états conservent
encore, abusivement, l'allégeance perpétuelle, vestige de la
servitude de la glèbe.

Toutefois, s'il est aisé d'établir doctrinalement que le gouvernement n'est pas tenu à raison des actes qu'il a commis
en exécution de la loi, il s'élève des difficultés extrêmes
pour déterminer le caractère personnel ou administratif d'un
acte. Le citoyen lésé par le fonctionnement des services
publics aura toujours intérêt à soutenir que la loi a été mal
interprétée et qu'elle n'autorisait pas l'acte dont il a été victime; de son côté l'administrateur, préoccupé d'accomplir la
tâche qui lui est confiée, est tenté d'abréger et même de supprimer les formalités gênantes pour lui, tutélaires pour le
citoyen. Dans le silence des textes qui n'ont pu prévoir tous
les cas particuliers, le terrain où peut se mouvoir l'action administrative étant parfois mal délimité, il se produira des empiétements inévitables de la part des deux intérêts opposés,
l'intérêt public et l'intérêt privé. Pour la solution de ces conflits, le critérium fait défaut. Les Romains n'ont pas même
songé à poser des principes théoriques en cette matière, où

l'on ne conçoit que des décisions d'espèce. D'ailleurs, les cas étaient généralement simples, et, dans le doute, il est certain que la question eut été tranchée au profit de l'État, auquel les Romains n'ont jamais marchandé le sacrifice des intérêts privés. Dans notre droit public plus méticuleux que le leur, le souci de tenir la balance égale entre l'individu et la société a donné lieu à des questions complexes, dont nous renvoyons l'examen à la partie de ce travail consacrée au droit français.

Appréciation des fautes. — La responsabilité du gouvernement régulier provient, avons-nous dit, d'une source juridique : le mandat. Or, le mandataire doit compte, non-seulement de ses délits et quasi-délits, mais encore de ses fautes, de celles qu'il a commises soit *in faciendo*, soit *in omittendo*. La théorie française du mandat comporte une distinction quant à l'appréciation de ces fautes, selon que le mandat est gratuit ou rémunéré. Dans le premier cas, le mandataire est tenu de la faute lourde appréciée *in abstracto,* dans le second, il répondra même de la faute légère considérée également *in abstracto*. (art. 1992.) Cela est établi par les termes de l'art. 1374 qui, dans une matière déclarée par le Code analogue au mandat (1372 in fine.), la gestion d'affaires, déclare que le gérant est tenu d'apporter à sa gestion tous les soins d'un bon père de famille, formule correspondant à l'expression romaine *culpa in abstracto* par opposition à la *culpa in concreto* dont le code donne la formule française dans l'art. 1927.

Cette distinction de l'art. 1992 ne me paraît pas devoir être adoptée lorsqu'il s'agit du mandat public. En effet on ne peut prétendre que l'homme d'État qui met au service de la nation son intelligence et son dévouement, reçoive jamais une rémunération : certaines fonctions sont essentiellement gratuites (L. 5 mai 1855, art. 1.) ; d'autres, il est vrai, donnent lieu à une indemnité ; mais celle-ci ne saurait être considérée comme représentative du service rendu, et tend seulement à réparer le préjudice causé au mandataire par l'exercice de

son mandat. Rabaisser le mandat politique au louage d'ouvrage, ce serait méconnaitre les plus nobles mobiles des
actions humaines, l'amour de la patrie, l'ambition légitime,
la passion de la justice et du bien, — causes pour lesquelles
le citoyen sacrifie parfois sa fortune, sa liberté, sa vie, ce
qui exclut toute idée de rémunération possible.

Mais de ce que le mandat public doit être regardé comme
exercé gratuitement, il ne s'ensuit pas que le mandataire
soit tenu seulement de la faute *lourde in abstracto*. La
nature spéciale de ce contrat exige une responsabllité exor-
bitante du droit commun. La grandeur des intérêts engagés,
l'importance de la mission, l'étendue des pouvoirs conférés,
la gravité des conséquences éventuelles, imposent comme
corrélatif une appréciation exceptionnellement rigoureuse
des fautes. L'homme qui accepte la direction de l'État renonce
à toutes les excuses tirées des faiblesses humaines ; il s'engage à s'élever jusqu'à la hauteur d'une tâche grandiose, et
devient responsable de l'insuccès, celui-ci résultât-il de forces
majeures, car il a promis de les briser. Aussi dirai-je que le
mandataire public est tenu même de la faute *légère in concreto*, c'est-à-dire, appréciée au point de vue des capacités
extraordinaires qu'a fait présumer l'acceptation du mandat.
Ainsi, l'expression *in concreto*, que le droit privé emploie
comme comportant une *atténuation*, à raison de la fragilité
humaine, devient dans cette théorie un terme entraînant
aggravation de la responsabilité, car le point de comparaison
sera pris parmi les hommes d'État supérieurs à la masse
du vulgaire.

J'ajoute, pour éviter de tomber dans l'absurde, que, comme
certaines récompenses sont du domaine de l'histoire qui seule
décerne la renommée, la gloire de l'immortalité, les châtiments
encourus par l'application extrême de ma théorie demeurent
purement moraux, et résultent de blàmes, de flétrissures ou
simplement de l'impopularité que l'opinion publique inflige-
ra aux coupables. Quand on voudra prononcer des peines

légales, il faudra en revenir aux principes généraux et n'envisager les fautes qu'*in abstracto*, c'est-à-dire admettre que les hommes d'État, si grands qu'on les ait estimés, ont droit à la même indulgence et à la même commisération que le vulgaire, à la mesure duquel on doit les juger.

Historique du principe.

Le principe de la responsabilité des magistrats, principe primordial dans le droit naturel, n'a pas été indistinctement admis par toutes les législations.

En effet, il repose sur une notion encore vivement controversée chez certains peuples, la notion de *mandat*. Il suppose connue la distinction essentielle entre le gouvernement et la souveraineté ; le gouvernement réduit à l'état de fonction exercée par un petit nombre, la souveraineté résidant dans l'universalité.

Aussi est-ce seulement quand les civilisations deviennent maîtresses des vérités fondamentales du droit public, que l'idée de responsabilité prend naissance et qu'on en trouve vestige dans l'histoire.

Confucius.— Dès le VIe siècle avant notre ère, les véritables règles avaient été tracées avec une admirable précision par le grand philosophe Khoung-fou-tseu (Confucius). Tout en attribuant au pouvoir impérial une origine divine, il indique les conditions auxquelles cette dévolution a été faite, et quelle doit être la sanction de leur observation rigoureuse. « La souveraineté est comme une extension du pouvoir paternel ; le but du gouvernement est l'accomplissement, dans l'ordre social, des vertus et des devoirs prescrits à tous les particuliers par la loi éternelle de la Justice et de la Raison. Les vertus privées sont le fondement des vertus publiques. Pour être digne de gouverner les hommes, il faut n'avoir plus d'autre passion que l'amour du bien public, en un mot être arrivé à la perfection. »

Ces devoirs une fois connus, quelle responsabilité encourt le violateur de la loi divine ? « Celui qui possède l'Empire, écrit Khoung-fou-tseu dans le *Tahio* (grande étude), ne doit pas négliger de veiller attentivement sur lui-même pour pratiquer le bien et éviter le mal. S'il ne tient compte de ces principes, *alors la chute de son empire en sera la conséquence.* »

Bien qu'il compte uniquement sur la colère divine pour réaliser cette menace, il suffit, pour la gloire du philosophe chinois, qu'il ait proclamé la doctrine de la responsabilité. C'est aux nations à en organiser l'application.

Platon. — Deux siècles plus tard, Platon, après avoir également posé le principe, dans sa « République », recherche, dans ses « Lois », les moyens propres à rendre efficace la responsabilité des magistrats. (Platon, les Lois, Livre XII).

Ceux-ci étant, dans sa conception idéale, les uns *tirés au sort* et *annuels*, les autres *choisis par voie de suffrage* et pour plusieurs années, subissent le contrôle des *censeurs*. Ces derniers, qui, par leurs vertus, méritent d'être qualifiés d' « hommes divins » jugent les magistrats sortis de charge et les frappent de peines afflictives ou pécuniaires. Mais ceux-ci eux-mêmes ne sont pas impeccables, le magistrat condamné par eux peut donc en appeler de la décision des censeurs aux « juges d'élite » et si, après avoir rendu compte de sa conduite à ce tribunal il est renvoyé absous, il intentera, s'il le veut, un procès aux censeurs. Ceux-ci seront déférés à un tribunal composé des gardiens des lois, des autres censeurs, et des juges d'élite. La loi ordonne, d'ailleurs, à tout citoyen, de se porter accusateur, lorsqu'un magistrat, par sa conduite, LAISSE APERCEVOIR QU'IL EST HOMME ; la formule sera ainsi conçue : « un tel est indigne du prix de la vertu et de la censure. » Le censeur, s'il est convaincu, sera déclaré déchu de sa dignité, privé des distinctions attachées à sa charge, et plus tard on lui refusera la sépulture. Mais si l'accusateur n'a pas pour lui la cinquième partie des suffrages, il est lui-même frappé d'une amende ruineuse.

Nous trouvons dans cette conception de Platon le germe de tous les systèmes que la suite de notre étude nous permettra de développer : d'abord, la nécessité de *la vertu* chez le gouvernant, « l'homme divin, » et le doute qu'un citoyen réalise cet idéal élevé ; comme conséquence, la méfiance se manifestant, soit par des procédés préventifs — élection, tirage au sort, brièveté des charges, — soit par des mesures répressives, juridictions successives, accusation prescrite à tout citoyen contre le magistrat « qui laisse apercevoir qu'il est homme » ; — puis une réaction immédiate contre le danger des accusations téméraires, et une dure pénalité contre l'accusateur qui a calomnié.

Droit moderne. Réapparition du principe de la responsabilité. — Avec les législations grecque et romaine, le principe, comme nous l'exposons plus loin, sortit du domaine de la discussion théorique, et entra dans la voie de l'application. Après l'effondrement de la civilisation romaine, et la nuit profonde que cette catastrophe étendit sur le Monde, il fallut que l'esprit humain, semblable à un convalescent qui s'éveille d'un sommeil léthargique, découvrit de nouveau les vérités qu'il avait connues jadis, et oubliées dans la violence de la crise. Cette résurrection ne devait pas se produire sous la monarchie franque, tant que le régime politique consista dans un gouvernement dynastique, héréditaire, basé sur la force, et dont les titulaires déguisèrent habilement le vice originel sous le voile de la théocratie : le monarque, par une fiction adroite, fut réputé tenir ses pouvoirs d'une délégation directe de la divinité, et dès lors, il ne put exister de responsabilité que vis-à-vis de la volonté suprême dont émanait son autorité.

Il se confond avec la souveraineté. — Avant de retrouver l'étude de la responsabilité même, il était donc nécessaire de déterminer l'origine et la place de la souveraineté.

Le premier point établi, la solution du second problème en découlait par voie de conséquence étroite.

La Boëtie et Machiavel. — Dans l'ère moderne c'est seulement au XVIe siècle que s'ouvre le débat. Machiavel et la Boëtie y apportent leurs tendances diverses et chacun son génie propre.

Pour tous deux, l'existence du gouvernement monarchique est un sujet d'étonnement et de méditations. Sa forme, son origine, son fonctionnement, son maintien, leur semblent éminemment contraires à l'intérêt des peuples, à la nature de l'homme ; mais ils diffèrent dans leurs procédés d'appréciation. La Boëtie se laisse entraîner dans une vertueuse indignation à flétrir la tyrannie, et surtout ses victimes *volontaires* que leur lâcheté seule maintient en servitude. Machiavel, plus profond, porte, sur les procédés de domination, son investigation attentive. Le premier agit en moraliste, le second en psychologue : l'un blâme l'usurpation, l'autre l'explique ; l'un fait appel aux nobles sentiments de l'homme, l'autre démontre la puissance de l'égoïsme, et cette lâcheté que la Boëtie veut secouer et guérir Machiavel le prend pour base de sa politique, parce qu'il la sait incurable.

Et cependant, malgré la diversité des moyens, le but est identique. Le châtiment de l'oppression, sa *responsabilité* effective, le Français le proclame hautement, tandis que le Florentin, après avoir posé ses prémisses inexorables, laisse au lecteur le soin d'en tirer la conclusion. Il n'est plus permis, en présence des maximes hautement philosophiques des *Discours sur Tite-Live*, et du texte même du *Prince*, de méconnaître la pensée de Machiavel. Sa méthode d'exposition a fait naître jadis une confusion aujourd'hui dissipée. Les *conseils au Prince* n'ajoutent rien à la corruption ; ils la dévoilent. En exposant que la probité, la générosité, la franchise et la clémence sont des causes de faiblesse chez un monarque, que l'empire doit être basé sur la ruse et sur la cruauté, l'historien de Florence n'inspire-t-il pas autant d'aversion pour ce tyran « à la fois lion et renard. » (Le Prince, Ch. XVIII) que les plus ardentes excitations de la Boëtie !

Les États généraux de la Ligue auraient pu traduire en résolutions exécutoires la pensée de ces deux auteurs. Mais, factieux sans être libéraux, les hommes de 1593 ne surent pas organiser cette *responsabilité* des gouvernants que commandait la connaissance de leurs abus. Ils sacrifièrent à de vaines rancunes théologiques l'intérêt de la nation, et renonçant à la liberté politique pour ne pas avoir à concéder à leurs adversaires la liberté religieuse, préférèrent la servitude, pourvu qu'elle leur fût commune avec les Réformés.

Cependant le xviie siècle devait amener un progrès considérable dans le droit politique. Presque simultanément Grotius (*De jure Belli et Pacis*. (1625) et Hobbes (*De cive*) (1628) publièrent leurs études dogmatiques.

Grotius. — Grotius, en basant son système sur le droit naturel, fit table rase des anciennes fictions qui voilaient l'origine du gouvernement. Pour lui, le peuple, en qui réside la souveraineté, l'a déléguée, en vertu d'un contrat synallagmatique, entraînant des droits et des devoirs réciproques de la part du monarque. Pour la première fois depuis l'ère chrétienne, on vit l'idée de *mandat* se dégager et s'affirmer nettement avec sa conséquence inéluctable, la responsabilité du mandataire. L'innovation était immense : les revendications populaires revêtaient dès lors une forme juridique qui leur avait fait défaut jusque-là ; au lieu d'attaques passionnées et véhémentes, une discussion calme, savante, s'élevait, amenant par la force d'une déduction rigoureuse la reconnaissance d'un droit jusque là méconnu.

Hobbes. — Tout autre, en ses prémisses, identique en ses résultats, fut la doctrine de Hobbes. Imprégné d'une misantropie désespérée, le philosophe déclare la tyrannie un mal nécessaire, mal moindre que la liberté, sous laquelle les instincts farouches de l'homme se donnent libre carrière. Tout à ses passions, à ses intérêts, à ses appétits, ne se laissant guider par aucune affection, par nulle considération morale, l'homme est un animal cruel, *homini lupus*; Hobbes, emporté par sa haine, cherche dans la Bible le nom de la bête de proie dans laquelle il va personnifier le peuple, qui devient par lui le hideux Léviathan. Il s'en suit que le gouvernement puise son droit dans l'excès du péril, dans le besoin impérieux de réfréner et de châtier le Monstre.

Or, en dégageant la pensée de Hobbes des formes violentes qui l'enveloppent, on remarque avec surprise combien cet éloge de la tyrannie renferme de principes dangereux pour elle. Ce pouvoir absolu, d'où provient-il? non plus d'un droit personnel, d'une source divine, mais *de l'utilité* sociale, *de l'intérêt* commun. Comme conséquence, s'il manque à son devoir, s'il trahit l'utilité, s'il viole l'intérêt, s'il cesse d'être tutélaire, il n'a plus sa raison d'être, il doit prendre fin. C'est le droit pour la société de juger le monarque, c'est le principe de la responsabilité politique qui apparaît dans toute sa rigueur.

J.-J. Rousseau. — Il ne manqua à l'œuvre de Grotius, qu'une plus grande rigueur de déduction. Les conséquences si fécondes de son principe admirable furent paralysées par une lacune inattendue, un défaut de hardiesse et de logique. Après avoir reconnu dans le peuple la source de toute souveraineté, il admet qu'il ait pu se dépouiller irrévocablement de cette prérogative, et l'aliéner à des dynasties de tyrans. On conçoit facilement combien cette concession fit perdre de force à son raisonnement, qu'il abandonnait au point où il allait devenir fertile en résultats : en le confinant dans le domaine de la spéculation pure, il renonçait à en faire sortir l'émancipation de l'humanité.

Jean-Jacques Rousseau n'eut garde de tomber dans la même faute ; en s'appropriant le raisonnement de Grotius, il lui confère une ampleur inconnue jusqu'alors, et pousse le principe jusqu'aux confins extrêmes de la logique : « Il faut à la force publique un agent propre qui la réunisse et la mette en œuvre selon les directions de la volonté générale.....

Voilà quelle est, dans l'État, la raison du gouvernement, *con-fondu mal à propos avec le Souverain, dont il n'est que le ministre.*

» Qu'est-ce que le gouvernement? Un corps intermédiaire établi entre les sujets et le souverain pour leur mutuelle correspondance, chargé de l'exécution des lois et du maintien de la liberté tant civile que politique.

» ..... Ainsi ceux qui prétendent que l'acte par lequel un peuple se soumet à des chefs n'est point un contrat, (1) ont grande raison. Ce n'est absolument qu'une Commission, un emploi, dans lequel, simples officiers du souverain, ils exercent en son nom le pouvoir dont il les a fait dépositaires, et qu'il peut limiter, modifier et reprendre quand il lui plaît. *L'alié-nation d'un tel droit étant incompatible avec la nature du corps social, est contraire au but de l'association.* » (Contrat social, III, 1.)

Cette dernière théorie appartient bien réellement à Rousseau, c'est elle qui constitue sa supériorité sur Grotius, et qui fonda la popularité de son système. En établissant la permanence et l'inaliénabilité de la souveraineté, il confirme les véritables caractères du *mandat*, qui disparaît là où le mandant renonce à son action *mandati directa*. Mais, ainsi définie, sa doctrine devait servir de base au droit naturel, et se traduire, selon le génie des individus et le caprice des événements, soit dans les éloquentes imprécations d'Alfieri contre la tyrannie (Alfieri, De la tyrannie), soit dans cette formule précise et énergique de la déclaration des droits de l'homme :

« La société a le droit de demander compte à tout agent public, de son administration. » (Déclarat. des 21-25 août 1789, art. 15.)

---

(1) C'est bien un contrat dans le sens juridique, *plurium in idem consensus*, mais Rousseau craint que cette expression n'entraîne une idée d'égalité entre les contractants : il lui préfère les termes de Commission ou d'emploi, qui lui semblent impliquer une infériorité de la part du mandataire ou du *conductor operis.*

Désormais la notion d'un *mandat* entre la nation et le pouvoir découlait de cette distinction fondamentale entre la souveraineté et le gouvernement. Après avoir retracé en quelque sorte la genèse de cette notion primordiale du droit public moderne, nous nous proposons d'en étudier dans les diverses législations l'application sous cette forme spéciale, *la responsabilité des magistrats publics.*

SECONDE PARTIE

LÉGISLATIONS POSITIVES

Historique.

Au sein même des civilisations rudimentaires de l'Orient, on reconnut la nécessité d'assurer le repos public contre l'omnipotence de magistrats irresponsables. Mais mal éclairées par la notion encore obscure de la souveraineté, les mesures adoptées dans ce but devaient fatalement demeurer ineffi-caces. Il existait, à Babylone, un ministre supérieur, résidant près du roi, chargé de recevoir les plaintes contre les fonc-tionnaires de tout ordre, (Daniel II, 48, 49.) Toutefois c'était là une concession gracieuse du monarque absolu, et, prove-nant de la seule volonté de ce maître irresponsable, l'acte de justice présentait le caractère d'un acte de faveur.

Dans le même ordre d'idées, les mœurs publiques de l'Egypte offraient une formalité saisissante : c'était le jugement solen-nel des rois après leur mort, et la privation de sépulture infligée au mauvais prince. (Diodore. L. I, 2.) Toutefois ce châtiment, si terrible qu'il parût alors au peuple, était pure-ment symbolique, et d'ailleurs trop tardif, puisqu'il ne mettait nulle entrave aux volontés du monarque vivant, et ne le châ-tiait que dans sa mémoire.

Les Israëlites, au dire de Josèphe (Antologie, XIII, 2.) conservèrent longtemps une coutume semblable. Malgré leur caractère purement abstrait, nous mentionnons ces usages comme un hommage rendu dès lors au principe de la Responsabilité, que des civilisations plus développées devaient bientôt faire entrer dans la voie de l'application effective.

Sparte. — A Sparte, on eut recours à l'institution d'une magistrature de contrôle.

Elus au nombre de cinq par le suffrage universel qui les choisissait généralement dans les derniers rangs du peuple, les éphores exerçaient sur tous les magistrats et sur tous les fonctionnaires une active surveillance. Au dire de Xénophon, ils avaient le droit de leur infliger des amendes, de les interdire au milieu de leurs fonctions, de les emprisonner et même de leur intenter une action capitale. (Xénophon, République de Sparte, ch. 8).

Toutefois Aristote affirme que la surveillance des éphores demeurait inefficace ; rappelant qu'ils étaient choisis d'une façon *puérile, par des cris, et non par des votes,* (Thucydide, L. I, 77, Plutarque, *Lycurgue*, 26) il ajoute que souvent ces éminentes fonctions étaient échues à des gens pauvres qui se vendaient aux magistrats puissants. En outre, leur pouvoir semble s'être arrêté devant l'irresponsabilité des sénateurs, à en juger par le passage suivant : « On a vu des hommes investis de la magistrature sénatoriale sacrifier à la faveur les intérêts de l'État. Il aurait été plus sûr de ne pas les rendre irresponsables, comme ils le sont à Sparte. Il ne faut pas croire que la surveillance des éphores garantisse la responsabilité de tous les magistrats. » (Aristote, Politique, II, 6 § 14. 18). Aristote, d'ailleurs, n'explique pas comment se conciliait la surveillance des éphores avec l'irresponsabilité des sénateurs, et nous laisse douter entre l'affirmation de Xénophon et la sienne.

Dès le début de notre étude nous venons de voir surgir un

conflit qui domine toute la matière. Les lois sont prudentes, sages, morales et prévoyantes ; les hommes sont faibles, vicieux, passionnés ou corrompus : l'antagonisme des lois et des mœurs expose à de douloureuses surprises ; souvent à ne considérer que la législation d'un peuple, on l'estime vertueux, mais l'histoire révèle l'impuissance des lois, impunément violées par ceux mêmes qu'on en avait constitués les gardiens. *Quid leges sine moribus ? vanœ proficiunt.*

Quant aux deux rois de Sparte, pris par ordre de primogéniture dans les deux branches de la famille des Héraclides, voici comment Aristote apprécie leur pouvoir : « Le législateur lui-même a désespéré de leur vertu, et ses lois prouvent qu'il se défiait de leur probité. Aussi les Lacédémoniens les ont souvent fait accompagner dans les expéditions militaires par des ennemis personnels (des éphores), et la discorde des deux rois semblait la sauvegarde des intérêts de l'Etat. » (Aristote, Politique, II, 6 § 20).

Crête. — En Crête, le pouvoir était confié à des Cosmes (ordonnateurs) chargés, au nombre de six, du gouvernement et de l'administration. Leur action était sévèrement contrôlée par leurs propres collègues, qui fréquemment déposèrent les coupables. En outre, lorsque cette juridiction semblait faillir à son devoir, les citoyens les plus puissants se liguaient entre eux et usaient de l'insurrection pour les précipiter du pouvoir. (Aristote, Politique, L. 2. Ch. 7 § 7). M. Pastoret, dans son histoire de la législation, (tome V. p. 87), a voulu voir dans ce passage d'Aristote la reconnaissance du caractère légal de ces insurrections, qui seraient devenues un procédé régulier de déposition, analogue au vote de défiance par lequel les assemblées parlementaires modernes retirent le pouvoir aux ministres.

Cette interprétation est inadmissible en présence du texte formel d'Aristote. Il constate d'abord que les citoyens puissants renversaient les Cosmes « pour échapper aux jugements rendus contre eux » ce qui les range bien parmi les pires rebelles, lesquels, à toute époque, ont été des déclassés, *œre alieno obruti ac vitiis onusti.*

Puis, il ajoute : « grâce à ces perturbations, la Crète n'a pas, à vrai dire, un gouvernement ; elle n'en a que l'ombre ; *la violence* seule y règne ; continuellement les factieux *appellent aux armes* le peuple et leurs amis, se donnent un chef et engagent *la guerre civile* pour amener des révolutions. En quoi un pareil désordre diffère-t-il de l'anéantissement provisoire de la Constitution et de la dissolution absolue du lien politique ? » (Aristote, Politique, II, 7 § 8. Cf. Polybe, VI, et Strabon, X.)

Carthage. — La Constitution carthaginoise semble avoir été plus parfaite : les *Cent-quatre* y tiennent le rôle que les Ephores remplissaient à Sparte ; ils exercent une *magistrature de contrôle.* Mais l'élection est mieux réglée qu'à Lacédémone ; les rois et les sénateurs sont désignés, non plus par la primogéniture et par l'âge, mais par le choix, qui s'attache au mérite. Les *Cent-quatre*, au lieu d'être pris parmi les citoyens obscurs, traitres par pauvreté, ou fanatiques par ignorance, sont nommés parmi les plus vertueux. Il en résulte que la probité règne égalemnet dans tous les corps de l'État, que la responsabilité n'a pas à être invoquée contre des magistrats intègres, et qu'on n'a jamais vu à Carthage changement de gouvernement « ni émeute, ni tyran. » dit Aristote. (Aristote, Politique, II, 8, § 1 et 2.)

Athènes. — Le législateur athénien, transportant dans le domaine de la pratique la doctrine de Platon, avait combiné les procédés préventifs et les procédés répressifs. Le mode de nomination, la brièveté des charges, constituaient les premiers ; les seconds étaient représentés par l'institution d'une magistrature de contrôle, et par le jugement qui devait frapper tout magistrat sortant de charge.

Primitivement, les sénateurs avaient été élus par le suffrage des citoyens ; on jugea plus prudent encore de les faire désigner par la voie du sort ; toutefois le Sénat lui-même, sur la plainte d'un citoyen, pouvait corriger le sort en déclarant nulle la nomination d'un citoyen notoirement vicieux ou corrompu. (Eschines c. Timarque.)

Il en était de même pour les fonctions de juge, d'archonte, de thesmotète, de roi des sacrifices, de polémarque. (Plutarque, vie de Périclès.)

Les autres fonctions paraissent avoir été conférées à l'élection, sauf en ce qui concerne l'aréopage dans lequel étaient admis, de droit, les citoyens qui avaient honorablement rempli les charges d'archonte, de thesmotète, de polémarque. Ce mode de recrutement présentait l'avantage d'une sélection s'exerçant par voie d'élimination successive des indignes, les charges inférieures ayant servi à la fois d'apprentissage pour les affaires publiques, et d'épreuve pour la moralité et les capacités des magistrats.

Le principe de la brièveté des charges était appliqué au Sénat d'Athènes, qui avait une durée d'un an (Sigonius II, 3) et non pas de trois mois, comme l'affirme Montesquieu (Esprit des lois, V, 12). Les membres de l'aréopage, à raison du caractère même de leur recrutement, étaient moins suspects : aussi leur dignité leur était-elle conférée à titre viager ; toutefois ils pouvaient en être dépouillés, s'ils se rendaient coupables de crimes. (Démosthènes c. Thimocrite. Meursius, Aréopage, ch. IV.)

Enfin, il faut ranger parmi les modes préventifs des abus de pouvoir, *l'ostracisme*, qui fut usité à Argos et à Athènes, et dont Aristote proclame la légitimité, contre les supériorités dangereuses, tout en souhaitant que les mœurs publiques deviennent assez parfaites pour permettre d'éviter cette mesure d'exception. (Aristote, Politique, III, 8, et VIII, 2 § 5.)

Quant aux redditions de comptes, elles constituaient une formalité obligatoire pour tous les citoyens sortis de charge. Les magistrats chargés de recevoir ces comptes portaient le nom de *logistes* et *d'enthynes*. Sigonius pense que les premiers étaient chargés d'apurer les comptes, et les autres, de contrôler les actes du fonctionnaire (Sigonius. Républ. athénienne, 4 ch. 3.)

Les archontes eux-mêmes étaient soumis à cette obligation.

Après la décision des logistes et des enthynes, qui semblent avoir rendu des décisions préjudicielles analogues aux arrêts de notre Cour des comptes (L. du 16 sept. 1807, art. 13 et 16) un héraut conviait tous les citoyens à exercer l'*action publique*, en prononçant la formule suivante : τίς βούλεται κατηγορεῖν; qui veut accuser ? (Eschines, discours sur la couronne.)

Pour étudier les mesures par lesquelles les Romains assurèrent la responsabilité des magistrats, il faut établir préalablement une division entre deux époques complétement distinctes, où la constitution politique s'inspira des principes différents, et donna lieu à deux législations absolument étrangères l'une à l'autre.

Nous examinerons donc successivement; 1° la période républicaine. 2° la période de la décadence.

LÉGISLATION ROMAINE

PREMIÈRE PÉRIODE

LES MAGISTRATURES SOUS LA RÉPUBLIQUE

Lorsque le peuple romain eut chassé les rois, il comprit à la difficulté même qu'avait présentée cette expulsion, combien est incertaine la répression des magistrats coupables : la guerre civile déchainée dans Rome, la guerre étrangère suscitée contre elle par les exilés, les complots et les conjurations, les exécutions de citoyens, un père faisant tomber sous la hache du licteur la tête de ses fils, *plus quam civilia bella*, tels furent les conséquences du crime de droit commun commis par Tarquin.

Cette expérience éclaira le peuple sur les dangers des magistratures omnipotentes, et lui fit adopter un système plus rationnel, consistant à limiter les pouvoirs des gouvernants, à multiplier les charges pour les maintenir l'une par l'autre, à organiser l'équilibre et le contrôle. Ce fut le régime « *basé sur la méfiance,* » (*Stuart Mill, gouvernement représentatif.*) formule définitive de la science politique moderne, auquel les Romains, nos précurseurs et nos maitres, durent six siècles de paix intérieure et de liberté.

Il est à peine besoin de signaler cette sagesse profonde, qui, justement méfiante de la vertu humaine, inaugure le système préventif, en matière de droit public, pour ne pas user du système répressif. Ce dernier, outre qu'il demeure souvent illusoire dans son application, est toujours inefficace dans ses résultats : il laisse commettre le crime pour le châtier, et, loin de garantir la paix publique, comporte le sacrifice de deux hommes : la victime et le coupable.

Si l'application d'un système préventif général est difficile en droit privé, le raisonnement démontre qu'il n'en est pas de même en droit public ; là, en effet, le terrain est circonscrit, les délits se rapportant à l'exercice des fonctions sont en nombre limité, aisés à prévoir, d'une nature toute spéciale, et comme ils ne deviennent possibles que par l'attribution du pouvoir qui, en concédant l'usage, en permet l'abus, on conçoit que le législateur prudent, connaissant ces diverses circonstances, sache où placer le remède, et quelles restrictions apporter au mandat qu'il confère.

CHAPITRE PREMIER

Moyens préventifs contre les abus des magistrats.

Les moyens préventifs employés par les Romains se ramènent à cinq :

1° Élection.

2° Multiplicité des charges ; division et fractionnement du pouvoir.

3° Intercession des tribuns de la plèbe.

4° Pluralité des magistrats dans chaque charge.

5° Annalité des charges.

Nous consacrerons un chapitre à chacun d'eux.

Éleçtion.

Les Romains divisaient les charges publiques en trois classes :

Magistratures patriciennes majeures ;
Magistratures patriciennes mineures ;
Magistratures plébéiennes.

Pour toutes, le principe de l'élection avait été admis, mais le mode d'application différait avec chaque classe.

Les magistratures *majores* étaient déférées par le vote des *comitia centuriata ;*

Les magistratures *minores* étaient attribuées par les *comitia tributa ;*

Enfin, c'étaient les *concilia plebis* qui conféraient les magistratures plébéiennes.

Sauf en ce qui concerne les magistratures de la plèbe — tribuni plebis et ædiles plebis, — sur le mode d'élection desquels on n'a pas de données bien précises (*v. Willems, droit public romain, p.* 287, *note.*) il faut reconnaître que ces procédés de nomination étaient concertés pour laisser à la classe des patriciens une prépondérance que ne justifiait pas son importance numérique.

En effet, les magistrats mineurs — édiles curules et questeurs — sans pouvoirs politiques, étaient choisis par les comices *par tribu ;* on sait que, sur les trente-cinq tribus, les plébéiens ne composaient que les quatre urbaines, dans lesquelles les censeurs reléguaient toute la masse des prolétaires. Les patriciens, propriétaires fonciers, se faisaient au contraire inscrire dans les tribus rustiques, où ils exerçaient une grande influence et s'assuraient la majorité.

Les comices *par centurie* avaient la désignation des magistrats majeurs, c'est-à-dire de ceux en qui reposait la véritable autorité.

C'étaient, pour les magistrats *ordinaires* :

Les consuls;

Les préteurs;

Les censeurs.

Et, pour les magistrats *extraordinaires* :

Les *tribuni militum consulari potestate.*

Les *decemviri legibus scribundis.*

(*A. Gelle. I, Denys d'Halicarnasse, X, 3. Tite-Live III,* 35, *V,* 13, 52, *etc.*)

Or, les centuries, au nombre de 193, étaient ainsi composées :

18 d'équites.

80 de *pedites* de la 1re classe (possédant un cens de 100.000 as.

20	—	2^e	—	—	75.000 —
20	—	3^e	—	—	50.000 —
20	—	4^e	—	—	25.000 —
30	—	5^e	—	—	12.500 —

2 de *lignari* et *fabri œrari* (ouvriers du bois et du fer — soldats du génie.)

2 de *cornicines* et de *tubicines* (clairons et musiciens.)

1 de *capite censi* (c'est-à-dire ayant un cens inférieur à celui de la 5e classe.)

Le vote avait lieu par centurie, et, dans chaque centurie, *viritim*, par tête. On voit donc que l'accord des équites et des pedites de la première classe constituait la majorité, soit 98 centuries. Les autres centuries n'avaient pas même l'espoir d'influer sur le vote par leur simple exemple, car l'ordre de votation était invariablement établi, et la *prérogative* appartenait aux équites, puis à la première classe : on cessait d'appeler les centuries à émettre leur vote, dès que 97 d'entre elles avaient statué dans le même sens, si bien que, selon la remarque de Tite-Live, l'exercice du droit de suffrage dépassait rarement la seconde classe. « *Nec ferè unquam infrà ità descenderent, ut ad infimos pervenirent.* » (*Tite-Live, I,* 43.)

Au début de la République, la part du peuple était restreinte en outre par l'obligation d'obtenir pour ses choix la ratification du Sénat. (Cicéron de republicà. III, 32. T.-Live, VI, 41.) Mais une loi Mœnia (292. U. C.) rendit cette formalité illusoire et sans danger pour le droit de suffrage, en ordonnant que la *palrum auctoritas* précédât le vote des comices « *in incertum conciliorum eventum.* » (T. Live, I, 17.)

Quant au Sénat, qui exerçait sur les magistrats une surveillance mal définie par la loi, mais très sérieuse en réalité, il ne se recrutait pas par élection directe ; on sait qu'il comprenait : 1° Les citoyens désignés par le censeur, ce qui constituait une élection au second degré ; 2° Les magistrats curules sortant de charge, pour lesquels la dignité sénatoriale n'était en quelque sorte que la continuation et la conséquence normales de la fonction précédente.

D'ailleurs, lorsque la *lex Ovinia tribunicia* (435 U. C.) eut obligé les censeurs à ne désigner comme sénateurs que les magistrats sortant de charge, (jusqu'à la fonction de questeur), ces deux catégories se confondirent et l'on eut pour la *lectio senatûs* les *deux* garanties suivantes *cumulées :* 1° L'élection préalable par le peuple à la magistrature terminée ; 2° Le choix par le censeur, lui-même élu du peuple.

En résumé, quelle était la valeur du principe de l'élection comme frein du magistrat ? Elle assurait que les titulaires des charges, choisis par leurs concitoyens, réunissaient les conditions d'aptitudes et de probité nécessaires. Leur conduite et leurs mœurs privées avaient eu trop de témoins pour demeurer inconnues, et la désignation put longtemps s'opérer avec discernement.

A la vérité, grâce aux divers modes de votation, la plèbe ne prenait à la nomination qu'une part illusoire ; et l'on conçoit que les magistrats chargés du pouvoir exécutif ne pouvant oublier quelle fraction du peuple les avait élus, demeurèrent plus spécialement les représentants des premières classes.

Toutefois, lorsque la plèbe voulut remédier à cet inconvénient, elle n'exigea aucune modification dans le mode d'élection des magistrats, et se contenta de la création du tribunal de la plèbe, magistrature dépourvue de toute action propre, mais corps de contrôle vigilant.

Il y eut là une marque admirable de sagesse et d'esprit politique de la part de la plèbe. Polybe, (Livre VI, 10.) fait remarquer que la puissance de Rome fut due précisément à ce que son système de gouvernement était *mixte*, à la fois monarchique, aristocratique et démocratique. C'est à l'aristocratie (expression qui doit être prise dans son sens rigoureusement étymologique, *gouvernement des meilleurs*) c'est-à-dire à la partie éclairée du peuple que doit appartenir la direction des affaires publiques, à laquelle la destine son intelligence. — Le pouvoir ainsi constitué s'exerce par un petit nombre d'hommes (monarchie) tandis que la masse plébéienne, que son ignorance rend impropre à la direction des affaires, se réserve le rôle important de contrôle et de surveillance, auquel sa méfiance naturelle la rend merveilleusement apte.

C'est ainsi que dans cette constitution, chaque force était utilisée avec un art profond : à l'aristocratie on demandait le choix éclairé des magistrats — à la monarchie, l'action prompte et vigoureuse — à la démocratie, le contrôle.

Mulliciplicité des charges et fractionnement du pouvoir.

Il n'entre pas dans le cadre de cette étude d'examiner en détail le fonctionnement de chacune des magistratures majeures.

Il nous suffit de constater qu'elles constituaient une délégation de la souveraineté populaire restreinte aux attributions de leur charge, mais illimitée quant à la puissance. (Meynz, droit romain, 52.)

En principe, donc, chaque magistrature était *indépendante*

des autres fonctions publiques, auxquelles ne la rattachait aucun lien hiérarchique, aucune subordination spéciale :

Les pouvoirs qui leur étaient confiés comportaient la *potestas* et l'*imperium* ; la *potestas*, spéciale à la charge, entraînait le *jus edicendi*, droit de publier des édits obligatoires dans la limite des attributions, et pour la durée seulement des fonctions ; — à raison de ce caractère *spécial* de la *potestas*, il n'était pas à craindre qu'il y eût conflit, à cet égard, entre deux magistrats.

Au contraire, l'*imperium* était un pouvoir d'un caractère général, véritable exercice de la souveraineté, qui, appartenant intégralement aux consuls, aux préteurs et au dictateur, n'était borné que par l'*imperium* des autres magistrats. — Il conférait le commandement militaire, le droit de battre monnaie en son nom, mais aux titres reconnus par l'État, la juridiction criminelle, la juridiction gracieuse, et, en ce qui concerne la juridiction contentieuse, les *judicia quœ imperio continentur*, enfin le droit de vie et de mort. D'ailleurs, l'*imperium* différait d'intensité s'il s'exerçait *intra* ou *extrà pomœrium*, limite au-delà de laquelle les lois romaines perdaient leur efficacité, laissant au magistrat la latitude d'action qu'exigeait la présence de l'ennemi (principe qui subsista même lorsque il n'y eut plus que des vaincus et des sujets.) Quant à l'*imperium* qui s'exerçait *intrà pomœrium*, on peut trouver une sorte de règle hiérarchique ou tout au moins une disposition propre à écarter les conflits entre le dictateur, les consuls et les préteurs, dans cette maxime qui fixait l'ordre de leur action « *imperium minus prœtor, majus habet consul, summum dictator.* » (T. Live. VI, 38, VII, 3. Cicéron, *de legibus* III, 3 §§ 6 et 10.)

Dans ces conditions, nous voyons paraître comme frein à l'abus du pouvoir, la *vis maioris imperii* permettant au magistrat supérieur d'accomplir les actes rentrant dans son *imperium* et annulant ainsi l'*imperium minus* — ce magistrat avait à l'égard du magistrat *minoris imperii* le droit de paralyser toute rebellion par la *multa*, (amende.) la *vocatio* (droit de traduire devant le peuple.) la *prensio* (droit de se saisir d'un homme.)

En fait ce fut généralement le dictateur qui exerça ce pouvoir suprême. (Tite-Live. VIII, 36. XXVII, 5. XXX. 24.)

Le censeur, armé du pouvoir mal défini qu'on nommait le *regimen morum*, s'opposait aussi aux actes administratifs qui lui semblaient contraires au *mos majorum*.

Enfin le Sénat, qui disposait des fonds publics et en cette qualité exerçait une influence analogue à celle de nos Chambres populaires, sanctionna parfois par des refus de crédit sa désapprobation d'un acte des magistrats. (Valère Maxime. IV, 8, 1. Plutarque in Fabio.)

Mais, de toutes les garanties résultant de la multiplicité des charges, aucune n'égala en importance l'institution du Tribunat de la plèbe.

Tribuns de la Plèbe

La première *secessio* de la plèbe (259. U. C.) eut pour résultat la création de deux magistratures plébéiennes, le tribunat et l'édilité de la plèbe.

La seconde de ces fonctions n'a pas trait à notre sujet : en effet, pendant une première période qui s'étend jusqu'en 366, époque de la création de l'édilité curule, les édiles de la plèbe n'eurent que les attributions d'agents inférieurs des tribuns, agents d'exécution sans pouvoirs propres. Depuis la création de l'édilité curule, ils reçurent, il est vrai, des attributions distinctes du tribunat, mais pour se rapprocher des édiles curules et se confondre avec eux.

Tout au contraire, le tribunat de la plèbe présente un caractère remarquable : c'est, à proprement parler, *une magistrature de contrôle*, sans pouvoir gouvernemental ou administratif, sans juridiction, sans commandement militaire, n'ayant d'autre rôle que la surveillance des magistratures patriciennes.

Nommés primitivement par les comices curiaux, ils le furent, depuis le *plebiscitum Publilium Voleronis* (282. U. C.) par les *concilia plebis tributa ;* on en institua d'abord deux, puis cinq, puis dix.

Ils étaient *inviolables* — et, par conséquent *irresponsables*, car en leur attribuant une responsabilité, on aurait fourni un procédé pour attenter indirectement à leur inviolabilité.

Leur action s'exerçait par l'*auxilium*, que pouvait réclamer d'eux tout citoyen *plébéien ou patricien*. (Tit.-Live, III, 13, 56 VIII, 32). On le voit invoqué contre tout acte quelconque des magistrats, actes judiciaires ou administratifs, en matière civile ou criminelle, en matière de tribut, etc.

Les tribuns agissaient par voie d'*intercessio*. Le *veto* d'un seul d'entre eux mettait obstacle à l'acte d'un magistrat. A la vérité, les tribuns réunis en collége, pouvaient infirmer l'intercession et rendre au magistrat sa liberté d'action : mais il fallait, pour que ce décret levât le *veto*, qu'il fût rendu à l'unanimité « *de omnium sententiâ* » car il était établi en principe « *unum vel adversùs omnes satis esse : ex tribunis potentior esse qui intercedit* ». (Willems, droit public, p. 200, textes cités).

Malgré la précision de ces termes, il faut certainement entendre que le tribun, auteur de l'*auxilii latio* ne participait pas à la délibération qui devait la confirmer ou l'infirmer : sinon cette formalité eut été vaine et l'on n'aurait en somme dû attendre la levée du *veto* que du bon vouloir de celui qui l'avait opposé.

Cette *intercessio* des tribuns, d'abord restreinte aux actes individuels, s'étendit bientôt aux mesures générales d'administration, et aux décrets du Sénat lui-même ; leur intervention atteignait alors les proportions non plus d'un contrôle sur les magistrats, mais d'un conflit entre deux pouvoirs politiques.

Pour nous borner à ce qui concerne la responsabilité des

magistrats, constatons que les tribuns exerçaient le *jus prensionis* ou *prendendi præsentem*, c'est-à-dire le droit de saisir et détenir le magistrat — ils le faisaient préalablement conduire au *forum*, où publiquement il devait répondre de l'acte incriminé.

Enfin, la loi *Hernia Tarpeia* leur conféra le *jus multæ dictionis*, et son corrélatif, le *jus pignoris capionis*, qu'ils durent exercer spécialement contre les magistrats improbes.

Ajoutons que l'*intercessio* des tribuns ne s'exerçait pas à l'encontre des actes du dictateur ou des censeurs.

Pluralité des Magistrats.

Toutes ces charges étaient confiées à plusieurs titulaires, dont chacun exerçait l'intégralité du pouvoir et prenait valablement toutes décisions : mais il suffisait de l'*intercession* d'un seul des collègues pour paralyser ce pouvoir. Ce droit résultait de cette maxime remarquable, qui n'a pas d'analogue dans nos constitutions modernes et dont les termes semblent d'abord contradictoires : « *per potestas, plus valeto.* » (Cicéron. *De legibus* III, 4.).

A la vérité, cette intercession devint parfois illusoire, mais seulement lors des convulsions qui marquèrent la fin de la République ; c'est ainsi que Pompée eut pour collègue au Consulat Métellus Scipion, son beau-père, qui fut pour lui un complice plutôt qu'un modérateur. (Plutarque, Pompée, 80. Appien. II. 25.) Plus tard on vit Bibulus, collègue de J. César au Consulat, n'oser s'opposer aux actes arbitraires de celui-ci et, pour ne pas paraître ratifier les atteintes à la Constitution, prendre le parti de s'enfermer chez lui la majeure partie de l'année. (Velleius Paterculus, II, 44.)

Mais pendant la période républicaine, les mœurs avaient mieux sauvegardé la liberté publique, et Cicéron put citer au Sénat cette parole de Q. Catulus « *non sæpè unum consulem improbum, duos verò nunquam post Romam conditam, excepto illo Cinnano tempore fuisse.* (*Oratio, post reditum, in senatù* IV, 9).

Le tribun du peuple dont, nous l'avons vu, les collègues pouvaient, par une décision prise à l'unanimité, infirmer l'*intercession* qu'il opposait aux actes des magistrats, était soumis lui-même à l'*intercession* péremptoire d'un seul de ses collègues, dans le cas où, exerçant le *jus prensionis*, le *jus multæ dictionis* ou le *jus pignoris capionis*, il faisait en réalité acte de magistrat.

De toutes les magistratures, une seule, la dictature, échappait à la règle de la pluralité des titulaires; c'est qu'elle était instituée dans des cas exceptionnellement graves, où le jeu régulier des lois était impuissant à conjurer une crise : alors on délaissait les précautions ordinaires, et l'on se fiait au patriotisme et à l'énergie d'un citoyen éminent; placé entre deux périls, on négligeait provisoirement le danger hypothétique d'une usurpation, pour faire face au danger actuel qui menaçait l'État.

L'histoire prouve d'ailleurs que les dictateurs sortis de l'élection ne trahirent jamais leur mandat : si la République périt, du moins ce ne fut pas sous les coups d'un dictateur régulièrement nommé en la forme ordinaire, c'est-à-dire par un consul, et investi de l'*imperium* par la *lex curiata de imperio*. La dictature de César avait été précédée de la victoire de Pharsale, et le vainqueur de la guerre civile s'emparait du pouvoir dictatorial au moment même, où, d'après les coutumes anciennes, il aurait dù le déposer, puisque la dictature ne pouvait pas survivre au danger qui l'avait fait instituer.

Annalité des Charges.

Le principe de l'annalité des charges constituait une dernière garantie préventive contre les abus du pouvoir. Elle était commune à toutes. Toutefois, les censeurs avaient primitivement été maintenus en fonctions pendant le lustre entier ; en 434, la loi Æmilia restreignit la durée de leur charge à un an et demi, ce qui laissait la censure vacante pendant 3 ans et demi. En proposant cette loi, qui complétait l'harmonie des pouvoirs quant à leur durée, le dictateur Mamercus prononça ces paroles, où se formule la théorie de la brièveté des charges. « Sachons sauvegarder la liberté ; sa meilleure garantie consiste à ne pas laisser se prolonger les pouvoirs souverains, et à les limiter *dans le temps*, puisqu'on ne peut les limiter dans le droit. » *Se libertati consulturum. Maximam autem ejus custodiam esse si magna imperia diuturna non essent, et temporis modus imponeretur, quibus juris imponi non posset.* » (T.-Live IV. 24)

La dictature qui est par excellence le pouvoir « *cui juris modus imponi non potest* » était limitée à six mois (L. 2. 18. *de orig. juris.*), et même à un délai plus court, si le but à raison duquel on l'avait constituée était atteint. (T. Live. III, 29 ; IV, 47 ; VI, 27 ; IX, 18.) En tous cas elle cessait de droit à l'expiration des pouvoirs du consul qui l'avait créée. (Mommsen, antiquités romaines, 152. Willms, droit public romain. p. 259) C'était une application au droit public de la maxime « *nemo plus juris in alium transferre potest quam ipse habet.* »

Ce principe, qui restreignait à un an la durée des magistratures, constituait une garantie sérieuse contre l'usurpation. Quel magistrat ambitieux aurait pu recruter des complices pour une violation des lois, alors que son pouvoir était voué à une si prompte extinction ? Quelle foi eut inspiré une autorité éphémère, dont le titulaire allait bientôt rentrer dans la foule des citoyens, ou du moins se confondre dans les rangs du Sénat ?

Aussi les usurpations destructives de la liberté ne pénétrèrent-elles qu'à l'abri des pouvoirs exceptionnellement et imprudemment prolongés : les six consulats de Marius, la dictature de Sylla succédant à son consulat, le commandement des Gaules immobilisé dans les mains de César.

D'autre part, ce système présentait un inconvénient, il menaçait *les traditions*, que le théoricien du parlementarisme (Stuart Mill, gouvernement représentatif) représente comme un des plus précieux avantages de l'organisation administrative.

Mais ce danger était moindre à Rome, où tous les patriciens, candidats aux principales charges, avaient fait de la puissance publique une étude préalable, qu'il ne le serait chez les nations modernes ; puis, il faut le reconnaître, ce n'est pas aux ministres qu'on peut attribuer le maintien des traditions, car avec le parlementarisme, ils n'ont même pas l'assurance de l'annalité de leur charge, et cette permanence de doctrine dont l'honneur revient actuellement aux cadres inférieurs pouvait résider à Rome chez les *apparitores*, que les magistrats nouveaux maintenaient généralement en charge, et qui avaient même le droit de présenter un remplaçant *et de vendre leur charge à un tiers*. (Willems, droit public, p. 302, note 9. textes cités.)

. Cette disposition dans laquelle on trouve une origine inattendue de la vénalité des offices, explique seule comment de si fréquents changements pouvaient laisser subsister l'action administrative de Rome, de même qu'aujourd'hui la chute d'un ministre n'entrave aucun des services ministériels.

Ces agents inférieurs, organisés plus tard en *scrinia* (bureaux) étaient les *scribæ* (commis de bureaux.) *lictores* (personnel actif.) *viatores* (messagers.) *præcones* (chargés des proclamations.) *accensi* (huissiers attachés à la personne.) et la masse des *servi publici*, employés selon leurs aptitudes.

CHAPITRE DEUXIÈME.

Procédés répressifs contre les abus des Magistrats

Il n'était pas possible de se borner aux procédés préventifs à l'égard des magistrats ; en effet, de trop grandes restrictions apportées à leur action en eussent entravé, non-seulement l'abus, mais le simple exercice.

On dut, tout en leur laissant la latitude nécessaire, s'occuper d'interdire par la menace d'une peine, les actes délicteux que leurs fonctions leur rendaient faciles.

Dans cet ordre d'idées, nous trouvons le *jus provocationis*, et la mise en jugement des magistrats coupables.

Jus provocationis

La juridiction pénale avait été d'abord attribuée aux consuls, comme succédant aux rois ; c'est ainsi que Brutus dut juger les conspirateurs dont son fils faisait partie.

Mais, dès cette année, on songea à atténuer ce droit *vitæ necisque*, qui parut dangereux pour la liberté des citoyens. Sur la proposition de Valerius Publicola fut institué le *jus provocationis ad populum*, mesure dont les résultats furent doubles : elle restreignit le pouvoir du magistrat en créant au-dessus de lui une juridiction d'appel, et elle reconnut au peuple, source de tout droit, l'exercice de la justice *retenue*.

Cette loi Valeria *de provocatione* (an 254 U. C.) porte :
« *ne quis magistratus civem romanum adversus provocationem necaret neve verberaret.* »

La *provocatio* avait lieu devant les comices *par centurie*.

Puis la loi des douze tables réserva au peuple le droit de statuer sur les affaires capitales, c'est-à-dire pouvant entraîner la perte *de la vie, de la liberté*, ou *de la cité*. (Cic. *de leg.* 3, 9. *pro Sextio*, 30.)

La loi *Valeria* et *Horatia* défendit (an 304 U. C.) de créer des magistratures sans droit d'appel au peuple, permettant à quiconque, de tuer ceux qui proposeraient une semblable loi› « *qui creasset, eum jus fasque esset occidi.* » (Tit.-Live III, 55.)

Une seconde loi Valeria (an 453, de Rome) renouvela ces prohibitions. Elle dénote l'inobservation des lois précédentes, et la juste inquiétude des citoyens.

Puis intervinrent les trois lois Porcia « *libertatis civium vindices.* » la première, (de 555) *pro tergo civium lata*, prohibait les violences à l'égard des citoyens — la seconde (de 558) permit la provocation hors de Rome ; — auparavant elle cessait d'être applicable, comme les *judicia legitima, longius ab urbe mille passuum*, c'est-à-dire qu'elle ne s'exerçait pas à l'encontre des condamnations prononcées aux armées, où la discipline exigeait la suspension de cette garantie ; — la troisième (an 569. U. C.) amoindrit l'*imperium* militaire en interdisant aux officiers la *fustium verberatio* à l'égard des citoyens soldats.

Enfin une loi de C. Gracchus, (an 630 U. C.) défendit de condamner un citoyen à mort sans l'intervention du peuple, — ce que le développement de l'institution du *quœstiones perpetuœ* pouvait faire redouter.

Nous verrons en effet que dans ces *quœstiones perpetuœ* (commissions permanentes), les plébéiens ne figurèrent que très-temporairement parmi les *judices selecti.* — Cette loi réagissait également contre le *Senatus-consultum optimum* qui confiait aux consuls un pouvoir quasi-dictatorial par la formule célèbre : « *videant consules ne quid detrimenti res-publica capiat.* »

En résumé, le *jus provocationis* s'exerça à l'égard des jugements rendus par tous les magistrats, sauf les exceptions suivantes ; il n'y eut pas d'appel possible contre les décisions du dictateur *(optimà lege creatus,* par opposition au dicta-teur *imminuto jure.)* des consuls et des préteurs, dans l'exer-cice de leur *imperium* militaire ; cette exception fut abolie par les lois *Porciæ :* il ne subsista plus, comme soustraites à l'appel, que les condamnations prononcées par les consuls quand ils étaient investis du pouvoir quasi-dictatorial, mais la loi de C. Gracchus fit disparaître cette seconde restriction.

Quelle était la sanction du *jus provocationis*, et, par con-séquent, quelle responsabilité encourait le magistrat qui passait outre à une exécution capitale, sans respecter le droit d'appel au peuple ?

Tite-Live affirme que la loi Valeria ne portait aucune peine contre le coupable, et qu'elle se contentait de déclarer qu'il y avait *improbè factum ;* il ajoute que la loi Porcia fut la première qui édicta un châtiment grave. (T.-Live, X, 9.) Si l'on accorde à cette *déclaration d'abus (improbè factum.)* le caractère d'un simple blâme, il faut convenir que toute l'éco-nomie des lois Valeria s'écroule, et que la responsabilité des magistrats demeura aussi peu assurée qu'auparavant. Mais cette interprétation, bien que basée sur l'autorité de Tite-Live, ne semble pas devoir prévaloir ; elle était peu conforme à l'esprit pratique des Romains, si jaloux de leurs droits, et un passage de Cicéron semble donner une tout autre portée à cette expression ; dans la seconde action contre Verrès, il s'écrie, parlant d'un accaparement de récoltes « *ubicumque hoc factum est,* IMPROBÈ FACTUM EST, *quicumque hoc fecit, sup-plicio dignus est.* » (*in Verrem*, III, 93.) ainsi, dans le langage du jurisconsulte, cette constatation d'abus entraînait le sup-plice ; elle faisait l'effet d'une *déclaration de culpabilité*, et laissait aux citoyens le soin de l'exécution : c'est le procédé que nous voyons employé par la loi Valéria et Horatia, postérieure de cinquante ans « *eum jus fasque est occidi.* » Or, tandis que la loi Valeria et Horatia punissait ainsi de mort « tout créateur d'une magistrature ayant un pouvoir de condamnation sans appel », c'est-à-dire l'homme coupable d'une *simple menace* à la liberté, l'auteur d'une usurpation *possible*, mais encore *hypothétique*, conçoit-on que la première loi Valeria, qui fondait le principe, se fut contentée d'un blâme platonique, en présence d'un attentat consommé, de l'exécution illégale d'un citoyen? J'en conclus que la formule « *improbè factum* » entraînait une peine, laquelle était probablement la *consecratio capitis*.

Établissement d'une Juridiction pénale. — La loi Valeria, en instituant le droit d'appel au peuple pour toutes les causes capitales, fit des *comices* une juridiction de second degré.

La loi des douze tables en fit une juridiction de première instance : elle porte « *de capite civis nisi per maximum comitiatum ne ferunto.* » (Cicéron, de legibus, III, 4 § II).

Cependant le peuple délégua fréquemment l'exercice de ce pouvoir à des *quœstores parricidii*, lesquels ne recevaient d'ailleurs cette investiture que pour une seule cause déterminée, (Quintilien fait justement observer que l'on eût dû écrire *paricidii*, de l'étymologie *paris-cœdes*). (Quintilien. Inst. orat.).

On choisissait généralement ces questeurs parmi les magistrats; ce furent parfois les *consuls* (Tite-Live, IV, 51) un *préteur* (Tite-Live, XXXVIII, 54) ou le *dictateur* (Tite-Live, IX, 26).

Enfin, en 604, sous le consulat de Marius Censorinus et de Manilius, on institua les *quœstiones perpetuœ, délégations permanentes* de souveraineté que nous aurons à étudier plus loin.

La même année, L. Pison fit rendre une *lex repetundarum*

qui confiait à un seul préteur la connaissance du crime de concussion. (Cicéron, Brutus, 27).

Mais ces deux lois inaugurent une seconde période, celle des *tribunaux permanents* et de la *loi écrite*; nous devons examiner d'abord la juridiction des comices, qui présentent au contraire le double caractère de *justice retenue*, et de jugements *arbitraires*.

En effet, tandis que le droit moderne n'admet de condamnation qu'autant qu'une loi préalable a prohibé le fait et édicté une pénalité, il suffisait, lors des jugements par comices, que le fait parut délictueux, c'est-à-dire contraire à la morale, à la probité, ou simplement à l'intérêt public, pour qu'il fût réprimé par le peuple; il statuait ainsi souverainement, en dehors d'un texte écrit, sur les faits constitutifs du crime et sur le châtiment nécessaire, et *créait la peine* en même temps qu'il qualifiait le délit.

La maxime *nulla pœna sine lege* ne fut formulée que plus tard. Elle ne paraît pas avoir été appliquée par les Romains, même pendant la période impériale, époque des jugements *extra-ordinem*, c'est-à-dire arbitraires. Notons, d'ailleurs, que ce principe, bien qu'inscrit en tête de nos Codes (art. 4. C. Pénal) reçoit dans le droit moderne une grave dérogation en ce qui concerne précisément le plus grave des crimes des fonctionnaires. On sait, en effet, que les faits constitutifs de la *haute trahison* ne sont pas spécifiés par les constitutions, et laissés avec soin dans un vague menaçant. (Rossi, droit constitutionnel — Benjamin Constant, Principes de politique. M. Jalabert, professeur de droit Constitutionnel à la Faculté de Paris, à son cours).

Juridiction des Comices.

Les comices *par curie* n'ont joué de rôle, comme juridiction criminelle, qu'à l'époque royale; c'est par eux que fut jugé Horace. (T.-Live. 1, 26. *Festus, verbo: sororium tigillum.*

Les comices *par tribu* — *ou concilia plebis* constituèrent la juridiction ordinaire. — On sait que dans les comices *par tribu*, c'est le peuple (*populus*) qui, convoqué par des magistratures patriciennnes, se réunissait sous leur présidence ; lorsqu'au contraire la convocation et la présidence appartenaient à une magistrature plébéienne, la *plèbe* seule était admise : la réunion prenait alors le nom de *concilium plebis*. *En fait*, sinon en droit, les patriciens eurent également lentrée dans les *concilia plebis*. Nous emploierons donc indifféremment les deux termes, comme le font les historiens eux-mêmes.

Pour établir la compétence des *concilia plebis* on se fondait sur les *leges sacratæ* de l'an 259 (*Urbis Condilæ*) (Willems, droit public, p. 177.) C'est par eux que Coriolan fut condamné à la peine capitale, malgré l'inviolabilité proclamée par la première loi *Valeria de provocatione* au profit de tout citoyen romain. Dans l'espèce, on ne pouvait « *civem necare adversùs provocationem.* » (Loi *Valeria de provocatione.*) c'est-à-dire que l'on aurait dû laisser Coriolan en appeler des comices *par tribu* aux comices *par centurie*. On recula sans doute devant cette procédure qui aurait révélé le défaut du vote par centurie et aurait amené un scandale dangereux pour cette institution, si l'appel avait abouti à une absolution. En effet, pour que le même peuple, consulté à deux reprises, n'émit pas le même vote, il fallait que l'un des deux modes de consultation trahit la vérité.

Un sénatus-consulte, en ratifiant cette illégalité, décida toutefois qu'elle ne pourrait constituer un précédent pour l'avenir. (Denys d'Halicarnasse, VII, 58.)

La loi des XII tables transporta aux comices par centurie, le droit de juger les *causes capitales* ; Cicéron, en relatant cette innovation, en donne le motif qui vraisemblablement avait dû déterminer les décemvirs, patriciens et par conséquent peu favorables aux *concilia plebis*. « On ne voulut pas qu'on pût rendre une loi contre un seul citoyen autrement.

qu'en comices par centurie (il fallait une loi pour mettre un citoyen à mort) en effet le peuple, classé en raison de la fortune, des ordres, de l'âge, apporte à l'émission de ses suffrages, plus de sagesse que lorsqu'il est confondu dans les tribus. » (Cicéron, *de legibus* III, 44.)

Cependant les comices par tribu, bien que dépossédés du droit de prononcer la peine de mort, n'en restèrent pas moins la juridiction ordinaire, statuant sur les actes des magistrats : seulement elle se borna à des amendes qui, par leur exagération, équivalurent à des ordres d'exil — en effet, la prison était la conséquence normale du non paiement des amendes, et, bien qu'elle ne fût généralement pas prononcée comme peine directe, elle découlait d'une condamnation pécuniaire inexécutée. (V. T.-Live, XXXVIII, 50.)

Si les comices par tribu, ou, plus exactement, les *concilia plebis* demeurèrent la juridiction de fait, c'est que le soin de poursuivre les magistrats appartenait à ceux qui avaient le droit de convoquer les comices ; or les tribuns du peuple, les plus fréquents instigateurs des poursuites, n'avaient que le *jus agendi cum plebe*, et ne pouvaient réunir que les *concilia plebis*. Pour porter l'affaire devant les comices *par centurie*, il leur aurait fallu le concours d'un magistrat patricien, ce que les circonstances auraient rendu parfois impossible ; en outre, les tribuns avaient une confiance bien plus grande dans le vote par tribu que dans le vote par centurie, et cela, précisément pour les raisons qui avaient déterminé les patriciens à préférer le classement par centurie.

Procédure devant les Comices.

Devant le peuple, l'accusateur était nécessairement un magistrat, patricien devant les comices par centurie (consul, préteur, questeur) — plébéien devant les *concilia plebis* (tribun ou édile de la plèbe.)

La procédure était de nature à sauvegarder à la fois les intérêts de l'accusation et ceux de la défense.

Le magistrat accusateur, montant aux rostres, ajournait l'accusé à comparaître « *diem dicebat* »; si l'accusé ne comparaissait pas à cette date, on l'arrêtait — à moins qu'il ne fournit des répondants, *sponsores, vades ;* c'est ainsi que le tribun Virginius fit arrêter Quintius Cœson, qu'il accusait de crime capital, mais les autres tribuns exercèrent l'*intercessio*, et admirent Quintius à fournir des répondants. (Tite-Live, II, 12)

Au jour dit, l'accusé se présentait; l'accusateur produisait les preuves, faisait entendre les témoins, et concluait à l'application de la peine, soit pécuniaire, soit capitale, selon la distinction que nous avons indiquée plus haut. Cette *réquisition* de la peine s'appelait *anquisitio.* Il la rédigeait également par écrit, et cette *irrogatio pœnœ multœve* restait affichée pendant trois jours de marché.

L'accusateur devait ainsi produire son accusation trois fois, à un jour d'intervalle, puis une quatrième fois, après trois jours de marché *per trinundinum*, renouvelant à chaque reprise la production des preuves et la déposition des témoins.

Le peuple pouvait donc recevoir une connaissance parfaite de l'accusation avant de statuer.

L'accusé était alors admis à se défendre par tous moyens: production de registres publics ou privés, témoins à décharge (*laudatores*) et c'est seulement alors que l'on consultait les comices — par tribu, s'il s'agissait d'une amende — par centurie s'il s'agissait d'une peine capitale.

Le peuple votait par tablettes portant *U. R.* (*uti rogas*) pour la condamnation, *A.* (*absolvo*) pour l'acquittement — il n'y a pas trace d'un troisième avis *N.L.* (*non liquet*) que nous verrons paraître dans les *quœstiones perpetuœ.*

En outre des garanties légales résultant pour l'accusé de ces formalités multiples, Pothier fait remarquer que celui-ci avait encore un grand nombre de ressources — l'intercession des tribuns du peuple ou du collègue de l'accusateur — les auspices contraires qui dissolvaient les comices, et dont les pontifes et les augures surent toujours user avec plus d'intelligence que de sincérité; (c'est ainsi que lors du procès de Rabirius, défendu par Cicéron, l'accusé allait être condamné quand un augure dissolut les comices); le désistement de l'accusateur — (car la prévarication ne fut érigée en délit qu'à l'époque des accusations populaires) — enfin le recours en grâce arraché à la commisération du peuple par la vue de toute une gens suppliante. (Cicéron, *pro domo*, 45. Pothier, *Institutes, de publicis judiciis*.)

Enfin, l'accusé, laissé libre, pouvait prendre volontairement le chemin de l'exil; il sauvait ainsi sa vie; mais ses biens étaient vendus, et l'interdiction *aquà et igni* le frappait. En effet, son départ n'était-il pas un aveu de culpabilité ? (T.-Live, xxv, 4.) Ce furent seulement les empereurs Sévère et Antonin qui introduisirent la règle « *ne quis absens puniatur.* » (L. 1. *de Requirendis vel absentibus damnandis*.)

Exemples de condamnations frappant des magistrats.

L'histoire présente un très grand nombre d'exemples de magistrats ainsi condamnés pour faits relatifs à leurs fonctions.

En 299, les consuls sortants, Titus Romilius et Caius Veturius furent accusés devant le peuple par le tribun Siccius et l'édile Lucius Halienus. — On leur imputait des actes de violence contre les tribuns et la conduite déloyale de la guerre contre les Æques, où ils avaient tenté d'attirer dans une embuscade une cohorte dont faisaient partie des citoyens romains, leurs ennemis personnels.

Le premier fut condamné à une amende de 10,000 as, le second, à une amende de 15,000.

« Les consuls de cette année, instruits par ces tristes exemples, commencèrent à craindre pour eux. Ils se gardèrent bien de mériter que le peuple les traitât de la même manière quand ils seraient sortis de charge; ils gouvernèrent la République à la volonté du peuple et mirent toute leur application à gagner ses bonnes grâces. » (Denys d'Halicarnasse, x, 9.) L'historien cité constate ainsi, en la déplorant, l'efficacité de cette répression, et la sanction de la responsabilité politique des magistrats.

En 333, Postumius fut, pour avoir mal conduit la campagne de Véies, condamné à une amende de 10,000 as (T.-Live, 40 et s.). Le consul C. Sempronius, pour semblable échec contre les Volsques, paya 15,000 as (T.-Live, iv, 44.). En 352, les tribuns militaires, Sergius et Virginius furent également condamnés pour avoir échoué devant Véies (T.-Live, v, 11, 12, 29) et l'on peut dire que cette ville de Véies porta malheur à tous ceux qui l'assiégèrent, même à son vainqueur. En effet, M. Furius Camille, consul, fut, en 362, condamné à 15,000 livres pesant de cuivre, pour n'avoir pas rendu compte du butin qu'il y avait recueilli. Ses clients, presque tous plébéiens, consultés par lui, lui répondirent qu'ils paieraient pour lui l'amende, mais qu'on ne pouvait l'absoudre. Il se retira chez les Rutules (T.-Live, v, 32)

Le consul L. Postumius, fut accusé en 463 pour abus du commandement. — Le consul Claudius, pour avoir déclaré une guerre injuste.

En 565, L. Scipion, l'Asiatique, personnage consulaire, frère de l'Africain, fut accusé d'avoir, étant consul, vendu la paix à Antiochus, en conservant par devers lui quatre millions de sesterces. Une loi *Petilia* rdonna l'enquête et confia le jugement à Terentius Culleon, préteur : la citation vise les deux lieutenants de L. Scipion, son questeur, ses deux scribes et son accensus (huissier.)

Scipion fut condamné pour crime de péculat, comme ayant détourné 6.000 livres d'or et 480 livres d'argent. Le préteur, malgré les objurgations de Tiberius Gracchius, tribun, déclara que, lié par la loi *Petilia*, il devait exiger le paiement de l'amende, ou, à son défaut, faire saisir et emprisonner le condamné. — Mais Gracchus, seul des tribuns, exerça *l'intercessio* et mit obstacle à ce qu'on usât de la *manus iniectio* sur Scipion : il limita les effets de la sentence à la saisie des biens. Leur vente prouva que Scipion était demeuré pauvre et l'indignation populaire se retourna contre le préteur, ses conseillers et les accusateurs, (T.-Live, XXXVIII, 50).

CHAPITRE TROISIEME

Théorie de l'irresponsabilité des magistrats.

Existait-il à Rome des magistrats absolument irresponsables à raison de leurs actes fonctionnels?

D'autre part, tous les magistrats ne jouissaient-ils pas, *pendant la durée de leurs fonctions*, d'une excuse dilatoire, opposable sous forme d'exception aux accusateurs?

Nous retrouverons ces deux questions dans le droit moderne, où l'on peut dire qu'elles composent tout le problème de la responsabilité des fonctionnaires. Il est donc doublement intéressant de rechercher quelle a été la doctrine romaine à cet égard.

En premier lieu, on s'accorde à reconnaître que l'irresponsabilité absolue couvrait les actes. 1° du dictateur *optimâ lege creatus*. 2° du censeur en ce qui concerne le *protestas censorina*. 3° du tribun de la plèbe. (Willems, droit public romain, p. 227. textes cités).

Responsabilité des dictateurs. — Bien que leur irresponsabilité soit un principe proclamé par tous les auteurs, nous possédons des preuves de procédures intentées contre eux. C'est ainsi que lorsqu'à son retour d'exil, M. Furius Camille fut nommé dictateur, il dut aussitôt se démettre de sa dictature, parce que les tribuns de la plèbe firent prendre aux *concilia plebis* la décision suivante : Si M. Furius fait acte de dictateur, il paiera une amende de 500.000 as. (Tite-Live VI, 38). A la vérité, Tite-Live doute de la réalité de ce fait, mais il n'invoque pas, pour le nier, l'argument qui s'imposerait, c'est-à-dire *l'irresponsabilité* légale du dictateur. Pour que l'histoire accepte la possibilité de cette explication, il faut donc qu'il fut vrai que la dictature se trouvât à la merci d'une condamnation pécuniaire, sanctionnée, ne l'oublions pas, par l'emprisonnement. Mais alors que devient, en fait, l'irresponsabilité ? Si l'on objecte que c'était là l'expédient d'une époque troublée, nous répondrons que les lois sont faites pour servir de guides et de modérateurs précisément aux époques où les passions perdraient toute mesure, et que des lois politiques, si les partis sont maîtres de les violer, ne méritent pas d'être admises parmi les monuments législatifs, « *telum imbelle sine ictu.* » En fait, le dictateur n'était irresponsable que si ses adversaires ne lui demandaient aucun compte : cette constatation ne permet plus de parler d'une irresponsabilité légale.

On avait vu auparavant, en 314, Menius, dictateur, être accusé en compagnie de son tribun de la cavalerie, et obtenir son absolution. (T.-Live IX, 26).

L'exemple d'Émile, dictateur en l'an 425, fournit une preuve nouvelle de responsabilité, mais cette fois appliquée d'une façon indirecte. (Tite-Live, IV, 24).

Émile, avait usé de son pouvoir dictatorial pour proposer au peuple de réduire à un an 1/2 la durée de la censure, jusqu'alors quinquennale « *nam maximam libertatis custodiam esse, si magna imperia diuturna non essent, et temporis modus imponeretur, quibus juris imponi non posset* », mais, dès que lui-même eut déposé la dictature, les censeurs, irrités de l'adoption de sa loi, le changèrent de tribu, et octuplèrent son tribut annuel.

Tel était le résultat de cette législation compliquée ; les censeurs, dont le peuple venait de diminuer la durée des fonctions, purent, quoique légalement vaincus, se venger légalement. Bien que leur *note* ainsi inspirée notoirement par la haine, fut manifestement inique, il n'existait aucun recours de droit contre elle ; mais le peuple, que les scrupules juridiques ne peuvent arrêter lorsqu'ils blessent trop ouvertement sa conscience, se fut porté contre eux à des actes de violence, sans la modération dont l'ex-dictateur fit preuve en exigeant de ses partisans le respect de l'inviolabilité censoriale, même lorsqu'elle couvrait une œuvre de basse rancune.

Sans doute, on doit admirer la retenue d'Émile, mais il faut convenir qu'il n'y a pas de véritables irresponsabilités si la loi ne met pas le magistrat à l'abri des rancunes qu'il aura soulevées dans l'accomplissement de son devoir. Combien de citoyens, moins sereinement impassibles qu'Émile, eussent été effrayés par la perspective de ces vengeances et n'eussent pas conservé cette liberté d'âme nécessaire à l'exercice de la dictature ?

Dans le même ordre d'idées, nous voyons un dictateur, Manlius Imperiosus, accusé pour avoir apporté trop de rigueur dans la levée militaire (393). (Tite-Live, VII, 3 et s. 29), et Scipion l'Africain triompher à grand'peine d'une accusation de concussion. (Aulu Gelle, III, 4).

Irresponsabilité des censeurs. — L'irresponsabilité des censeurs semble avoir été mieux sauvegardée.

Rien ne saurait mieux montrer à quel point elle était portée que le conflit reproduit par Tite-Live (XXIX-37).

En l'an 204 de Rome, les deux censeurs Caius-Claudius Néron et Marcus Livius se déclassèrent mutuellement de l'ordre équestre « débat inique, où chacun se flétrissait en voulant flétrir son adversaire. » Claudius aggrava les impôts de son collègue ; celui-ci osa davantage : il frappa d'une augmentation d'impôt *tout le peuple romain*, à l'exception de la tribu Marcia, qui ne l'avait ni condamné, ni créé censeur ; les trente-quatre autres tribus furent condamnées en masse comme coupables d'inconséquence, en ayant d'abord condamné Claudius et en l'ayant ensuite nommé censeur ; décisions contradictoires dans lesquelles le peuple s'était trompé certainement une fois.

Le tribun Débius cita alors les deux censeurs devant le peuple, mais le Sénat fit en sorte de paralyser la citation, — on ne dit pas par quels moyens — pour que désormais la censure ne fut pas soumise aux caprices de la plèbe.

Il est difficile de tirer une conclusion de cette aventure singulière ; elle est l'indice d'une époque troublée, où les formes légales l'emportaient sur l'équité la plus évidente, parce qu'un parti avait intérêt à opposer la légalité à la justice. On se demande ce qu'il faut admirer le plus, ou de l'acte du censeur, osant châtier la démocratie de ses inconséquences, ou de cette démocratie qui s'incline devant une condamnation juste.

Il n'en résulte pas moins que l'irresponsabilité des censeurs n'était pas inscrite dans la loi, mais découlait seulement des mœurs publiques, puisqu'il fallut au Sénat user de moyens dilatoires, pour que l'accusation fut, non pas écartée, mais *discussa*, c'est-à-dire, ajournée, puis oubliée.

Valère Maxime, en rapportant le même épisode, dit que le Sénat dispensa les censeurs de se présenter devant le peuple, voulant placer au-dessus de la crainte d'un jugement quelconque une magistrature instituée pour demander des comptes et non pour en rendre. « *Vacuum omnis judicii metù esse honorem.* » (Valère Maxime, VII, II, 6).

C'est là en effet la formule parfaite de l'irresponsabilité, celle au nom de laquelle on peut parfois tenter de la justifier, et nous la reprendrons, en droit français, pour en tirer ses conséquences. (V. pour les censeurs Purius et Atilius, T.-Live, XXIV, 43).

Maintenant pourquoi cette responsabilité du dictateur et cette irresponsabilité réelle du censeur ? cette distinction n'est pas sans fondement. Le dictateur touchait à de trop grands intérêts pour qu'on put admettre son entière impunité, quoi qu'il eut fait. Au contraire le censeur, même dans ses excès, était peu dangereux ; que pouvait-il ? changer de classe pour augmenter l'impôt individuel, changer de tribu pour amoindrir l'influence du citoyen, le chasser même de toutes les tribus et en faire un ærarius (déclassé) retirer le cheval à un *eques*, et, enfin, chasser du Sénat. Mais c'étaient là des peines purement morales, et les victimes en étaient peu atteintes, si l'opinion publique, ou seulement leur conscience les soutenait. Puis, le censeur était, dans ces notes, soumis à l'intercession de son collègue, que, par parenthèse, on s'étonne de ne pas voir intervenir dans le conflit rapporté plus haut, où Claudius Néron et Livius Salinator luttent de rigueurs quelque peu ridicules, au lieu de se servir simplement de leur intercession l'un contre l'autre.

Enfin, il fallait que le censeur put terminer en toute sécurité l'importante opération à lui confiée, l'établissement des contributions, qui constitue le fondement de sa mission, et que pour cela, il eut « *omni metu vacuum honorem.* »

En un mot, la différence essentielle consiste en ceci : le dictateur exerçait un pouvoir politique ; il était nécessaire qu'il fut responsable ; le censeur exerçait un pouvoir administratif ; il était nécessaire qu'il fût irresponsable : nous reprendrons d'ailleurs cette théorie dans la partie de notre travail consacrée au droit français.

Quant aux tribuns de la plèbe, on reconnait qu'ils étaient théoriquement irresponsables.

Cependant, en 393, on traduisit devant les *concilia plebis* les tribuns du peuple des deux années précédentes ; — on n'arguait contre eux rien qui touchât soit à leurs mœurs privées, soit à leur gestion publique, mais on leur reprochait d'avoir usé de leur intercession en faveur des patriciens contre les *rogationes* (accusations) de leurs collègues. Ils furent condamnés à une amende de 10,000 pesant de cuivre. Tite-Live les qualifie d'innocents : peut-être l'étaient-ils en

effet, car il est difficile de déterminer si leur conduite avait
été inspirée par la seule équité, ou par une coupable faiblesse. (Tite-Live, v. 29.)

Quoiqu'il en soit, il y a là un exemple de sérieuse et efficace
responsabilité.

Appien (*Belli civilis*, i, 12) nous fournit des détails intéressants sur la déchéance du tribun Octave et sur le fonctionnement des comices par tribu.

« M. Octavius, collègue de Gracchus au tribunat, était su
borné par les riches pour exercer son intercession, en vertu
de cette règle du droit romain qui veut que le *veto* d'un
tribun prévaille sur tout acte de son collègue ; il ordonna
donc au scribe (qui lisait la proposition de loi agraire) de
garder le silence. Gracchus s'en plaignit vivement et ajourna
les comices au lendemain. — Ayant apposté une garde suffisante pour forcer le consentément de son collègue, il contrai-
gnit le scribe, par des menaces, à lire le projet de loi. Celui-ci
commença en effet la lecture, mais sur l'intercession d'Octave
il dût s'interrompre. En présence de ce conflit élevé entre les
deux collègues, et de l'émotion du peuple, les nobles sup-
plièrent les tribuns de confier au sénat la solution du litige.

« Cette occasion perdue, Gracchus pensant que sa loi ne
pouvait déplaire à aucun citoyen ami du bien public, se rendit au
Sénat ; mais privé de l'escorte de la plèbe, poursuivi par les
injures des riches, il dût se retirer et revenir au *forum :* là
il annonce que le lendemain il soumettra au peuple deux
résolutions, l'une sur l'adoption de la loi agraire, l'autre sur
le maintien de la magistrature d'Octave, au sujet duquel on
devra examiner si un tribun, *qui trahit les intérêts du peuple,
peut conserver sa fonction.* Il le fit, en effet, mais Octave,
sans s'émouvoir, ayant renouvelé son *veto*, Gracchus dis-
tribua au peuple les bulletins de vote pour statuer d'abord
sur ce cas. La première tribu se prononça contre Octave ;
alors, Gracchus, se tournant vers lui, le supplia de renoncer à
son opposition. Sur le refus de celui-ci, on continua le vote ;

les tribus étaient au nombre de 35. Les dix-sept premières se prononcèrent dans le même sens, et il devint évident que si une dix-huitième se rangeait au même avis, la loi de déchéance était votée. — Gracchus redouble ses instances et ses supplications..... il ne peut ébranler son collègue : on reprend le vote, et Octave est déclaré exclu du tribunat... il se perd aussitôt dans la foule.

Plutarque avoue d'ailleurs (Plutarque, Gracchus, xiii) que la déposition d'Octavius fut « injuste et contraire aux lois » mais nécessitée par le besoin de faire passer la loi agraire. Il en résulte que la loi ne reconnaissait pas à un tribun le droit de provoquer la déposition de son collègue.

CHAPITRE QUATRIEME

Garantie sous forme d'exception dilatoire résultant de l'exercice des fonctions.

Les magistrats en charge pouvaient-ils être accusés? Leurs fonctions leur fournissaient-elles, au contraire, une exception dilatoire.

Tout d'abord, en ce qui concerne les magistratures mineures, il est certain qu'on put poursuivre leurs titulaires sans attendre l'expiration de la fonction. Les Romains avaient une expression spéciale pour cette situation. « *Abacti magistratur dicebantur, qui coacti deposuerunt imperium.* » (Festus, v.) Il existe de très nombreux exemples de ces dépositions; nous ne jugeons pas utile de les reproduire. (Voyez les textes cités par M. Maynz, droit romain, p. 52, en note.) On sait que Flaccus était édile lorsqu'il fut poursuivi par Decianus (Cicéron, par Flacco), et d'ailleurs acquitté.

Quant aux magistratures majeures, la question se résout par une distinction. Nous avons vu que certaines fonctions conféraient le caractère d'inviolabilité, mais cette protection ne s'étendait qu'aux *actes de la fonction* et la poursuite était libre pour la répression des faits commis en dehors de la charge.

Valère Maxime en fournit deux exemples caractéristiques.

En 527 (U. C.), le tribun Scantinius Capitolinus fut accusé

d'un attentat à la pudeur ; il tenta d'opposer une exception personnelle : « *se cogi non posse, ut adesset, quia sacrosanctam potestatem haberet* » — il demanda à ses collègues du tribunat de le protéger, au nom de l'inviolabilité attachée à leurs fonctions : ceux-ci refusèrent d'intercéder « *quominùs pudicitiæ quæstio perageretur* »; là on trouve la théorie de la *faute personnelle*, et de la garantie des fonctionnaires qui joue un si grand rôle dans le droit français. (Valère Maxime, vi, 1, 7.) Plutarque donne le nom de l'accusateur : c'était Marcellus, alors édile curule. (Plutarque, Marcellus, 2.

De même en 599 (U. C.), L. Cotta prétendit se retrancher derrière l'inviolabilité tribunitienne, pour ne point payer ses dettes : mais ses collègues décrétèrent que, faute par lui de payer en espèces ou de donner caution, ils soutiendraient les créanciers qui l'actionneraient *iniquum ratum, majestatem publicem privatæ perfidiæ obtentui esse*, jugeant qu'il était scandaleux de voir l'inviolabilité attachée aux fonctions cou·vrir la mauvaise foi de l'homme privé. (Val. Max., vi, 5, 4.)

Il est intéressant de constater par ces deux textes que les Romains avaient la parfaite notion de la distinction entre la *faute personnelle* et l'*excès de pouvoir*, et qu'ils refusaient sans hésitation à la première, la protection réservée aux actes fonctionnels.

Cette garantie *fonctionnelle* ou *réelle* que nous voyons n'exister que pour les deux magistratures irresponsables, tribunat et censure, reçut plus tard une importante extension.

En effet, la loi *Servilia* (vers 652 ou 653) porte d'une façon générale « *De hisce dum magistratum aut imperium habebunt, judicium non fiet,* » mais ce texte appartient à l'époque où les *quæstiones perpetuæ* avaient été substituées au peuple comme juridiction, et où l'accusation appartenait *cuidam ex populo*.

On s'explique donc cette différence par la nature même du tribunal : il était rationnel de n'admettre aucun délai pour porter une accusation devant le peuple, qui, ayant nommé les magistrats, pouvait exercer sur eux, sans nulle suspicion, le droit de justice retenue : il en devint autrement lors des *quæstiones perpetuæ*, étrangères à la nomination du magistrat, et n'exerçant que la justice déléguée : le peuple, source du pouvoir, avait par cela même le droit d'y mettre fin ; on n'aurait pu concevoir une *garantie personnelle*, résultant de la fonction, opposée à l'autorité qui avait créé la fonction — il n'existait pas de motif pour différer une reddition de comptes au mandant — mais les *quæstiones perpetuæ* présentaient un tout autre caractère : tant que le magistrat exerçait la fonction à laquelle l'avait appelé le peuple, la *quæstio perpetua* devait en respecter la durée ; sinon un seul individu, en se portant accusateur, et une fraction du peuple, en accueillant l'accusation, auraient suffi à infirmer la décision de l'universalité ; or, jusqu'à preuve contraire, c'est celle-ci qui devait l'emporter : il y avait *présomption légale* en faveur du magistrat élu, et cette présomption ne cessait que lorsque cessait le mandat : alors seulement le pouvoir de la *quæstio perpetua* pouvait s'exercer sans nul obstacle.

En résumé, dans la période des jugements par les comices, on relève les caractères suivants :

1° Accusation réservée aux magistrats.

2° Juridiction du peuple, — justice retenue.

3° Absence de législation pénale : peines arbitraires.

4° Inviolabilité des censeurs et des tribuns pour les actes relatifs à leurs fonctions.

5° Responsabilité des autres magistrats, même durant leurs fonctions.

SECONDE PÉRIODE

LES MAGISTRATURES DE LA DÉCADENCE

Nous groupons ensemble les magistratures de la période finale de la République, et celles de l'empire, car elles présentent une analogie complète. En effet, s'il est vrai, comme l'a dit Montesquieu (Montesquieu, Esprit des lois,) que la république ait pour ressort la vertu, Rome cessa d'être républicaine, dès qu'elle fut corrompue. A la vérité la forme du gouvernement ne parut pas immédiatement modifiée, mais la transformation s'opérait insensiblement dans les mœurs publiques, et le jour où César voulut déplacer le pouvoir et l'absorber en lui, il trouva un peuple que ses vices avaient dès longtemps préparé à la servitude.

Pour nous borner à ce qui concerne la responsabilité des magistrats, cette vérité est surabondamment démontrée par ce phénomène surprenant au premier abord, que l'Empire n'eut pas à modifier sensiblement la législation spéciale pour l'adapter au nouveau régime, et put se contenter de perfectionner les détails des lois, sans en changer l'esprit général.

Tout a été dit par Bossuet et Montesquieu sur les causes de cette décadence que Polybe, avec le génie de la haine, avait si froidement prédite, à l'époque même où la grandeur romaine atteignait l'apogée. (Polybe, L. VI.) L'extension des provinces romaines donna lieu à la création de magistratures nouvelles, armées de pouvoirs illimités, qui, s'exerçant loin de tout contrôle, devaient enfanter cette ivresse du pouvoir dont Tacite a dit qu'elle corrompt et déprave. (« *vi domina-tionis convulsus et mutatus* » Tacite, annales, VI, 48.)

Tant que les magistrats avaient exercé leur pouvoir à Rome, la méfiance du peuple avait mis un obstacle absolu à tout abus d'autorité, et l'accusation se dressait menaçante pour la réprimer ; mais lorsque consuls et préteurs sortant de charge se répartirent les provinces, une ère d'exaction et de concussion s'ouvrit, contre laquelle les lois que nous allons étudier furent impuissantes à réagir.

Comme pour la première période, nous distinguerons les procédés préventifs et les procédés répressifs, ces derniers recevant un développement considérable.

CHAPITRE CINQUIÈME

Procédés préventifs.

Les procédés préventifs continuèrent à consister princi-palement dans l'élection et dans l'annalité des charges : mais ces deux règles tutélaires furent bientôt violées.

Les commandements provinciaux furent d'abord prorogés formellement, quand la nécessité d'une guerre en fournis-sait le prétexte ; puis on vit les magistrats conserver leurs commandements, lorsque le Sénat ne leur avait pas désigné de remplaçants. Les exemples sont nombreux et appartiennent tous au VIIe siècle de Rome. Lucullus commanda sept ans la

Cilicie et l'Asie, Lentulus et Appius Claudius conservèrent chacun pendant trois ans le gouvernement de la Cilicie, Pison demeura deux ans en Macédoine, Gabinius trois ans en Syrie. On sait aussi que Verrès avait pu rester préteur en Sicile pendant trois ans, parce que Arrius, désigné pour le remplacer, ne se rendit pas à son poste. Enfin ce fut pour cinq ans que Pompée reçut l'Espagne, César, les Gaules, et Crassus, la Syrie.

Pourtant une loi *Julia,* rendue par César, que sa propre expérience avait convaincu du danger des commandements prolongés, restaura les anciens principes, sauf une dérogation en faveur des consuls : « *ne prætoriæ provinciæ plus quam annum, neve plus quam bieunum consulares obtinerentur.* » (Cicéron, Philosophie, 1, 19.) Mais elle ne fut pas longtemps appliquée, et l'on sait qu'Antoine reçut pour six ans les provinces consulaires.

D'ailleurs la brièveté des magistratures n'était une sauvegarde que pour la liberté publique ; elle rendait difficile toute usurpation politique ; mais, en ce qui concerne la probité de la gestion dans les provinces, elle produisit les effets les plus désastreux ; sûrs de l'impunité, comme nous le verrons plus loin, les sénateurs s'occupaient avant tout de recueillir un butin considérable, le court délai qui leur était imposé les forçait à activer leurs exactions, et ils s'éloignaient, gorgés de rapines, pour faire place à un nouveau titulaire également avide et pressé de s'enrichir. Sous ce rapport les provinces n'eurent qu'à se réjouir de l'effondrement de la liberté romaine, elles y gagnèrent l'institution des *præsides provinciæ,* lesquels, nommés par l'empereur et hiérarchisés, purent s'occuper de la prospérité de la province qui leur était confiée pour un temps indéterminé. Certains de demeurer dans leur province, ils eurent intérêt à ne pas y exciter de haines, et s'attachèrent à mériter la faveur du Souverain par une bonne administration.

Leges de Ambitù

Quant à l'élection, il est facile de comprendre que la source en fut viciée lorsque les magistrats purent répandre sur le forum les richesses qu'ils rapportaient des provinces ; c'est ainsi que les peuples soumis à Rome se vengèrent de leurs oppresseurs en les corrompant à jamais.

Alors on vit paraître les premières *leges de ambitù*, et l'on dût punir la brigue. En effet, rien n'est plus digne de la sollicitude de l'homme d'État que la sincérité de l'élection. Elle peut être viciée soit par la violence, soit par l'achat des suffrages. Le premier moyen, plus odieux, est, par cela même, moins dangereux ; il laisse des ressentiments qui ne permettent pas au pouvoir de s'éterniser, et qui sont le germe d'un réveil futur. Mais la vénalité des votes dégrade à la fois les deux parties à ce honteux contrat, elle abaisse le niveau moral d'un peuple ; elle lui apprend qu'il y a quelque chose de plus précieux que l'indépendance, elle lui inspire le mépris de lui-même et de ses élus, qui devraient être respectés pour pouvoir gouverner, et l'histoire enseigne que cette abdication volontaire à l'intérieur entraîne la faiblesse devant l'étranger ; l'amour de la liberté et l'amour de la patrie ne sont que les deux formes d'un même sentiment ; l'un ne survit pas à l'autre.

Aussi des lois nombreuses intervinrent-elles à toutes les époques pour réprimer les abus commis par les candidats. Leur multiplicité même démontre combien peu étaient efficaces leurs prohibitions et leurs pénalités ; mais c'est en cette matière surtout que les lois sont impuissantes contre les mœurs.

En 322, les tribuns militaires, L. Pinarius, S. Furius et Sp. Posthumius, exerçant l'autorité consulaire, rendirent une loi défendant d'arborer le vêtement blanc, signe distinctif et origine étymologique des candidats. (T.-Live, 5, 25.)

En 395, la loi *Pœtilia de ambitu* interdit les conciliabules que l'on tenait sur les marchés : elle semble viser plus directement la liberté de réunion que l'intrigue même. (T.-Live, 7).

Puis les lois *Bœbia-Emilia*, vers 571, et *Cornelia Fulvia*, en 594.

Marius, étant consul, porta la loi *Maria* dont Cicéron dit qu'elle fit *les ponts élroits : poutes fecit angustos.* Il s'agit des ponts par lesquels défilaient successivement les citoyens de chaque tribu, pour déposer la tablette énonçant leur vote. En les rétrécissant, on obligea les électeurs à passer un à un, et l'on écarta les solliciteurs du lieu du vote. (Cicéron, *de legib.*, 3, 17, et Plutarque, Marius.)

La loi *Fabia* défendit aux prétendants de se faire accompagner par une suite nombreuse (*sectatores*) qui encombrait la place publique, intimidait les adversaires et sans doute se livrait à des menaces et à des violences. (Cicéron, *pro Murena.*)

En 686, la loi *Acilia Calphurnia* prononça l'exclusion de toute magistrature, et même du Sénat, contre tous ceux qui étaient reconnus coupables : ils encouraient également une amende. (*Dion Cassius*, 39.)

En 690, sur la proposition de Cicéron, fut rendu un Senatus Consulte, improprement connu sous le nom de *lex Tullia.* Il précisait, parmi les actes constitutifs de la brigue, le fait d'avoir donné des spectacles de gladiateurs, deux ans avant de prétendre aux honneurs, à moins qu'on n'y fut obligé par un testament. (Cicéron, *in Vatinium*, 15, *pro Murena*, 32.)

Cette loi aggravait la peine, et prononçait dix ans de rélégation. (*Dion Cassius*, 96.)

En 692, la loi *Aufidia* frappa ceux qui avaient distribué de l'argent à leur tribu, d'une amende *viagère et annuelle* de 30 sesterces *à chaque tribu.* Il faut remarquer que la *seule promesse* d'argent *ne suffisait pas* à faire encourir la peine, bien qu'elle puisse paraitre constituer le délit de corruption. Mais il est probable que le peuple romain, sceptique à cet égard, n'était accessible qu'à des libéralités effectives. (Cicéron, *ad Atticum*).

La loi *Licinia*, dite des confréries (*sodalitùs*) portée sous le consulat de C. Pompée et de M. Licinius Crassus, servit à accuser Plancius, pour lequel nous avons une défense de Cicéron. Elle prohibait spécialement l'intervention de confréries, de groupes, de comités qui, à toute époque, ont été un des instruments les plus dangereux pour fausser les élections ; et qui, à cette époque, se chargeaient des distributions d'argent. La peine était l'exil, (c'est-à-dire la rélégation) (V. Pothier, *pandectes, de ambitù*).

Une loi *Pompéia* fut rendue quelque temps après par Pompée, seul consul en 701. Plutarque la mentionne sans autre détail. (Plutarque, Caton le jeune.)

Enfin, une loi *Julia*, rendue sous Auguste exclut pendant cinq ans les magistrats de la charge qu'ils avaient obtenue par l'intrigue.

Depuis que Tibère eut fait passer les comices — c'est-à-dire les pouvoirs électoraux — du peuple au sénat, et du sénat au prince, cette loi demeura sans objet à Rome. Mais les magistratures municipales demeurant électives en province, c'est là que la loi conserva son application ; le coupable était puni d'une amende de cent *aurei*, et encourait l'infamie. (L. I, 1, *de ambitù*.)

Il est intéressant de constater que pour favoriser la révélation et la poursuite de ce crime, quiconque avait été condamné de ce chef obtenait la *Restitutio in integrum*, s'il en convainquait un autre coupable (Cicéron, *cluentio*, 30.) C'est une disposition analogue à celle que présente notre Code Pénal en matière de révélation de complot ou de fausse monnaie. (art. 108 et 138, C. P.). Toutefois, même ayant fait prononcer une accusation, cet accusateur ne pouvait obtenir à son profit d'allocation pécuniaire. (L. I, 2, *de ambitù*.)

Si le candidat à une magistrature ou à une charge provinciale, était convaincu d'avoir conduit une troupe organisée, d'avoir convoqué ses esclaves, ou d'avoir ameuté une foule quelconque pour soutenir sa candidature, ce n'était plus la loi *Julia* qu'on lui appliquait, il était condamné à la dé- ·portation dans une île, comme coupable de violence publique (*de vi publicà*.) (Paul, sentences, xxx.)

Serment préalable du magistrat. — Enfin, Valentinien et Théodore imaginèrent une garantie nouvelle : ils exigèrent que le magistrat entrant en charge affirmât par serment qu'il n'avait rien donné pour obtenir sa fonction, et jurât qu'il n'accepterait rien de ses administrés. (L. 9, § 27, cod. *ac legem repetundarum*.)

On frappait des peines de lèse-majesté l'administrateur qui, après la nomination et l'arrivée de son successeur, ne quittait pas la province, et ne remettait pas à son remplaçant le commandement des troupes. (Ad. 2, *Julian majestatis*, L. 2 et 3.)

CHAPITRE SIXIÈME

Lois répressives contre les magistrats.

La période de la décadence est marquée par l'apparition de nombreuses dispositions légales contre les magistrats.

Nous avons vu qu'auparavant les peines, de même que la qualification des crimes, étaient arbitraires ; désormais la tendance des pouvoirs publics est de multiplier les textes de lois, de formuler des règles immuables, fixées par l'écriture, permanentes et générales, indépendantes des caprices du juge ou d'influences personnelles.

Certes, le régime de la loi écrite est de beaucoup supérieur au système arbitraire ; mais on ne peut s'empêcher de constater que les lois suivent les crimes, et que le grand nombre des textes est l'indice du grand nombre des délits : si donc les Romains y durent avoir recours, ce fut parce que les mœurs commençaient à se corrompre, et les dispositions que nous allons analyser sont l'effort de la probité et de l'intégrité antiques contre les causes de dissolution. Nous avons dit que le mal résidait plus haut ; c'est le régime politique qu'il eut fallu changer. Rome était républicaine lorsque la nation se composait de citoyens égaux ; elle cessa de l'être lorsque les conquêtes eurent introduit dans l'Etat des millions de *sujets.* La petite troupe des citoyens romains se trouva constituer à l'égard des esclaves et des provinciaux une oligarchie ; or, toute oligarchie est nécessairement oppressive et vicieuse; en effet, si ses membres étaient accessibles à la vertu et à la justice, ils renonceraient à leur inique domination ; s'ils la conservent, c'est pour en abuser. Le seul remède, à cette époque, eut été d'adopter la grande mesure que Caracalla prit tardivement : l'extension de la cité romaine à tous les habitants de l'Empire. En 212, elle n'eut plus d'autre résultat que de généraliser la perception de la *vicesima hereditatum*, impôt du vingtième sur les successions des citoyens. — Si l'assimilation eut suivi chaque conquête, la puissance despotique des proconsuls et propréteurs eût été amoindrie et les concussions seraient devenues impossibles.

Nous démontrerons au contraire que les lois furent impuissantes contre les malversations.

Ce qui distingue cette deuxième période ce sont les caractères suivants :

1° Substitution de la loi écrite aux peines arbitraires;
2° Création de tribunaux spéciaux. — Justice déléguée ;
3° Système accusatoire.

Nous étudierons d'abord les lois et la juridiction, puis nous consacrerons un chapitre au système accusatoire, que nous examinerons au point de vue de ses analogies avec l'action civile du droit français.

Les crimes que peuvent commettre les magistrats dans l'exercice de leurs fonctions rentrent dans la classe générale des abus de pouvoir ; les Romains les réprimèrent par diverses lois auxquelles ils donnèrent le titre du principal des crimes prévus par elles, c'est ainsi que nous trouvons les lois *repetundarum* (concussion), *de peculatu, de ambitù, de vi publica, de falsis, de residuis* (reliquats), *perduellionis* (haute trahison), *majestatis*. Il faut toutefois se garder de croire

que chacune d'elles soit aussi spéciale que l'indique son nom ;
ce qu'elles ont de particulier, c'est seulement la juridiction
et la pénalité, et selon les besoins, les Romains firent tomber
sous le coup de telle ou telle loi les crimes étrangers à son
sujet, mais qui leur paraissaient dignes du châtiment édicté
par elle. C'est ainsi qu'on voit punir des peines de la loi *de
ambitú* ou *de vi publicà* des faits évidents de concussion, pour
lesquelles les dispositions de la loi *repetundarum* n'avaient
pas semblé assez rigoureuses.

Leges Repetundarum.

Nous savons par Aulu Gelle (Aulu Gelle, nuits, 1, 20,)
que la loi des XII tables punissait de mort le juge ou l'arbitre convaincu d'avoir reçu de l'argent pour rendre sa sentence.

En 604, la *lex Calphurnia repetundarum* créa une Commission permanente, pour connaître du crime de concussion
et institua un préteur particulier chargé de la présider.

Ce fut la première *quœstio perpetua*. (Cic. Brut. 27.)

La peine consista dans une amende. Vinrent ensuite :

1° La *lex Junia repetundarum*, — proposée en 627 par
le tribun Junius Pennus, infligeant, outre une réparation pécuniaire, « *œstimationem litis* », la peine de l'exil.

2° La *lex Servilia*, proposée en 647 par Servilius Glaucia
— maintint l'exil.

3° La *lex Acilia*, fut rendue ensuite sur la proposition
d'Acilius Glabrio, père du Glabrio qui présida la question
lors du procès contre Verrès. Asconius, dans ses gloses,
apprend qu'elle édictait une sévérité plus grande, en ce qu'elle
interdisait la *comperendinatio* ou renvoi à l'audience suivante, laquelle était de droit commun, comme on le verra
plus loin.

4° La *lex Cornelia*, rendue par Sylla ; rétablit la *comperendinatio* — c'est sous l'empire de cette législation qu'eu-

rent lieu les procès dans lesquels figura Cicéron, soit comme accusateur, soit comme avocat des accusés (Verrès, Flaccus, Fonteius).

5° Enfin la loi *Julia*, proposée par C. Julius César sous son premier consulat, résuma toutes les autres et leur donna une formule définitive. C'est elle qui, sauf quelques modifications, demeura en vigueur jusque dans le dernier état du droit.

Faits constitutifs de la concussion.

Marcien définit ainsi la concussion :

« La concussion consiste dans le fait d'avoir pris — ou laissé prendre par ses subordonnés, — une somme d'argent, dans l'exercice d'une fonction, d'une magistrature, d'une charge, d'une mission ou d'un ministère public. » (L. I. *de lege Julia repetundarum.*)

Cette définition laissait planer un doute: était-ce seulement *à l'occasion de ses fonctions* ou plus généralement, *pendant la durée des fonctions*, que la somme avait été prélevée? Fallait-il qu'il y eut *abus de pouvoir* ou *excès de pouvoir*? distinction fondamentale en droit français.

Le texte suivant de Macer dissipe toute incertitude ; « la loi *repetundarum* punit le magistrat *qui a reçu de l'argent* pour accomplir un des actes suivants : Donner (désigner) un juge ou arbitre, le changer, lui donner des ordres, soit pour lui dicter son jugement, soit au contraire pour l'empêcher de juger, négliger de faire incarcérer ou enchaîner un accusé, le faire élargir, le condamner ou l'absoudre, prononcer sur un litige, prononcer ou non une peine pécuniaire ou capitale. (Loi 7, I, *ad. leg. Jul. repet..*) faire déposer ou non des témoins, faire exempter ou non un soldat, émettre un avis au Sénat ou dans une assemblée publique accuser ou non ; — *pour avoir violé à prix d'argent un mandat public* (L. 6. *cod. tit.*) enfin pour avoir fait plus ou moins que son devoir. « *vel quo magis aut minus quid ex officio suo fue-*

rat. » Nous ajouterons, en nous basant sur l'énumération précédente « et même pour avoir fait son devoir à prix d'argent.»

On voit que ce sont exclusivement des actes de la fonction qui sont visés, il faut donc que ce soit *à l'occasion de la charge*, et *en qualité de magistrat*, que l'argent ait été perçu, pour constituer la concussion. Un acte commis en dehors de ces conditions pourra constituer un vol, une rapine, une violence et un simple vol, mais ne sera pas qualifié de concussion.

Cette règle reçut une intéressante dérogation en ce qui concerne les magistrats urbains des provinces.

« Les magistrats urbains doivent également s'abstenir de tout bénéfice illicite, et de recevoir, en *dons ou présents muneribus vel donis*, plus de *cent pièces d'or* par an » (L. 6. *eod. tit.*).

En se reportant à la définition du *munus* et du *donum*, donnée par Marcien, (L. 214 *de verborum significatione*) on voit que le *munus* est une prestation obligatoire, tandis que le *donum* est facultatif ; mais il n'était nullement interdit, en principe, à un magistrat, de recevoir ce *donum* : indépendamment de la limitation à 100 *aurei* annuels, qui démontre qu'au dessous de ce chiffre, le *donum* était licite, cette faculté résulte du texte de Marcien qui dit, à ce sujet « *quæ* (*dona*) *si non præstentur, nulla reprehensio est; et si præstentur, plerumque laus in est* ».

Il est inutile de démontrer le danger et l'immoralité du *donum* rendu possible, c'est-à-dire, en fait, obligatoire pour tout administré : les empereurs ont donc dû faire la part de la corruption existante, et se contenter de lui imposer un maximum. Peut-être même, en comprenant dans le total de 100 *aurei*, les *munera* et les *dona*, arrivait-il — et sur ce point le témoignage des contemporains pourrait seul nous éclairer — que les *munera* normaux, réguliers, atteignissent à eux seuls ce chiffre, ce qui, en fait, paralysait la pratique des *donum*.

D'ailleurs c'est seulement pour les magistrats urbains que cette faculté de recevoir des rémunérations est admise : pour les autres, le texte de Macer (L. 7, 2. *eod tit..*) porte formellement « *à nullo, neque ullam quantitatem capere permittit* » on faisait exception pour les proches parents du magistrat, lesquels, depuis le *sobrinus* (cousin germain) pouvaient lui adresser tous présents, car la proximité du degré et l'affection qui en résultait légitimaient ces libéralités et les exemptaient de tout caractère de corruption (L. 1, *eod. tit..*).

« Les juges *pedanei* (juges inférieurs remplaçant les *præsides provinciæ* pour les *causæ humiliores*) convaincus de s'être laissé corrompre par des dons pécuniaires, étaient généralement chassés de la curie par le *Prœses*, ou envoyés en exil, ou même condamnés à la rélégation temporaire (Paul. sent. XXVIII).

Il est singulier de constater que le fait qui, en droit moderne, est essentiellement qualifié de concussion, (L. 15 mai 1818 art. dernier et C. Pénal., art. 174.) le prélèvement d'un impôt indu (*novum vectigal*) n'était pas réprimé par la loi *repetundarum*, et tombait sous le coup de la loi *Julia de ambitù* c'est-à-dire entraînait l'amende de cent *aurei* et l'infamie (L. I § 3, *de ambitù*).

Nous voyons, d'autre part, que le coupable de ce fait encourait également la peine de la loi *Julia de vi publicà*, c'est-à-dire l'exil. Cette diversité tenait sans doute aux circonstances qui avaient entouré cette perception illégale (L. 10 § 2, et 12 *ad. leg. Juliam de vi publicà*) et les peines devaient être alternatives et non cumulatives.. .

Constantin renouvela ces prohibitions et établit comme peine unique un exil perpétuel contre ceux qui prélèveraient sur les provinciaux des sommes *ultra antiquam consuetudinem et nostræ terminos jussionis* (L. 4, code, *vectigalia nova*).

Concussion proprement dite. — La concussion proprement dite paraît avoir été distincte du *crimen repetundarum,* sans qu'on puisse bien apprécier la différence quant aux éléments constitutifs de ces délits. Ulpien donne un exemple de concussion qui n'a rien de concluant. « Si on a simulé un ordre du *præses* pour exiger une somme, il y a lieu de faire restituer la somme et de poursuivre le délit » (L. 1, *de concussione*).

Cette concussion ne se poursuit pas par accusation publique, contrairement au *crimen repetundarum* ; mais il se peut qu'elle donne indirectement lieu à un *judicium publicum*, dans le cas où quelqu'un se serait fait remettre de l'argent sous la menace d'une accusation : fait prévu par les sénatus-consultes qui appliquent les peines de la loi *Cornelia* à ceux qui, *in accusationem innocentium coierent*, et qui auraient reçu une somme pour accuser ou ne pas accuser, pour porter ou non témoignage (Macer — L. 2, *de concussione*).

De ces textes, il semble toutefois résulter que la concussion était un genre de dol qui n'émanait pas d'un magistrat, mais d'un simple particulier; en effet, dans ces deux exemples, nous trouvons deux délits purement privés — l'escroquerie et la menace sous condition — c'est ce qui explique pourquoi la concussion simple ne donne pas lieu à une accusation publique.

Il existe un dernier exemple de *crimen repetundarum* qui présente un caractère particulier; il n'est pas besoin, pour que la peine soit encourue, qu'il y ait eu somme reçue; la simple inobservation des règlements établit une présomption *juris* et *de jure* en faveur de la culpabilité. « Il est interdit par la loi *repetundarum* de recevoir un ouvrage public (c'est-à-dire de donner décharge aux entrepreneurs), de délivrer au peuple du froment, d'en faire des provisions, d'en accumuler, sans recourir à toutes les formalités prescrites par les lois. » (L. 7, *ad. leg. Juliam repetundarum*).

Dans le même ordre d'idées, le Code Hermogénien prohibe à tout administrateur provincial d'acheter un fonds dans sa province, même par personne interposée; la vente est annulée et le prix confisqué — on n'admet même pas que cet administrateur puisse y faire construire des navires. — Enfin semblable interdiction de posséder des navires, en quelque province que ce soit, frappait les sénateurs. (L. 46, 2. *de jure fisci.* Code Hermog.)

Peines de la concussion.

Nous avons vu que la première loi *repetundarum* prononça l'amende, mais cette expression doit s'entendre de *l'œstimatio litis,* c'est-à-dire du montant des sommes extorquées. La loi *Junia* ne fit que reproduire à cet égard les dispositions (627) de la loi *Calphurnia,* mais elle introduisit une pénalité supplémentaire, l'exil.

La loi *Servilia,* tout en maintenant l'exil, éleva la condamnation pécuniaire au double, et l'on voit ici apparaître la notion moderne de l'amende, c'est-à-dire d'une condamnation envers l'État. Le plaignant continua à ne recevoir que *l'œstimatio litis,* c'est-à-dire que pour lui l'action demeure *rei persequendœ causa comparata* : la seconde partie de la somme payée alla à l'*œrœrium.* *(Lex servilia : capita XVIII et XIX. de litibus œstimandis, de pecuniâ solvendà).* Cette disposition se retrouve dans les lois postérieures ; notamment *Loi III, in fine, code, des assessoribus,* rapportée plus loin.

La pénalité semble n'avoir pas été modifiée par les lois postérieures, dont toute l'importance consiste dans les règles de compétence et de procédure.

Dans le dernier état du droit, nous trouvons des textes qui rééditent, en les aggravant, les pénalités antérieures :

1° **Amende.** — Un rescrit de Gratien, de Valentinien et de Théodose, porte : « Afin que la peine de l'un serve d'exemple aux autres, nous voulons que l'administrateur (*ducem*) qui aura malversé, soit conduit sous bonne garde dans la province qu'il a dépouillée, et qu'il restitue au quadruple ce que ses complices et lui auront extorqué et volé aux habitants. (L. 1, *Code, eod. tit. repetundarum.*)

Le partage de cette somme se faisait par moitié entre les victimes de la concussion et le fisc « *ut duplum spoliatus accipiat* ». (L. 3, fin. *Code de assessoribus.*)

2° Peine afflictive. — Cette restitution au quadruple semble se cumuler avec une peine afflictive « les concussions sont jugées extraordinairement, dit Macer, et punies soit de l'exil, soit plus durement encore, selon la gravité du fait : que devrait-on décider, par exemple, du magistrat qui aurait reçu de l'argent pour tuer un homme, ou qui aurait condamné à mort un innocent ? ce juge devrait être lui-même condamné à mort, ou tout au moins à la déportation dans une île comme cela est arrivé à plusieurs. (L. 7, 3, *ad leg. Jul. repet.*). Bien plus, le juge convaincu d'avoir absous un criminel, en échange d'une somme d'argent, sera frappé de la peine que l'accusé eut lui-même encourùe. (Paul, sent., liv. V. tit. 16, 12 *de serv. quæst.*). Nous trouvons ici un châtiment nouveau, analogue au talion, mais qui, sous une apparence d'exacte proportionnalité, contient une erreur. En effet, la faute du juge est indépendante de la gravité du crime reproché à l'accusé. Il n'en serait pas de même, s'il s'agissait non plus d'une absolution, mais d'une condamnation inique. Le crime du juge croîtrait alors en raison de la gravité de la peine infligée (voir en droit français la théorie plus exactement comprise. — Art. 361 — 2° et 362 — 2° du C. Pénal.)

3° Infamie. — Comme les autres actions publiques, le *crimen repetundarum* entraînait l'infamie : c'est ce que dit Venuleius Saturninus (L. 6, 1, *ad. leg. Jul. repetund.*) « celui qui a été condamné en vertu de cette loi n'est plus admis à porter un témoignage public, ne peut plus être juge ni tester en justice. » C'est ce que confirme un texte de Modestinus (L. 1, IX, 3 D.) qui ajoute que le coupable était exclu du Sénat. L'action *repetundarum* se donnait contre les héritiers, mais seulement pendant un an depuis la mort du coupable.

(L. 2, *hoc. tit,*). Il est évident qu'il ne s'agit ici que de l'action
en restitution ; cela résulte du texte de Paul qui fait remarquer que cette transmission contre les héritiers, commune
aux actions *peculatus, residuis et repetundarum,* est rationnelle, *cum in his quœstio principalis ablatœ pecuniœ movea-
tur* (L. 14 *ad leg. peculatus*) les héritiers, en effet, trouvent
dans le patrimoine du *de cujus* le résultat de ses rapines et ne
doivent pas s'enrichir aux dépens d'autrui.

Il leur reste la ressource de répudier la succession, s'ils ne
sont pas héritiers nécessaires. Mais les héritiers ne pourraient
pas opposer le *bénéfice de compétence,* l'exception *quatenus
locupletiores facti sunt,* car ce bénéfice n'appartient pas aux
continuateurs de la personne.

Afin de déjouer les tentatives tendant à éluder ces diverses
règles, il a été décidé que les objets reçus en don par le proconsul ou le préteur, ne pouvaient être usucapés (par des
tiers), tant qu'ils n'avaient pas été restitués aux donateurs.
Par des tiers, disons-nous, car cela était superflu à exprimer
quant au magistrat; en effet, le juste titre et la bonne foi lui
faisaient également défaut, le juste titre, parce que la donation était faite à un incapable, et la bonne foi, parce que le
magistrat savait que la loi lui défendait de garder ces objets.
Les ventes ou les locations faites à des prix plus ou moins
élevés de l'objet donné, sont nulles — fussent-elles faites par
personnes interposées — les objets sont confisqués et l'amende
au quadruple est prononcée. (L. 8, *ad. leg. Jul. repetund.
L. 46, de contrah. empt. L. 46, 2, de jure fisci.*)

Péculat.

Le Péculat est, dans le langage moderne, un crime analogue à la concussion, c'est-à-dire spécial aux fonctionnaires.
Il en était différemment à Rome. Paul le définit ainsi : « Celui
qui se sera approprié, auras oustrait, détourné ou converti à
son usage les deniers du fisc, sera condamné au quadruple.
(Paul, sentences, XVII.)

Le péculat était donc un vol d'argent public *sacré ou religieux*; dans le droit classique, la restitution au quadruple fut remplacée par l'exil, et depuis la loi *Julia* par la déportation. Mais ce crime ne pouvait pas être commis par des fonctionnaires publics ; en effet, le péculat, d'après Labéon, est le vol d'argent public commis par celui *à qui il n'était pas confié, non ab eo factum cujus periculo fuit*; c'est ainsi qu'il n'a pas lieu de la part des receveurs du trésor public ou des temples, pour l'argent qui leur a été confié. (L. 9, 2, *œd.* 1. *Jul. pecul.*)

Reliquat (esiduar.) — En effet, chez les fonctionnaires publics, il ne peut y avoir vol, puisqu'ils ont été mis régulièrement en possession de la somme, un élément essentiel du vol, la *contrectatio faudulosa* fera défaut; le crime commis par eux s'appellera *détournement, abus de confiance, furtum usus* : aussi la même loi Julia contient-elle un chef *de residuis,* en vertu duquel est tenu celui qui a conservé par devers lui une somme *publique* reçue à quelque titre que ce soit *pour le compte de l'Etat* (location, achat, prix de denrées,) ou qui ayant reçu de l'argent public pour un usage déterminé, ne l'y a pas employé. » (L. 4, 3, 4, 9, 6, *ad.* 1. *pecul.*)

Mais il faut, pour que le fonctionnaire soit déclaré reliquataire, une reddition préalable de comptes, suivie d'une constatation analogue à une déclaration de debet émanant de notre cour des comptes ; jusque-là, ce peut être de bonne foi qu'il demeure dépositaire pour le fisc de la somme lui appartenant. C'est ce qui me semble résulter de cette décision de Labéon, rapportée par Paul. (L. 9, 6, *œd. leg. Jul. pecul.*) « Un administrateur, revenant d'une province, a déclaré au Trésor, qu'il lui restait entre les mains de l'argent qu'il n'a pas versé: il ne peut pas être poursuivi par l'action *residuæ pecuniæ;* en effet, il est devenu débiteur du fisc, à *titre privé.* Il a été porté sur les registres comme tel, de sorte que le préposé à ce recouvrement pourra exiger de lui cette somme, saisir un gage, l'appréhender au corps, et prononcer contre lui une condamnation pécuniaire; c'est seulement après un an qu'il pourra recourir à l'application de la loi de *résiduis*. Dans cette espèce, il semble que le jurisconsulte ait considéré qu'il se produisît une sorte de *novation* par l'acte unilatéral du trésorier fiscal, qui, en *portant sur ses registres* le magistrat comme débiteur de la somme, le transforme en débiteur *à titre privé*, c'est-à-dire, exempt de peines, et tenu seulement de la restitution. C'est seulement après un an, que le retard apporté à la restitution, permet d'intenter l'action *de residius*, qui entraîne les mêmes peines que le péculat, c'est-à-dire l'exil et plus tard, la déportation.

Toutefois, à l'origine, ce caractère spécial du péculat, de ne pouvoir être commis que par une personne privée *cujus periculo non fuit pecunia* n'avait pas encore été nettement déterminé, car nous trouvons plusieurs exemples d'accusation de péculat contre les magistrats : notamment celui de Macer, préteur, puis gouverneur d'Asie, qui fut, à son retour, accusé de péculat par Cicéron, alors préteur lui-même, et se donna la mort pour échapper à une condamnation.

On voit également Cicéron menacer Verrès d'une accusation de péculat, pour avoir, durant sa questure, détourné les deniers publics confiés aux consuls Carbo, et s'être fait remettre par les questeurs urbains des sommes d'argent, *alieno nomine* (Cicéron, *in Verrem*, III, 75,) c'est-à-dire en prenant le nom d'une personne réellement créancière du trésor.

Pour assurer l'efficacité des poursuites, une ordonnance d'Arcadius et d'Honorius punit de la déportation celui qui, après avoir rempli un office public, s'ingérait de nouveau dans des fonctions, avant d'avoir rendu ses comptes ; alors même qu'on aurait surpris au Prince une nomination nouvelle, celle-ci est nulle : *cassatis quæ hoc modo sunt impetrata, ad solutionnem debiti primitus urgetur*. (L. unique, C. de ambitû).

Telle était d'ailleurs la défiance ombrageuse de la loi, que le fait seul d'être entré dans la maison du juge entrainait, soit contre l'accusateur, soit contre l'accusé, une amende de cent *aurei*. (L. I, 4, *de ambitù*). Nous voyons là un exemple de ces *présomptions* de culpabilité que la loi érigeait en *preuves*. Ils est probable qu'on n'en était arrivé à cette rigueur que par l'expérience de la corruption générale, qui n'admettait guère à cette démarche de l'accusateur ou de l'accusé, d'autre explication qu'une tentative de corruption. Cette loi doit être rapprochée de l'art. 378, *in fine* 8° de notre code de Procédure civile : le même raisonnement a dicté des mesures analogues.

Pour garantir les reprises des citoyens ou du trésor contre les magistrats il existait une mesure qui doit être considérée comme le germe de l'hypothèque légale des comptables « *Illorum, qui publica sine fiscalia debent, omnia bona sunt obligata.* » (L. 5, code, *vertigalia nova institui non posse*). Si cette disposition n'avait pas pour but de créer une sorte de privilège, elle ne se concevrait pas ; en effet, elle ne serait que l'inutile répétition des principes de la *pignoris capio,* qui sanctionne toutes les créances constatées en justice.

Juge faisant le procès-sien.

Le Juge qui, par impéritie ou ignorance, a mal jugé, est dit : « avoir fait le procès-sien » mais cette expression n'implique pas la mauvaise foi ; ce Juge est alors tenu d'une action civile, et assume les conséquences de son jugement erroné, c'est-à-dire qu'il doit tenir compte au perdant de la somme à laquelle il l'a condamné, ou bien de la somme à laquelle il a manqué de condamner l'adversaire (*L. ult. de extraord. cognit.*) c'est là un exemple de quasi délit ; il donne lieu à une action in *factum concepta,* c'est-à-dire dont la démonstration est absente et dont l'intention relate un fait, sans le qualifier au point de vue du droit.

« Si le Juge est un fils du famille, il ne sera tenu que jusqu'à concurrence de son pécule. » (L. 15, *de judiciis*). Pothier, commentant ce texte, veut qu'on lise *filii familias,*

au lieu de *filius familias judex,* c'est-à-dire : le juge d'un procès dans lequel aura été porté (défendeur) un fils de famille, ne sera tenu de restituer au demandeur que jusqu'à concurrence du pécule du fils de famille. En effet, dit Pothier :
« on sait que le fils de famille ne pouvait jamais être obligé
» *ex delicto* sur son pécule. Au contraire, la version diffé-
» rente s'explique parfaitement ; on conçoit que, le fils de
» famille ne pouvant être tenu que jusqu'à concurrence de
» son pécule, le montant de celui-ci détermine la somme
» maxima que le juge aurait pu allouer au demandeur, et
» par conséquent, le maximum de la restitution dont il sera
» lui-même tenu. »

Nous ne croyons pas qu'on doive accepter la correction de Pothier : en premier lieu, la disposition de la loi 15, *de judiciis* est reproduite, sous une forme qui ne permet pas le doute, dans le § 2, *in fine,* L. IV. Tit. V. des *Institutes.*
« *Quod et in filio familias judice observandum est, qui litem suam faceret.* »

En outre, ce motif est basé sur une double erreur; 1° en ce qu'il ne s'agit pas là d'un délit ; le juge qui a fait le procès-sien n'est, en effet, tenu que *quasi ex maleficio* ; c'est un quasi délit, et le texte des *institutes* dit formellement que le fils en sera tenu, à l'exclusion du père.

2° en ce que, lors même qu'il s'agirait là d'un véritable délit, le fils de famille en serait tenu sur son pécule. (L. 35 *de noxalibus actionibus.* L. 37 *de Judiciis.* L. 39 *de obligat)* et Ulpien en donne cette raison très-juridique, que de même que le père devrait laisser exécuter sur le pécule les obliga-tions contractées *ex stipulatu,* de même, en matière de délits, il doit laisser exécuter l'obligation naissant du jugement, car le jugement est une source légitime d'obligations : *nam ju-dicio contrahitur : proin de non originem judicii spectandam, sed ipsam judicati velut obligationem.* (L. 3 § II, *de peculio.*)

Le juge n'est dit avoir fait le procès-sien, que lorsqu'il a mal jugé par impéritie ou ignorance, mais de bonne foi ; cas qui devait être prévu à Rome, où le juge était un simple citoyen.

Du Juge qui a statué par faveur ou par collusion. Dernier état du droit. — Mais des dispositions plus rigoureuses viennent frapper le juge qui s'est déterminé par faveur ou par haine.

« Celui qui déclare avoir donné ou promis à autrui (au juge) et prouve son dire, sera exempt de toute peine.

« Celui qui, juge d'un litige pécuniaire aura accepté l'argent, ou accueilli la promesse ; devra payer, par ordre du *Comes privatarum rerum,* le triple de ce qu'il aura reçu, le double de ce dont il aura accueilli la promesse, et perdra sa charge.

« S'il s'agit d'une cause criminelle, le juge aura tous ses biens confisqués et sera envoyé en exil.

« Si le plaignant n'administre pas la preuve, le juge inculpé devra prêter le serment qu'il n'a rien reçu, ni directement, ni par personne interposée, et sera libéré par ce serment.

« Si le dénonciateur n'a pu prouver, le *comes privatarum rerum,* exigera de lui la valeur de l'intérêt en litige (*œstimationem litis*), et le procès suivra son cours ; s'il s'agit d'une cause criminelle, le dénonciateur encourra la confiscation de tous ses biens ; et l'affaire sera terminée devant le juge compétent.

« Si les inculpés refusent de prêter serment, ils encourront les peines énoncées. Si la partie accusée de corruption, après avoir juré « qu'elle n'a rien donné ni promis » est convaincue de faux serment dans les dix mois, elle encourra lesdites peines, de même que le juge.

(Authentiques ; Novelle, 124. Code, L. I *de pœna judiciis*).

Nous relevons dans ce texte qui appartient au dernier état du droit : 1° l'intervention d'une juridiction nouvelle, celle du *comes privatarum rerum,* revêtu d'un pouvoir supérieur, 2° l'impunité assurée au coupable dénonciateur, comme nous l'avons vu déjà en matière de *crimen ambitus. (vide suprà.)*

Action privée contre les publicains.

Il nous reste à parler d'une action spéciale qui ne présentait pas le caractère de *judicium publicum,* mais qui pourtant se rattache directement à notre sujet, c'est la poursuite intentée contre les publicains ; ceux-ci n'étaient pas à proprement parler des fonctionnaires ; cependant ils recouvraient les impôts, et ils apportaient à cette mission une avidité et une malhonnêteté qui les ont signalés à la réprobation de l'histoire.

Les *publicani* ou *vectigales* formaient de puissantes associations qui se chargeaient de la perception des tributs dans es provinces, soit au nom du fisc à qui ils en rendaient compte, soit comme fermiers. Dans le premier cas, il semble bien que, conformément aux principes du droit, ils auraient dû être assimilés aux fonctionnaires et soumis aux actions publiques.

Quoiqu'il en soit, nous voyons qu'une action privée spéciale avait été accordée contre eux.

On sait, dit Ulpien, quelles sont l'impudence et l'audace des factions de publicains. (L. I, § 1, *de publicanis.*)

Le préteur rendit contre eux un édit portant : « Lorsqu'un publicain, ou quelqu'un agissant en son nom, ou un de ses esclaves (*ex familià*) aura enlevé quelque chose *de force*, je donnerai contre lui l'action au double si la réclamation a lieu dans l'année, et au simple, si on l'actionne après l'année. » (L. 1, pr. cod. tit.) On voit que les détails des recouvrements étaient généralement confiés à des esclaves, qui jouaient le rôle d'employés subalternes.

Et s'il y a eu *damnum injurià* (dommage fait illégalement) ou vol, et si la chose n'est pas représentée (*exhibetur*), je donnerai l'action *contre les maîtres*, qui ne pourront recourir à l'abandon noxal (abandonner l'esclave en réparation de préjudice.) — et plus loin : « Si l'on ne représente pas les esclaves (coupables.) je donnerai l'action contre les maîtres sans faculté d'abandon noxal, qu'ils aient ou non l'esclave en leur pouvoir, qu'ils puissent ou non le représenter. (L. I, § 6, eod. tit.) Si au contraire ils représentent ces esclaves, ils bénéficieront de la faculté d'abandon noxal.

Le demandeur peut même aller jusqu'à exiger qu'on représente tous les esclaves du publicain, pour qu'il recherche parmi eux le coupable. (L. 3, § 2, *eod. tit.* .)

Si l'on use d'une telle rigueur, c'est que le publicain est responsable de la moralité de ceux qu'il emploie. (*quia debent bonos servos ad hoc ministerium eligere.*) (L. 3, *eod. tit.*)

Ulpien va au-devant d'une objection qui se présente à l'esprit de tous : « Pourquoi cet édit spécial, alors qu'il existait les actions *furti, injuriarum, damni injuria factum, bonorum vi raptorum.* C'est, répond-il, parce qu'on a jugé utile de préciser que ces actions pouvaient être données contre les publicains « *et specialiter adversus publicanos edictum proponere.* » en effet, on aurait pu douter si ces agents du fisc ne pouvaient pas se retrancher derrière le caractère public de leurs fonctions pour tenter d'échapper à toute responsabilité.

Mais cet édit, on s'en aperçoit, est dérogatoire au droit commun en ce sens qu'il atténue considérablement les peines — en effet, il est dit que si le publicain restitue ce qu'il a enlevé de force, il est déchargé de toute responsabilité ; en outre l'action spéciale de l'édit est donnée au double tandis que l'action *furti manifesti* et *bonorum vi raptorum* le sont au quadruple.

D'où naît cette question : la partie lésée n'a-t-elle pas le choix entre les deux procédures, l'action ordinaire ou l'action spéciale à l'édit ? Papinien consulté répondit que l'option était de plein droit, car il serait absurde que la faute d'un publicain fut plus favorablement traitée que celle d'un particulier. (L. 1. § 4. *eod. tit.*)

En présence de cette faculté d'option, toute en faveur de la partie lésée, il n'est pas sans intérêt de faire ressortir les caractères spéciaux de l'action contre les publicains : et par conséquent, l'intérêt que pouvait avoir la victime à préférer l'une ou l'autre de ces procédures.

Il faut d'abord distinguer ce qui a été enlevé illégalement, par seule fraude, de ce qui a été extorqué violemment ; dans le premier cas, le publicain est tenu comme toute autre personne des diverses actions naissant du vol ; dans le cas de violence, il doit restituer au triple. (L. 9, § 5, *eod. tit.*)

Etablissons successivement la comparaison contre l'action donnée contre le publicain et l'action du droit commun.

En cas de perception illégale sans violence. — En cas de vol, la victime avait l'action *furti* — au *quadruple* pour le vol *manifeste*, au *double* pour le vol *non manifeste*, action *pœnæ persequendæ causà comparata :* puis, les actions persécutoires de la chose même : l'action *ad exhibendum*, puis la revendication, si le voleur avait encore la possession, sinon, la *condictio furtiva.*

Il en résultait qu'on obtenait trois ou cinq fois la valeur de la chose, une fois à titre de restitution, deux fois ou quatre fois à titre de pénalité.

Or, l'action spéciale « *publicanorum conveniendorum* » (nous nous servons de ce néologisme pour bien distinguer cette action.) est toujours donnée au *double*, sans distinguer s'il y a *furtum manifestum* ou non, c'est-à-dire si le publicain est saisi en flagrant délit. (Les conditions de ce flagrant délit sont diversement posées par les jurisconsultes. Gaius 3, 184. Paul. sentences 2, 31, 2.)

En outre, elle est mixte, à la fois persécutoire de la peine et de la chose, — c'est ce qu'a décidé Gaius, par une |indulgence bien peu justifiée. (L. 5, § 1, *eod. tit.*)

Bien plus, le publicain peut échapper à toute peine en restituant, soit avant le *judicium* soit même après, ce qu'il a perçu indûment. (L. 5, *pr. eod. tit.*)

Le publicain est donc l'objet d'une faveur spéciale en ce que : 1° Il n'est tenu qu'au double au lieu du quintuple ou du triple. 2° Il n'est même tenu qu'à la simple restitution, s'il le préfère.

Dans ces conditions, on ne concevrait pas que, en présence de la faculté d'option laissée par Pomponius, une partie lésée eut jamais usé de l'action spéciale « *publicanorum conveniendorum* » au lieu des actions de droit commun. Cependant cet intérêt existe : 1° Au cas où le dommage a été fait par un esclave appartenant à un autre que le publicain, mais employé par celui-ci : en droit commun c'est contre le véritable maître que serait donnée l'action; mais ce maître peut être insolvable : tandis que notre action est donnée directement contre le publicain. (L. 1 § 6, *de publicanis.*) 2° Au cas où le publicain refuse de représenter l'esclave coupable, l'action est donnée contre lui sans qu'il puisse faire l'abandon noxal. (*eadem lege.*) 3° L'action est donnée à la fois contre tous les associés du publicain pour le fait de l'esclave d'un seul. 4° Il y a solidarité entre les publicains associés.

Mais jusqu'où s'étend cette solidarité ? Là encore le publicain est traité avec une singulière faveur. En effet, le droit commun, en matière de complicité de vol, est la solidarité des coupables quant à l'action *rei persecutoriæ*, et au contraire l'indépendance de la peine. Ainsi la victime de deux publicains peut, en droit commun, obtenir de chacun d'eux le quadruple, et de tous les deux, solidairement, la restitution ou l'estimation, de l'objet, soit neuf fois la valeur. (L. 1, Code, *de condict. furtiva.*)

Il en est tout autrement si l'on use de l'action spéciale : d'après un rescrit de Sevère et d'Antonin, dans lequel on voit poindre une indulgence suspecte pour les publicains, l'action au double ne sera pas donnée contre chacun des publicains, mais une seule fois contre eux tous ; chacun devant y contribuer pour sa part dans l'association, et tous d'ailleurs étant solidaires. (L. 6. *de publicanis.*)

Le rescrit est basé sur ce motif bizarre « qu'il faut établir une différence entre les complices d'un crime et ceux qui ont pris part à une simple fraude. » Or, cette décision est absolument incompréhensible, en ce que précisément elle *aggrave* la situation des publicains, qu'elle rend solidaires de la condamnation *au double*, c'est-à-dire à la fois de la restitution et de la peine ; tandis qu'en droit commun ils ne devaient l'être que de la restitution. En outre, on ne conçoit pas qu'on ait maintenu la peine du double, si l'on déclare que la simple fraude ne doit pas être confondue avec un crime.

De cet examen il résulte que la victime d'une exaction illégale avait tout intérêt à employer l'action *furti*; cependant dans quatre cas, l'action spéciale était plus favorable, c'est : 1° Lorsque le publicain se refusait à une action *ad exhibendum*, c'est-à-dire à représenter l'esclave coupable ; alors il ne pouvait plus faire l'abandon noxal; mais cela supposait de la part du publicain une lourde faute de procédure qu'on ne devait guère attendre de son inexpérience. 2° Dans les trois cas étudiés plus haut, et qui seuls paraissent avoir donné à l'action spéciale un caractère d'utilité véritable.

Deuxième cas, exaction par la violence. — Si l'objet a été enlevé par violence, on donne une action mixte, persécutoire de la chose, et du triple à titre de peine ; après un an, elle n'est plus que du simple. (L. 1, *eod. tit.*) C'est donc exactement l'action *bonorum vi raptorum*. (L. 9 § 5, *de publicanis.*)

En outre, cette violence donne lieu à une répression pénale extra ordinem, dans l'intérêt de la société entière.

Nous rappelons à ce sujet que la victime d'un vol avec violence pouvait avoir intérêt à préférer l'action *furti* : 1° Si le vol était manifeste, à cause du cumul de l'action persécutoire de la chose et de l'action persécutoire de la peine. 2° En ce que le mode d'évaluation était, dans l'action *furti*, le dommage « *quanti interest* » et dans l'action *bonorum vi raptorum*, le prix de l'objet. « *verum pretium.* » Il pouvait au contraire préférer l'action *furti*, même *non manifeste*, au double, après l'année écoulée, car l'action *bonorum vi rap-*

torum était alors réduite au simple. Il est évident que ces diverses règles de droit commun s'appliquaient en notre matière.

Juridiction des « quæstiones perpetuæ ».

Nous avons vu que, dès 604, la loi *Calphurnia repetundarum*, rendue sur la proposition de Calpurnius Pison, avait établi une juridiction nouvelle, et constitué un tribunal permanent (*quæstio perpetua*.) Il est probable que l'usage de ces délégations du droit de juger s'était déjà introduit peu à peu, car le nombre des crimes ne permettait pas de recourir sans cesse aux comices par centurie ou par tribu. La loi *Calphurnia* donna la première une consécration légale à cette juridiction, et créa un préteur chargé de la présider.

Quant à la composition de la *quæstio perpetua*, elle comprenait des citoyens qui, comme *l'unus judex* ou les *recuperatores*, étaient choisis dans le peuple romain pour rendre la justice. Seulement, tandis qu'au civil, le juge était unique, et que le nombre des *recuperatores* s'élevait de 3 à 5, les jurés criminels paraissent avoir été toujours en plus grande quantité.

La loi *Servilia* en exigeait cent; lorsque les sénateurs fournirent seuls les jurés (*vide infrà*), on en voit siéger treize (Cicéron, *in Verrem*) et trente-deux (Cicéron, *pro Cluentio*, 74) plus tard, Milon et Saufeius furent jugés par cinquante-et-un (Asconius, *in Milonem*.) Scaurus par soixante-dix, (Asconius, *in Scaurum*) Clodius par cinquante-six, (Cicéron *ad Atticum*, 1, 16) Gabinius par soixante-dix (Cicéron *ad Atticum* IV, 16) Cicéron dit à Pison «dois-je attendre que soixante-quinze votants aient statué sur ta probité, alors que déjà tous les mortels, de tout âge, de tout sang, de tout ordre, t'ont jugé ? (Cicéron *in Pisonem*, 96) La présidence appartenait à un préteur, désigné par le sort, et si leur nombre ne suffisait pas, à un édile sortant de charge : ce sont les *judices quæstionis*.

Les jurés — *judices selecti* — ont été très diversement désignés, et ce fut là une matière dans laquelle les fluctuations de la politique entraînèrent des variations profondes : en effet le droit de rendre la justice n'était pas seulement un honneur, c'était une sauvegarde que les plébéiens devaient tenter de se procurer contre les exactions des magistrats patriciens — et que les sénateurs désirèrent se réserver, pour que leurs pairs fussent soustraits à la juste répression de leurs méfaits.

Les juges (jurés) inscrits sur l'*album judicum* furent d'abord les sénateurs, mais la loi judiciaire de C. Gracchus(630 de Rome) conféra ce droit aux membres de l'ordre équestre ou aux citoyens de la 1re classe.

Une *Rogatio Servilia* (647 U. C.) tendit à composer l'album de sénateurs et d'équites. — On ignore si elle fut adoptée.

La *lex Livia* (662 U. C.) décida que les sénateurs seuls seraient appelés à fournir les jurés, mais elle prescrivait en même temps que 300 équites entreraient dans le sénat ; cette loi fut cassée, pour vice de forme, par un décret du sénat.

La *lex Plautia* (664 U. C.) ordonna à chaque tribu d'élire parmi ses membres 15 jurés.

La *lex Cornelia* (672 U. C.) rendit ce privilége au sénat.

La *lex Aurelia* (683 U. C.) composa l'album *judicum* de 3 décuries, prises dans 3 ordres de citoyens, sénateurs, équites, et *tribuni ærarii* (citoyens de la 2me classe.)

César (707 de Rome et 46 av. J.-C.) supprima la *decuria tribunorum ærariorum,* et Antoine (43 av. J.-C.) y substitua une décurie de centurions et de vétérans, innovation étrange et qui, heureusement, ne fut pas longtemps conservée. (Willems, droit public, p. 324.).

Après la formation de la liste générale des *judicis selecti,* une seconde opération devait s'accomplir : c'était la désignation des jurés spéciaux pour chaque affaire.

La loi *Acilia ? repetundarum* (123 av. J.-C.) chargeait le préteur, président de la *quæstio repetundarum,* de choisir annuellement 450 jurés parmi les équites pour cette *quæstio*, et d'en publier la liste (*album judicum.*)

On ignore comment s'exerçait la récusation et à quel nombre définitif était réduite cette première liste, lorsqu'on devait procéder au jugement : nous avons vu que le chiffre fut essentiellement variable. On sait seulement que, que sous le régime de la loi *Cornelia* (Sylla.,) cette liste définitive comprenait une *decuria senatorum* (30 ou 40,) et que l'accusation comme la défense possédaient le droit de *recusatio (rejectio)* Ces récusations étaient illimitées et purent s'étendre à tout le *consilium*, y compris le *judex quæstionis*. On tirait alors au sort un nouveau *consilium* parmi les membres de la *quæstio*. (*Lex Vatinia de alternis consiliis rejiciendis* — 59 av. J.-C.) (Cicero *Ad atticum*, 1, 16 § 3.)

De la procédure « extra ordinem ».
cognitiones extraordinariæ.

Sous l'Empire, à côté des *quæstiones perpetuæ*, se développa la pratique des *cognitiones extraordinariæ*. C'était une juridiction de fait exercée par le *præses provinciæ*, lequel statuait arbitrairement sur la peine. Les exemples en sont nombreux ; et nous avons indiqué au passage ceux qui étaient relatifs à notre sujet.

Nous ne parlerons pas davantage de la juridiction du Sénat ou du Prince ; les formes judiciaires n'y furent que le prétexte des volontés impériales ; cette étude relève de l'histoire et de la philosophie, qui peuvent rechercher les causes de tant d'avilissement chez un peuple autrefois si fier ; elles n'intéressent pas le jurisconsulte.

CHAPITRE SEPTIÈME

Procédure accusatoire.

Ce qui constitue la véritable innovation de la seconde période du droit romain, c'est l'apparition de la procédure dite accusatoire. On désigne ainsi le système qui accorde à tout citoyen le droit de se porter accusateur, et de requérir contre un coupable l'application des peines légales. On sait que le droit français a suivi le principe opposé, et a adopté le système dit inquisitorial, dans lequel le soin de poursuivre la répression du délit est réservé à un magistrat spécial, que le droit canonique appelait *inquisitor*, et dont les attributions se partagent actuellement entre le juge d'instruction et les agents du ministère public.

Nous verrons toutefois qu'une jurisprudence que nous nous proposons de combattre admet en France l'introduction du système accusatoire en matière de délits tout en l'écartant en matière de crimes.

Pour comprendre les raisons qui doivent nous faire repousser cette pratique, nous étudierons le système accusatoire dans la forme la plus parfaite et dans l'entier épanouissement que lui avaient donné les lois romaines.

Nous diviserons notre travail en deux parties :

1° Organisation des actions publiques ;

2° Mesures contre l'abus des accusations.

De l'action publique et de l'action populaire.

Judicia publica.

Les *Institutes* donnent des *judicia publica* la définition suivante :

« Les *judicia publica* (actions publiques), sont celles dont la poursuite appartient *cuivis ex populo*.

« On les divise en *capitalia* et *non capitalia*. Les premiers sont ceux qui entraînent la peine de mort, l'interdiction *aquà* et *igni*, la déportation, et les travaux forcés dans les mines, (c'est-à-dire des peines afflictives).

« Quant à ceux dont l'issue consiste dans une condamnation pécuniaire accompagnée de l'infamie, ils sont *publica* sans être *capitalia*. » Justinien commet ici une inexactitude, car il existait des *judicia privata* emportant l'infamie — et Macer (L. 7, *de publicis judiciis*) cite comme telles les actions *furti, vi bonorum raptorum et injuriarum*. Justinien fournit ensuite des exemples de *judicia publica*. « C'est ainsi, dit-il, que la loi *Julia peculatûs* punit ceux qui ont détourné des sommes publiques, sacrées ou religieuses, (c'est-à-dire consacrées à l'ensevelissement des morts.)

« De même si des magistrats, pendant la durée de leurs fonctions, ont soustraits des deniers publics, ils sont frappés d'une peine capitale. — Et non-seulement eux, mais encore tous ceux qui leur ont porté aide à cet effet, ou qui ont reçu sciemment ces deniers soustraits. — Quant aux autres personnes (particuliers ou magistrats sortis de charge) qui auront commis le même crime, ils seront punis de la déportation.

Donnent encore lieu à des *judicia publica* les lois Julia *de ambitù*, Cornelia de *sicariis et veneficiis*, *Julia repetundarum*..... et *Julia de residuis*, qui, sans entraîner la perte de la vie (*animœ amissionem*) prononcent des peines variées.

(*Institutes, Libro et titulo ultimis*).

La distinction des *judicia en capitalia* ou *non capitalia* est précisée davantage par Paul. (L. 2 *de public jud.*). « Les premiers sont ceux qui donnent lieu à l'application de la peine de mort, ou de l'exil (*interdictio aqua et igni*) car elles entraînent la perte du droit de cité, *caput eximitur de civitate* V. Callistrate (L. 28, *de pœnis,*) y ajoute la déportation dans une île, et la condamnation aux mines, *morti proxima*. Au contraire, le droit de cité survit à la rélégation, qui n'est pas *pænæ capitalis*. Ne sont pas davantage *capitalia* les jugements entraînant seulement une condamnation pécuniaire ou quelque châtiment corporel.

Comme conséquence, dans l'ordre des incapacités, le *damnatus rei capitalis* ne pouvait obtenir du préteur la *bonorum possessio,* tandis que le préteur le concédait à celui qui n'avait encouru que la *relegatio*.

Toutes les accusations criminelles ne sont pas nécessairement publiques : sont telles seulement celles qui ont été instituées par les lois spéciales créant des *judicia publica* comme les lois suivantes : *Julia majestatis, Julia de adulteriis, Cornelia de sicariis et veneficiis, Pompeia parricidii, Julia peculatus, Cornelia de testamentis, Julia de vi privata, Julia de vi publica, Julia ambitûs, Julia repetundarum, Julia de annonâ.* » (L. I. *de publicis judiciis.*)

De ce qui précède, on voit que, pour certains crimes d'une gravité spéciale et visant l'état tout entier, la loi avait permis à tout citoyen de se porter accusateur ; toutefois, cette faculté n'était pas de droit commun, et il fallait qu'un texte formel l'eut concédée. Pour les autres crimes la poursuite demeurait réservée à ceux qui y avaient un intérêt personnel.

L'action publique se transformait en action privée par la mort de l'accusé ; comme, dès lors, il devenait impossible de poursuivre l'application de la peine, la victime conservait seule le droit de réclamer une réparation aux héritiers ; elle le faisait alors devant le juge civil. (L. 6 de *de publiciis judiciis*).

Procédure devant les quæstiones perpetuæ. — La loi *Calphurnia* et la loi *Julia* avaient conservé la procédure du *sacramentum, action de la loi* qui était la procédure de droit commun, quand un texte formel n'y dérogeait pas. (Gaius, *Institutes*, IV, 13). On sait que les deux parties déposaient *in sacro*, ou garantissaient *par caution* une somme égale (variant de 50 à 500 as selon l'importance de la réclamation). et que le *sacramentum* du perdant était acquis au trésor public (*in publico cedebat*).

Procédure de l'action publique. — La loi *Servilia* introduisit une procédure nouvelle. Sauf les exceptions légales que nous verrons plus loin, tout citoyen peut se porter accusateur.

Il en demande d'abord l'autorisation au juge (*postulat delationem nominis*). Il y a là une analogie évidente avec la procédure civile et la délivrance de la formule.

S'il a des compétiteurs, un débat s'engage devant le magistrat, et celui-ci décide à qui l'autorisation sera confiée (c'est la *divinatio*).

Ensuite a lieu la *delatio nominis* (permis de citer).

Après une première instruction contradictoire (*legibus interrogare*) l'accusateur dresse l'acte d'accusation et le fait signer par un nombre plus ou moins grand de coaccusateurs (*subscriptores*).

Le magistrat fixe un délai qui permettra à l'accusateur de réunir les preuves. — Il lui confère à cet égard des pouvoirs spéciaux (Cic. *in Verrem*). Cette nécessité de pouvoirs spéciaux conférant à l'*inquisitor* (accusateur) une partie de la puissance publique, explique cette première partie de la procédure ; en effet, on pourrait s'étonner que, dès *la delatio nominis*, l'accusateur n'ait pas été mis à demeure de produire toutes les preuves. Toutefois cette procédure est motivée par ce fait, que l'accusateur n'agit pas ici en son nom privé, mais au nom et dans l'intérêt du peuple entier. Il est donc naturel que l'État lui vienne en aide. On aurait grandement entravé l'accusation si l'on avait exigé que l'on produisit au début de la procédure, lors de la *delatio nominis* des preuves qu'on ne peut réunir qu'en étant investi d'un pouvoir public — saisie de pièces, de registres privés, copie des registres publics, torture donnée aux esclaves, etc.

Le délai fixé était de rigueur (*tempus legitimun*) et si l'accusateur ne comparaissait pas, il était déchu du droit de poursuite contre le *reus*.

Après les plaidoiries, les échanges de questions et de réponses entre les deux parties (*altercatio*) on produisait les preuves, les témoignages, les documents de toute nature propres à éclairer le jury (*quæstio*). Puis viennent les *laudatores* (témoins à décharge, comme leur nom l'indique).

Les jurés, après avoir prêté serment, sont invités à voter (*mittere in concilium*). Le président demande s'ils sont suffisamment éclairés, si plus d'un tiers du jury répond négativement (*sibi non liquere*) la procédure recommence un autre jour : c'est l'*ampliato*.

La *lex Servilia* (100 av. J.-C.) supprima l'*ampliato* pour les *crimina repetundarum* et lui substitua la *comperendinatio*, c'est-à-dire l'obligation de reproduire intégralement toute l'action, le lendemain, ce qui rejetait le jugement au troisième jour. « *Res comperendinata significat judicium in tertium diem constitutum* ».

Dans le dernier état du droit, la procédure de la concussion s'enrichit d'un mode nouveau de recherches et de preuve : la torture.

Bien qu'en règle générale les décurions et spécialement les dix premiers de chaque ordre en fussent dispensés (L. 2, code Théodosien, *de quæstionibus*) cette immunité cessa pour eux lorsqu'il s'agit de dissipation de deniers publics, d'extorsion d'impôts indus, et d'exactions immodérées. (L. 40, code, *de decurionibus*).

Ce texte prouve à la fois combien la corruption générale nécessitait la répression, et à quel degré était tombé le titre de citoyen romain, qui, au temps de la grandeur républicaine, allait jusqu'à protéger contre une arrestation préventive

Bien plus, quoique la torture put être appliquée aux esclaves, il avait été interdit de la leur infliger pour les faire déposer contre leur maître. La qualité du citoyen protégeait alors jusqu'à ses esclaves.

Désormais les plus hautes dignités n'en purent défendre leurs titulaires.

Action populaire.

A côté de l'action publique, il existait un autre genre d'action qui présentait, *au civil,* le même caractère : c'est l'action *populaire.*

Comme l'action publique, elle était donnée à tout citoyen, mais avec cette seule différence qu'elle était portée devant le *judex* ou les *recuperatores,* et non pas devant les *quæstiones perpetuæ,* dont la compétence était exclusivement criminelle.

Sauf cette exception, les règles de l'action populaire lui étant commune avec l'action publique, il est essentiel de rapporter ici certaines dispositions du titre « *de populari actione* » qui complètent ce que nous savons de la première.

C'est notamment à ce titre que nous trouvons les détails sur les conditions exigées pour se porter accusateur.

L'action populaire est, comme l'action publique, celle qui sauvegarde les droits du peuple « *quæ suum jus populi tuetur* » (L. 1, *de popul. actione*). Elle est donc donnée *cuivis ex populo,* « si plusieurs se présentent pour exercer la même action, le préteur choisit celui qui lui semble convenir le mieux à ce rôle : *idoniorem* (L. 2, § 3, *de popul. act.*) Plusieurs auteurs traduisent *idoniorem* par « le plus solvable » nous verrons, en effet, qu'on exigeait des accusateurs certaines garanties de cette nature, mais *idonior* a ici un sens plus large, comme l'expliquent les textes suivants : « Le préteur, pour déterminer son choix, doit prendre en considération le caractère, la probité, l'âge, de chacun des accusateurs, en même temps que l'intérêt spécial qu'il peut avoir à intenter l'action (L. 5, 1, *de collusione*. L. 3, 12, *de homin. libero*).

L'action populaire n'est accordée qu'à l'homme *intègre, integræ personnæ*, c'est-à-dire à celui qui exerce la plénitude de ses droits civils et politiques : on ne les donne à la femme et au mineur qu'au cas où ils y ont un intérêt direct (L. 4 et 6 *de popul. act.*). «

Le défendeur à une action populaire peut recourir à un *procurator* : il n'en est pas de même de l'accusateur. En effet le droit d'accusation est un des droits du citoyen ; et par conséquent ne se délègue pas ; le *procurator* peut d'ailleurs l'exercer en son nom, et on ne conçoit pas qu'un citoyen reçoive mandat d'un autre pour user d'un droit qui leur appartient également en propre à tous deux. Toutes les actions populaires s'éteignent par le délai d'un an, elles ne se donnent pas contre les héritiers (L. 7, *de populari actione*) ce qui dénote bien leur caractère essentiellement pénal.

Les actions populaires ne visaient que des faits nuisibles à la société tout entière. Telles étaient les actions de *sepulchro violato*, de *termino moto*, de *albo corrupto*, de *disjectis et effusis*. On peut y ajouter l'action du syndic exerçant pour une province. (L. 1, § 1, *Quod cujusque universitatis*.)

Bien que l'action populaire ait comme caractère essentiel la répression d'actes nuisibles à la société, cependant une condamnation pécuniaire intervient au profit du demandeur, c'est la récompense de la diligence qu'il a mise à faire respecter le droit public ; « *quæ suum jus populi tuetur.* » Cependant, comme le jugement à intervenir crée une créance qui n'existait pas antérieurement, qu'il est, en d'autres termes, *déclaratif* du droit et non pas *récognitif*, il en résulte les conséquences suivantes : celui à qui l'hérédité est restituée en vertu de S. C. Trébellien ne trouve pas dans cette hérédité l'action intentée. (Loi 7 *de popul. act.*), il était nécessaire de signaler cette disposition car elle déroge à la règle générale de S. C. Trebellien, lequel attribue au fidei-com-

missaire, toutes les actions appartenant au *de cujus*. (Inst.,
L. 11, xxiii, 4.) Mais il ne s'agit ici que d'un droit éventuel et
c'est pour cela qu'il ne peut être admis dans les biens indivi-
duellement compris dans l'hérédité; la même raison devrait
exister pour refuser la transmission de l'action aux héritiers
légitimes ; mais il est évident que, même depuis le S. C. Trébellien, le fidei commissaire n'a pas été complétement assi-
milé à l'héritier du droit civil, car les actions civiles ne lui
sont données (v. *instit. suprà*) que sous la forme d'actions
utiles. On a jugé sans doute qu'en matière d'action populaire appartenant *cuidam ex populo* l'intérêt public qui, il
faut s'en souvenir, est leur base bien plus que l'intérêt privé,
ne nécessitait pas qu'elles fussent transférées au fidei commissaire, déjà suffisamment favorisé par la disposition du
Trébellien, qu'il n'était pas nécessaire d'étendre au-delà des
actions purement civiles.

Mais cette action populaire est-elle éteinte par suite du
décès du demandeur ? Nullement ; en effet, c'est le grevé de
restitution qui demeure le véritable héritier, malgré la restitution : « *restituta hereditatæ, is qui restituit nihilominus
heres permanet.*» (Inst. 11, 23, 3.) C'est donc lui qui héritera
de l'action.

En outre, comme conséquence de la théorie que nous exposons, celui qui exerce l'action populaire *non intelligitur esse
locupletior.* (L. 8. *de popul. act.*), elle n'est pas entrée dans
son patrimoine : il s'ensuivra qu'elle ne devra pas être comp-
tée dans l'actif lors de l'évaluation de la *Falcidie* et des
quartes Pégasienne ou Antonine. Dans l'espèce visée plus
haut par Ulpien, l'héritier, en restituant l'hérédité retenait
valablement en outre de la quarte Pégasienne, l'action populaire et son produit éventuel.

De même le désistement de l'action ne peut être attaqué
par les créanciers par la voie de l'action *Paulienne*, lors même
que ce désistement aurait pour cause évidente le désir de ne
pas faire obtenir aux créanciers le bénéfice éventuel de son

bien; c'est un des cas où il peut y avoir *consilium fraudis*, *sans eventus damni*. En effet, les termes de Paul concernant l'action populaire : « *non intelligitur locupletior esse,* » reproduisent la théorie tracée par Ulpien au titre *Quæ in fraud. crédit: « hoc edictum non pertinet ad eos qui id agunt ne locupletentur.* » (L. 6, *eod. tit.*).

CHAPITRE HUITIÈME

Des accusateurs.

Tant que les comices demeurèrent la juridiction chargée de statuer sur les crimes, la faculté de se porter accusateur devant eux ne se sépara pas du droit de les convoquer ; aussi devant les *concilia plebis* (ou comices par tribu) vit-on les tribuns de la plèbe intenter l'action ; devant les comices par centurie, ce furent les consuls, préteurs, questeurs ou dictateurs. Par exception, il arriva que des tribuns de la plèbe obtinrent du préteur la convocation des comices par centurie, et s'y portèrent accusateurs, — lorsqu'ils voulaient obtenir une condamnation capitale, qui n'était pas de la compétence des *concilia plebis* (Tite-Live XXVI, 3, XLIII, 16).

Lorsque furent instituées les *quæstiones perpetuæ*, le droit d'accusation devint distinct du droit de convocation. Les Romains, de même que les Grecs, considéraient comme inhérent à la qualité de citoyen, le droit de poursuivre le répression d'un crime. (Aristote, Politique III, 1 § 4. Cicéron *de Republicâ* I, 34). Sous le régime des comices, ce droit existait à l'état latent, il était seulement paralysé quant à son exercice par l'impossibilité de convoquer les tribunaux ; mais, ceux-ci étant devenus permanents, cet obstacle disparut et laissa le champ libre à l'accusation publique.

Les Romains professèrent la plus grande confiance dans l'efficacité de cette procédure « *Quæ suum jus populi tuætur.* »

(L 1, de populari actione.) et ce sentiment persista chez eux même lorsque les abus du système eurent nécessité des mesures restrictives.

Réservée aux seuls magistrats, la poursuite avait été parfois entravée par des influences personnelles, par la corruption vénale ; si pourtant l'accusateur demeurait inflexible dans sa probité, il était possible de trouver parmi ses collègues un caractère moins intègre, et son *intercession* mettait obstacle à l'accusation.

Sous ce rapport, le système accusatoire présentait une incontestable supériorité : il semblait impossible de corrompre le peuple tout entier, et dans la foule des citoyens, il devait toujours se trouver quelque âme droite, quelque cœur ferme, qui se déclarerait le vengeur de la morale et du bon droit.

Ce fut donc, au début, une grande et haute mission que celle d'accusateur ; ils étaient entourés du respect public. Le peuple, au dire de Tacite, se considérait comme directement intéressé à l'issue des procès, et comprenait qu'en effet la cause de la justice est celle de la société tout entière. « *In plerisque judiciis crederet populus romanus sua interesse quid judicaretur.* » (Tacite, *de orator.*, 39).

Mais la réflexion suivante de Quintilien prouve à la fois, l'utilité et l'insuffisance du système accusatoire. « Les lois n'ont de valeur que si un habile orateur leur prête le secours de sa voix, car si nul ne vient requérir le châtiment des coupables, n'est-ce pas comme si ce châtiment n'était pas inscrit dans la loi ? » *Leges ipsæ nihil valeant, nisi actoris idoneà voce munitæ, et si pœnas scelerum expetere fas non est, prope est ut scelera ipsa permissa sint.* » (Quintilien, Institut. *orat.* XII, 7).

En effet, l'écueil du régime accusatoire, c'est que l'accusation y est facultative de la part des citoyens ; il se peut dès lors que, pour des considérations diverses, ou même par simple incurie, l'action publique ne soit pas mise en mouvement, et que les lois demeurent vaines, semblables à ces armes d'Achille que nul n'osait revêtir.

Puis, la crainte d'un retour de fortune, si le coupable est puissant, peut effrayer de simples particuliers. A quels ressentiments furent en butte les accusateurs, lors des époques troublées, c'est ce que nous apprend Cicéron. (*Cicéron, pro Roscio Amerino*, 32.) Les partisans de Sylla, patriciens concussionnaires, avaient proscrit en masse leurs accusateurs. Cicéron s'étonne « que les criminels qui ont pris soin, au milieu des désordres publics, de faire disparaître les accusateurs et les juges, n'aient pas brûlé jusqu'aux siéges des magistrats, afin qu'il ne restât plus trace de justice au monde. » Et, bien que sous une forme ironique, l'orateur exprime la même pensée que Quintilien, lorsqu'il déclare regretter l'absence de ces vétérans de l'accusation, qui faisaient bonne garde autour des lois, car, dit-il, « il n'est pas mauvais que les chiens soient nombreux, là où il y a beaucoup de gens à surveiller, beaucoup de choses à protéger. »

Toutefois, comme nous le verrons, ce ne fut pas par l'abstention des accusateurs que le système accusatoire produisit des conséquences fâcheuses, mais plutôt par l'abus.

Au début, les meilleurs citoyens s'étaient fait un honneur de poursuivre la répression des criminels; Crassus, Hortensius, Cicéron, y gagnèrent la faveur populaire, et l'on connait l'infatigable ardeur de Caton, qui se porta quarante-quatre fois accusateur, et fut lui-même accusé quarante fois, et toujours absous. (Pline, vii, 27.)

Mais cette intégrité et cette fermeté ne se retrouvent pas en toutes circonstances, et l'on peut voir, dans le procès intenté à Roscius Amerinus, sous le chef de parricide, les vices capitaux du système accusatoire éclater au grand jour.

Des scélérats, protégés de Sylla, assassinent un vieillard et s'emparent de ses biens : le fils de la victime *n'ose se porter accusateur*; cependant, les spoliateurs pour qui l'existence seule de cet homme est un vivant reproche, essayent de le tuer : comme ils n'ypeuvent réussir par la force, ils usent, audace montrueuse, de l'appareil de justice pour l'atteindre plus sûrement : ils payent Erucius, un des accusateurs de profession, qui ne craint pas de soutenir, contre toute vraisemblance, contre toute possibilité, que *Roscius Amerinus a été tué par son fils*. Ce dernier ne trouve pas un seul défenseur dans les Avocats romains, et Cicéron, jen s'excusant d'assumer cette tâche, tente en vain de pallier la lâcheté de ses confrères : mais lui-même, s'il ose défendre cet innocent, a bien soin de protester *qu'il ne seporte pas accusateur* des véritables meurtriers; *il démontre leur crime sans conclure à l'application de la peine.* Il obtient l'acquittement de son client, mais la conscience publique doit se contenter de ce succès incomplet, et se déclarer satisfaite de ce qu'on ait limité à un seul meurtre la liberté du crime. (Cicéron, *pro Roscio Amerino*.)

Un autre des plaidoyers de Cicéron nous montre un autre exemple d'accusation inique.

En 653, le tribun Saturninus, ayant fait assassiner Memmius, candidat au consulat, fut mis hors la loi par le Sénat. Il se retrancha au Capitole, et, forcé d'en sortir, fut tué. Trente-sept ans après, en 690, le tribun T. Attius Labienus accusa de haute trahison Rabirius, partisan du Sénat, comme étant l'auteur du meurtre de Saturninus.

Les duumvirs chargés de la cause (C. Julius César et L. César) condamnèrent Rabirius à mort; celui-ci en appela au jugement des comices, et, grâce à la protection du préteur et augure M. Celer, qui rompit l'assemblée sous prétexte que les auspices étaient défavorables, la sentence ne put être confirmée.

Nous relèverons en passant ce nouvel artifice de procédurequi, bien que, dans l'espèce, employée à sauver un innocent, eut pu, en fait, soustraire un coupable du châtiment.

Toutefois, l'enseignement à tirer de cette cause est plus

grand encore : sans la ruse de l'augure, Rabirius était mis à
mort, non pas qu'il eût frappé réellement Saturninus, meurtre
dont le disculpèrent Hortensius devant les duumvirs et Cicéron devant le peuple, mais parce qu'on voulait le punir d'avoir
pris les armes contre Saturninus et ses complices, fait qu'il
reconnaissait exact. Or, ce qui donne à ce procès de haute
trahison un caractère odieux, c'est que Rabirius n'avait, en
cela, fait qu'obéir aux lois, au décret du Sénat appelant les
citoyens à combattre le conspirateur et déclarant Saturninus
ennemi de la République. C'était pour avoir fait son devoir,
pour avoir défendu la légalité, que Rabirius était convaincu
de haute trahison ! Il est vrai qu'il avait pour juge César.
(Appien, guerres civiles, I, 4. Plutarque, *Marius*, 30. Dion
Cassius, XXXVII, 27. Cicéron, *pro Rabirio*.)

D'autre part, on s'était flatté en vain que tout citoyen pût
se porter accusateur; indépendamment des questions personnelles et des influences qui écartaient les timides, il fallait, pour intenter un *judicium publicum* une réelle capacité
d'argumentation, une habileté de langage, et même une
dépense de temps et d'argent qui devaient rendre ce droit
illusoire pour la masse des citoyens ; bientôt l'exercice habi-
tuel des accusations fut presque exclusivement concentré
dans les mains de quelques audacieux qui en firent une profession. Ce sont eux qui déshonorèrent et déprécièrent rapidement le droit d'accusation. C'est à eux que s'applique cette
flétrissure de Tacite : « *Sic delatores, genus hominum publico
exitio repertum, et pœnis quidem nunquam satis coercitum,
per præmia eliciebantur.* » (Tacite, Annales, IV, 30.)

Toutefois ce jugement est trop absolu dans sa rigueur.

C'est ainsi que l'affirmation de Tacite au sujet des récompenses (præmia) *semble ne s'appliquer qu'au crime de lèse-
majesté,* qui devint la forme hypocritement légale des meurtres et des confiscations. Mais je ne crois pas qu'on puisse
trouver trace de primes aux accusateurs pour les autres crimes ; ils obtinrent, comme par le passé, *æstimationem litis,*

et il faut convenir que c'était là la juste compensation de leurs peines, de leurs dépenses, du dommage éprouvé (car l'accusateur était souvent une victime), et enfin des risques réels qu'ils encouraient en cas d'échec.

L'accusation, comme nous l'avons vu, était, lors de la *divinatio*, accordée à celui qui y avait le plus intérêt, c'est-à-dire à la victime, quand elle se présentait comme accusateur (*vide suprà*); c'est dans cet ordre d'idées que la loi 1 *de assessoribus*, au Code, en réglant le partage de l'amende entre le fisc et l'accusateur, désigne celui-ci sous le nom de *spoliatus*, « *spoliatus duplum accipiat.* » C'était donc la victime qui était ordinairement l'accusateur, et l'on ne peut pas qualifier de *præmium* l'indemnité qui lui était accordée, fut-elle double du dommage.

Montesquieu (Esprit des lois, vi, 8) a le tort de n'envisager que les inconvénients du système accusatoire, et flétrit les délateurs, sans prendre soin de distinguer le crime de lèse-majesté des autres accusations.

C'est précisément parce que l'accusation fut souvent encore un moyen de réparation pour les victimes, que l'on s'occupa non pas de la supprimer, mais seulement d'en réglementer l'usage et d'en réprimer l'abus.

Nous allons consacrer un chapitre à cette réglementation; elle démontre que si l'action populaire est parfois tutélaire pour les citoyens, elle peut constituer un danger permanent pour le fonctionnement des services publics, dont elle paralysera l'exercice, et qu'il ne saurait être question de ressusciter dans le droit moderne le système accusatoire, sans l'entourer de toutes les garanties du droit Romain.

Cette étude servira ainsi de transition entre la législation romaine et notre législation actuelle.

CHAPITRE NEUVIÈME

Mesures contre les Accusations Téméraires.

L'abus des accusations donna lieu à diverses mesures ; nous les diviserons en préventives et répressives.

Parmi les premières nous classerons :

1° Le sacramentum ;

2° La divination;

3° Les restrictions au droit d'accusation;

4° La souscription du libellus ;

5° Les cautions ;

6° La prison préventive de l'accusateur ;

7° Une exception interdisant d'accuser les magistrats pendant la durée de leurs fonctions.

Et parmi les secondes.

1° La peine de la calomnie;

2° La peine de la tergiversation ;

3° La peine de la prévarication prononcée, soit d'office, soit à la suite d'une action récursoire;

Procédés préventifs.

Sacramentum.

Nous savons que, jusqu'à la loi *Servilia,* la procédure fut celle du *Sacramentum :* par conséquent, pour se porter

accusateur, il fallait préalablement déposer « *in sacro* »
ou garantir par des cautions une somme variant de 50
à 500 as, dont la perte sanctionnait l'échec de l'accusation.

Cette procédure ne disparut que pour faire place à des dispositions plus rigoureuses.

Divinatio.

En cas de pluralité d'accusateurs, le choix exercé entre eux
s'appelait *divinatio*. (Aulu Gelle Nuits 2. 4) rapporte qu'en effet, il fallait au juge une réelle perspicacité pour découvrir
des raisons de préférence au profit de l'un des accusateurs.

Cette phase du procès pouvait exercer sur son issue une
influence décisive ; l'action publique devant être épuisée par
une seule accusation, et toute poursuite postérieure devant
heurter à l'exception de chose jugée (L. 7, *de officio prœtoris*),
il importait au coupable d'avoir un adversaire inhabile ou
malhonnète, qui fit échouer l'action par impéritie ou prévarication. Le premier plaidoyer de Cicéron dans le *judicium publicum* intentée à Verrès mit en lumière cette complicité possible de *l'actor et du reus*, et lorsque Cécilius eut été écarté
par le préteur Glabrion, Verrès prouva, en s'exilant, que
son seul espoir avait résidé dans le choix de cet accusateur
complaisant. (Cicéron. *Divinatio adversus Cecilium.*)

Nous avons vu que le magistrat devait, en exerçant la
divinatio, choisir parmi les accusateurs *idoniorem*, c'est-à-
dire considérer à la fois le caractère, l'âge, la probité, et
l'intérêt spécial que chacun pouvait avoir à intenter l'action.
(L. 2 § 3 *de populari actione*. L 5 § 1 *de collusione*. L. 3, § 12,
de homine libero).

Cicéron donne une formule analogue dans son plaidoyer
contre Cécilius.

Il établit avec soin ses titres pour être préféré, comme
accusateur, à son adversaire. « Que doivent considérer les

juges pour le choix d'un accusateur ? deux choses : quel est celui que les victimes désirent le plus — quel est celui que l'accusé redoute au suprême degré, — « *hœc duo in primis spectari oportere, quæ maxime velint actorem esse ii, quibus factæ esse dicantur injuriæ, et quem minime velit is, qui eas injurias fecisse arguatur.* »

Après avoir posé ces principes, il lui est facile de démontrer que son concurrent n'est qu'un prévaricateur, qui veut épuiser l'action publique ét assurer l'impunité au coupable.

Nous voyons par ce précieux document quelles ressources la procédure accusatoire laissait encore aux magistrats coupables.

Restrictions au droit d'accuser.

Accordé en principe *cuivis ex populo*, le droit d'accusation est refusé à certaines personnes. Les unes ne peuvent l'exercer *à cause de leur sexe* ou *de leur âge* : tels sont, une femme, un pupille ; d'autres *à cause de leurs engagements* : comme les militaires ; d'autres *à cause de la juridiction ou de l'autorité* dont ils sont revêtus, et qui les empêche *d'être cités* (*evocari*) en jugement sans préjudice moral ; on vise la possibilité d'une action récursoire, et comme le magistrat ne peut y être exposé, il lui est défendu d'accuser.

D'autres *à cause de leur délit,* comme ceux qui sont notés d'infamie.

D'autres *à cause de la spéculation honteuse à laquelle ils se livrent,* comme ceux qui ont déjà accusé deux autres personnes ; et ceux qui ont reçu de l'argent pour accuser ou pour ne pas accuser.

D'autres *à cause de leur condition,* comme les affranchis à l'égard de leur patron. (*L.* 8. *de accusationibus.*).

D'autres *à cause du soupçon de calomnie,* comme ceux qui se sont rendus coupables de faux témoignage. (L. 9. eod. tit.).

Enfin d'autres, *à cause de leur pauvreté* ; ce sont ceux qui ont moins de 50 *aurei*. (50.000 pièces d'or en fonds de terre.) (*L. 9. eod. tit. L. 1, 5, de bonis libertorum.*)

Cette dernière disposition semble destinée à écarter de l'accusation publique les citoyens qui, n'ayant rien à perdre et tout à gagner dans une accusation, se porteront d'autant plus volontiers plaideurs téméraires qu'ils ne craindront pas les peines pécuniaires. C'est donc avec raison qu'une garantie de solvabilité en vue d'une action reconventionnelle est exigée de l'accusateur, et l'on peut entendre *sans ironie* le vers malicieux de Juvénal (*satire* 3).

> *Quantum quisque suà nummorum servat in arcà,*
> *Tantum habet et fidei.*

Ce que le poëte peut trouver étrange ne doit pas étonner le philosophe et le jurisconsulte. Il faut d'ailleurs remarquer que ces restrictions au droit d'accusation ne portaient que sur les accusations publiques dans lesquelles l'intérêt du peuple était seul engagé, et qu'elles tombaient dès que l'un des incapables ci-dessus énumérés avait un intérêt propre à l'affaire : *hi tamen omnes, si suam injuriam exequantur, mortemve proprino quorum défendant, ab accusatione non excluduntur.* (*L.* 11. *de publ. jud*).

C'est ce que prouve un rescrit de Gordien autorisant un soldat à poursuivre les assassins de son cousin germain. (*L.* 9. *Code. de his qui hoc non posse*).

Est également inhabile à intenter une nouvelle accusation celui qui a été convaincu de calomnie sur une première accusation intentée contre le même homme : Ulpien le décide équitablement ainsi, en faisant remarquer qu'Antonin le pieux a permis au fils d'un calomniateur de porter une accusation nouvelle contre le premier *reus, à la condition qu'il ne s'agisse pas du même fait.* (*L.* 7, 3, *de accus.*)

Souscription du libelle et caution.

La procédure criminelle présentait, à son début, une analogie avec la procédure formulaire :

L'accusateur prêtait serment de la vérité des faits imputés et de la sincérité de son action, *de calumniâ jurabat*, et déclarait le nom de l'accusé, *nomen rei deferebat*.

Cela se passait *in jus*, c'est-à-dire devant le préteur ; l'accusé demandait à son adversaire ce qu'il lui voulait, *quid vellet*. Celui-ci exposait le fait qu'il incriminait ; si l'accusé se taisait, il y avait aveu et la condamnation suivait immédiatement ; si au contraire il niait, l'accusateur demandait au préteur d'inscrire son nom parmi ceux des accusés. Le préteur lui délivrait le *libellus*, acte qui introduisait véritablement l'instance, et à partir duquel l'*actor* était désormais exposé à toutes les conséquences reflexes de son initiative. (*Pothier Pandectes*, 48, 2, 20.)

Nous avons un modèle de libellus emprunté à la loi *Julia de adulteriis*, mais dont la formule devait évidemment rester analogue pour les autres accusations. « Un tel étant consul, tel jour, devant tel préteur ou tel proconsul, Lucius Titius déclare déférer Mœvia comme coupable d'infraction à la loi *Julia* sur les adultères ; qu'il soit prononcé qu'elle a commis un adultère avec Gaius Séius, dans telle ville, telle maison, à tel mois, sous tel consulat » : on doit préciser le lieu, le mois, et le nom du complice ; telles sont les prescriptions de la loi *Julia publicorum*, et ses dispositions s'étendent en général à tous ceux qui se portent accusateurs. On n'exige l'indication ni du jour ni de l'heure.

Si une seule des indications essentielles fait défaut, l'accusation est annulée, et on peut la reprendre à nouveau sur nouvelle procédure.

Celui qui présente ce *libellus* doit y porter de sa main qu'il affirme le fait : il peut, s'il ne sait écrire, faire porter cette mention par une autre personne.

S'il s'agit d'une accusation complexe, tous les faits incriminés doivent être insérés dans le *libellus* — (dans l'espèce donnée, on mentionnera qu'une maison a été prêtée, pour que la *mater familias* commit le *stuprum : que l'on a découvert et chassé le complice ; qu'il y a eu un prix reçu pour le *stuprum,* etc.)

Si, par suite de mort ou de toute autre circonstance l'accusateur ne peut poursuivre l'accusation, le *libellus* est aboli, sur la demande de l'accusé ; toutefois la loi *Julia de vi,* et un senatus-consulte décident que l'accusation pourra être intentée à nouveau par un autre citoyen ; mais seulement dans le délai de 30 jours utiles. (Paul. L. 3. *de accusationibus.*)

Le *libellus* signé de l'accusateur, l'était également de *subscriptores,* qui s'adjoignaient à lui ; « ils devaient garantir qu'ils persévéreraient dans l'accusation jusqu'à la sentence. »

Cette procédure, dit Ulpien, avait pour but de mettre obstacle aux accusations téméraires, en faisant savoir quelle responsabilité pesait sur la tête de l'accusateur « *cum sciat inultam sibi accusationem non futuram.* » (L. 7, *de accusat.*)

L'empereur Alexandre aggrava ces obligations: « que ceux qui se portent accusateurs dans un *judicium publicum,* ne soient admis qu'après avoir inscrit leur accusation, et après avoir *fourni caution* qu'ils poursuivront la procédure ; si ensuite ils ne se présentent plus, on les convoque formellement pour soutenir leur dire ; s'ils font encore défaut, ils doivent être condamnés extraordinairement, (à une peine afflictive, arbitraire) mais encore aux dépens et frais, y compris l'indemnité de déplacement à ceux qu'ils auront fait citer. (L. 3. Code, *de his qui accusare non possunt.*) »

Enfin, dans le dernier état du droit, lorsque la procédure et la juridiction eurent fait place aux *cognitiones extraordinariæ,* la peine instituée par la loi n'en subsista pas moins, et les accusations furent jugées *extra ordinem.* (Paul, L. 8 *de jud. publ.*)

Dans cette nouvelle procédure on maintint l'obligation de souscrire le libelle — « *ut alterutram partem digna legum terrere possit auctoritas.* » (Arcadius et Honorius, constitution — L. 16, Code, *de accus.*) la Constitution prononce une peine de 5 livres d'or contre celui qui se permet d'accuser sans observer cette formalité. (An. 395.)

Prison préventive de l'accusateur.

Honorius et Arcadius, en 423, réitèrent ces injonctions, et frappent le calomniateur de la peine que son accusation, prouvée, eut attirée sur le coupable. « *nec impunitam fore noverit licentiam mentiandi,* » (L. 17. Code, *de accusat.*) et afin que la balance fut tenue égale entre les deux parties, l'accusateur était mis également en prison « *custodiæ similitudinem patiatur.* »

Garantie contre les accusations intentées aux magistrats

en charge.

Nous avons vu que la loi *Servilia* défendit d'accuser les magistrats pendant la durée de leur charge ; deux textes nous prouvent que cette *garantie* subsista dans le droit postérieur.

La loi 8, *de accusationibus* en ne permettant pas aux magistrats de se porter accusateurs, en donne ce motif : « *quia evocari non possunt* » il en résulte que ceux-ci ne pouvaient pas être accusés pendant la durée de leurs fonctions, et c'est pour cela qu'on leur interdit d'intenter des actions criminelles qui les eussent exposés à des *relationes criminis.*

On ne peut accuser le lieutenant de l'Empereur, c'est-à-dire le *præses provinciæ* (selon la décision de Lentulus, rendue sous les consulats de Sylla et de Trion), ni le député d'une province, mais seulement pour un crime antérieur à sa députation (*à contrario* on peut donc l'accuser pour crimes commis pendant cette période), de même ne peuvent être accusés le magistrat du peuple romain et celui qui serait *absent* pour le service de la République. (L. 12 *de accusat* Venuleius), pourvu que cette absence soit dénuée dol : on n'entend par absents que ceux qui se trouvent dans une province autre que celle où ils sont accusés.

Procédés répressifs.

Peines des plaideurs téméraires

La témérité des accusateurs, dit Marcien, se manifeste par trois moyens : d'où trois peines différentes : en effet, *ils calomnient,* ou bien *ils prévariquent,* ou bien *ils tergiversent.* Calomnier, c'est intenter une accusation fausse, prévariquer, c'est cacher un crime réel, tergiverser, c'est se désister complétement d'une instance intentée. (L. 1, ad. S. C. Turpill.)

Calomnie. — Peine. — La peine consista d'abord dans la marque de la lettre K. (*Kalumniator*) imprimée sur le front au moyen d'un fer rouge.

Cicéron, dans le *pro Sexto Roscio,* dit à l'accusateur : *si hos judices bene novi, litteram illam ita vehementer ad caput affligent, ut posteà neminem accusare possis.* » (Cicéron, *pro Roscio,* 20.)

Il en résulte également que le calomniateur n'était plus admis à intenter une seconde accusation. (L. 9. de *accusationibus.*)

Constantin déplaça la marque, il la fit appliquer sur les mains et sur les jambes, pour ce motif sérieux qu'il ne fallait pas maculer un visage fait à la ressemblance divine (L. 17, code *de pænis.*)

En outre, le calomniateur subissait la peine du talion. Ce châtiment subsistait encore au temps d'Honorius et de Théodose, qui, en 423, publièrent un rescrit portant que, pour réprimer la licence du mensonge, on aurait recours à la similitude du supplice. (L. 10. Code *de calumniat.*)

Remarquons que cette peine du talion, la première que prononcent, dans leur équité naïve les sociétés rudimentaires, ne disparaît pas des codes des nations civilisées, car, seule, elle est véritablement proportionnelle, seule elle permet de châtier les coupables, en graduant le supplice au danger que la faute a fait courir. C'est ainsi que notre Code Pénal, dans la matière qui nous occupe, a dû y recourir. Les faux témoins qui procurent la condamnation d'innocents subissent une peine égale à celle que leur mensonge a fait prononcer. (C. P. 361, 362, 364. V. égal., 182.) Quant à la calomnie, on conçoit qu'elle soit plus légèrement réprimée, car, avec notre système inquisitorial, une dénonciation n'a, par elle même, aucune valeur, et ne met pas nécessairement en mouvement l'action publique.

Cependant il a été jugé, (Cass. 14 mai 1869,) que la citation directe constituait éventuellement la calomnie. Cette solution ne se conçoit que dans la doctrine qui admet, contrairement à l'esprit de toute notre législation, et aux termes formels de de l'art. 1 du Code d'Instruction criminelle, que la citation directe peut, en l'absence de toute réquisition du ministère public, servir de base à une condamnation pénale.

Calomnie. — Condamnation d'office.

« N'est pas réputé nécessairement calomniateur, dit Marcien, celui qui ne prouve pas son accusation ; c'est au juge qui a connu du procès qu'il appartient d'examiner les mobiles de l'accusateur, et, s'il constate en lui une erreur commise de bonne foi, il doit l'épargner ; si, au contraire, la calomnie est évidente, il le condamne.

» L'une ou l'autre de ces solutions résulte d'ailleurs du prononcé du jugement : car, si le juge dit : *tu n'a pas fourni la preuve*, il renvoie indemne l'accusateur : au contraire, s'il s'exprime ainsi : *tu as calomnié*, ces mots entraînent la condamnation. Et cela, lors même qu'il n'aurait prononcé aucune peine contre le calomniateur, car cette peine découle de la loi, et les paroles du juge l'entraînent nécessairement, comme le fait remarquer Papinien ; le juge prononce simplement sur le fait, et l'application de la peine ne résulte pas de sa volonté, mais de l'autorité de la loi. — On s'est demandé ce qu'il faudrait inférer d'un jugement ainsi conçu : « L. Titius paraît

avoir accusé témérairement. » Contient-il une déclaration de
calomnie ? Papinien ne le pensait pas et statua qu'il fallait
n'être pas trop rigoureux pour cette facileté d'accusation, car
une *chaleur irréfléchie* pouvait n'avoir rien de commun avec
la calomnie. (L. I, ad. S. C. Turpill.)

Un rescrit d'Alexandre confirme cette doctrine. (L. 8 code
de calumn.).

En résumé, l'accusateur débouté peut n'être pas condamné
comme calomniateur ; il était nécessaire, en effet, de laisser
une place à l'accusation intentée de bonne foi, bien que sur
des preuves incomplétement décisives. Cette « chaleur » se
présumait et s'excusait lorsqu'on se trouvait dans certains
cas : ainsi lorsqu'un fils poursuivait les assassins de son père
(L. 4, code. *de calumn.*) ; de même, dans une espèce rapportée
par Papinien, un père avait accusé les esclaves de son gendre
d'avoir empoisonné sa fille. Le Président de la province avait
déclaré qu'il s'était fait le promoteur d'une calomnie. Mais on
ne le condamna pas, parce que son accusation eut-elle porté
même contre des hommes libres, il n'aurait encouru aucune
peine.

Cujas, *Commentar, ad Papinianum.* L. xvi, *hoc tit. apud Pothier,* en commentant ce texte, veut que l'impunité ait été
assurée au père parce que le *præses* n'avait pas employé la
formule sacramentelle « *calomniatus es,* » mais avait dit « *ca-
lumniam intulisti* » ce qui impliquait une responsabilité
moins directe dans la calomnie, dont il s'était fait en quelque
sorte simplement l'écho : mais il me semble que l'on doit
chercher l'explication de cette solution dans les textes qui
déclarent non coupables de calomnies certaines personnes
privilégiées. — Le fils, comme nous venons de le voir, la
mère vengeant la mort de son fils, et l'héritier, même *extra-
neus,* qui exécute une clause du testament en recherchant les
auteurs de la mort du *de cujus.* (L. 2 code, *de calumniat,*) car
ces diverses personnes accomplissent un devoir familial en
se portant accusateurs.

Récrimination. — *Action récusoire contre le calomniateur.*

Indépendamment de cette condamnation d'office, l'accusé avait une action reconventionnelle contre son calomniateur ; toutefois, il lui fallait préalablement prouver sa propre innocence, car il ne suffisait pas de cette *relatio accusationis* pour que les rôles fussent intervertis, et que l'accusé devint accusateur. (L. 5, § 1, *de publicis judiciis.*)

C'est ce qu'ont décidé Sévère et Antonin dans un rescrit. (L. 1, code, *de his qui accusare non possunt.*) « L'accusé doit tout d'abord prouver son innocence, mais, une fois cette preuve faite, *tunc ex eventu causæ judex æstimabit an tibi (reo) permittendum sit eumdem accusare ;* le juge verra s'il y a lieu d'autoriser cette accusation récursoire.

« Celui qui aura reçu de l'argent, soit pour commettre une calomnie (accusation fausse,) soit pour s'en abstenir, sera tenu au quadruple de la somme reçue, si l'instance est intentée dans l'année, et, après ce délai, au simple.

Et ce n'est pas seulement aux litiges pécuniaires, écrit Pomponius, que cette règle doit s'appliquer, mais aussi en matière d'actions publiques (*judicia publica.*) C'est surtout pour ces cas, que l'on doit appliquer la *lex repetundarum.*

(De calumniatoribus, L. 1.)

Ce texte vise le cas où le calomniateur aurait été soudoyé pour intenter l'accusation fausse ; la condamnation pécuniaire se cumulait alors avec la peine afflictive.

Il vise également l'acte de celui qui a reçu de l'argent pour se désister d'une accusation fausse : c'est la *tergiversation* ; elle couvrait une spéculation honteuse, que le langage vulgaire appelle *chantage*, et qui n'a pas son équivalent exact dans la terminologie juridique.

Faux témoignage et subornation de témoins,

Le S.-C. Licinien rendu sous Tibère (an 30 p. J.-C.) étendit la peine de la loi *Cornelia de falsis* à ceux qui commettent le crime de faux témoignage, ou qui conviennent de se donner mutuellement des attestations mensongères. Celui qui a payé un délateur est tenu de la même peine que celui qui a payé un accusateur, (*ob instruendam litem.*) (*L.* 9, S. 4, de l. *Cornelia de falsis.*)

Etait justement réputé faux témoin celui qui avait varié dans ses dépositions et s'était mis en contradiction avec lui-même. (L. 26. hoc tit).

Prévarication.

Est *prévaricateur* celui qui, après avoir intenté une action publique, l'abandonne et, trahissant sa cause, passe du côté du *reus*.

Il est jugé *extra ordinem* et puni *pænà extraordinarià*. — Il est, en outre, frappé d'infamie. Comme conséquence, il ne pourra plus, notamment, se porter accusateur.

Mais la poursuite du prévaricateur *n'est pas un judicium publicum*, car l'accusation publique n'a été, pour ce cas-accordée par aucune loi, pas plus que par le *senatus consulte* qui a frappé d'une amende de cinq livres d'or celui qui se désiste ainsi. (L. 1, 2, 3, 4 et 5. *de prevaricat.*).

Paul ajoute que, l'Empereur régnant et son père ont décidé par un rescrit que le prévaricateur serait condamné à la même peine que celle à laquelle eut pu être obligé le *reus*. (L. 6. de *prevaric.*)

D'ailleurs il résultait d'un *sénatus consulte* que le fait seul d'avoir acheté l'accusateur entraînait la preuve du crime dont on était accusé — excepté toutefois, s'il s'agissait d'un fait entraînant la peine de mort -- *nam ignoscendum ei, qui sanguinem suum qualiter qualiter redemptum voluit.* (L. 7. deprevaricat. L. 1 *de bonis eorum qui ante sententiam.*)

Tergiversateur.

Il arrivait fréquemment que des accusateurs se désistaient

de leur action, au cours d'une instance. On pouvait attribuer leur conduite à deux causes : ou bien c'était l'aveu tardif d'une fausse accusation, ou bien, plus vraisemblablement il fallait voir là le produit d'une [collusion avec le défendeur, marché également honteux pour les deux : car il en résultait alors soit l'impunité pour le coupable, soit un gain déshonnête au profit de l'accusateur si l'accusé, même innocent, avait cru plus prudent d'acheter le désistement du poursuivant.

C'était un des effets inévitables de la procédure accusatoire. On tenta d'y remédier par l'institution d'une peine contre les tergiversateurs. Ce fut Néron qui, sous le consulat de Cæsonius Pætus et de Petronius Turpillianius, rendit ce senatus consulte, qui prit le nom du second consul. (Tacite, annales, XIV, 29.)

Senatus Consulte. Turpillien, — On est censé s'être désisté dès que l'on a proposé à l'accusé de transiger avec lui. En effet, il y avait là l'aveu d'une fausse accusation. (L. 6 ad. S. C. Turpill.)

Mais, sans exiger cette preuve, que la ruse des parties eut rendue généralement impossible à fournir, on établit des présomptions, on réputa s'être désisté celui qui ne persévérait pas dans son accusation, qui ne faisait aucun acte de poursuite, après avoir souscrit le libelle. (L. 6, 2. et 13. hoc. tit.)

Alexandre, dans le but d'abréger cet état d'incertitude, prescrivit au juge de fixer un délai pour porter l'accusation, au-delà duquel on présumera qu'il y a désistement. (L. 7. Code *de his qui accusare non possunt.*)

Toutefois cette présomption de désistement tombe s'il est prouvé que l'accusateur a été empêché d'agir par une cause légitime, par ses fonctions de *prœses provinciæ,* par les soins qu'exige une charge municipale. (L. 13, 5. ad. S. C. Turpill.) par la prescription d'un an après la souscription du libelle d'accusation. (L. 11 et L. 14, 5. ad. S. C. Turpill.) par une abolition générale. (L. 11. eod tit.) ou enfin par la mort de l'accusé. (L. 15, 3. *eod tit*).

Mais le désistement qui *a précédé* la mort de l'accusé rend l'accusateur passible des peines du S. C., car il avait définitivement abandonné la poursuite, qu'il ne lui était plus permis de reprendre, en vertu d'une constitution de Sévère et d'Antonnin. (L. 15, 4, *eod tit.*)

Indépendamment des personnes qui, malgré leur inaction, ne sont pas présumées s'être désistées, et ne sont pas punies par le S. C., il en est d'autres qui peuvent aller plus loin, et se *désister formellement*, sans encourir de répression, ce sont celles contre lesquelles n'est pas admise la condamnation pour calomnie, à cause du caractère respectable et légitime de leur cause. *(L. 4. eod tit.)* En effet on n'avait pas à craindre de ces diverses catégories que l'accusation eut été intentée dans une pensée de lucre, et par conséquent que leur désistement recouvrit une collusion.

D'ailleurs, si le désistement leur était permis, il n'en était pas de même de la transaction, dans laquelle on pouvait suspecter plus facilement la fraude. C'est ainsi que les Empereurs Dioclétien et Maxime ont décidé qu'une femme qui, poursuivant la réparation d'une injure faite à elle ou aux siens, se désistait à la suite d'une transaction *(pacto)* tombait sous le coup du Senatus consulte. (L. 5. *Code, ad.* S. C. Turpill.)

Ces diverses dispositions s'appliquaient également à ceux qui intentaient l'action par personnes interposées ; dans ce cas le mandant et le mandataire étaient justement frappés des mêmes peines. (L. 1. § 13., 15. eod., tit. L. 24, § 1, *de pœnis).*

Au contraire les fidéjusseurs de l'accusateur ne sont jamais tenus que pécuniairement et jusqu'à concurrence de leur engagement : cela est de toute équité puisqu'ils ont limité leur obligation en la contractant. (L. 2, *Code ad.* S. C. Turpill.)

La peine des tergiversateurs, après avoir été le talion, par analogie avec la calomnie, dont la tergiversation implique l'aveu tacite, a été modifiée par le Senatus consulte Turpilien : elle consista dans une amende de 5 livres d'or et dans l'infamie ; enfin on résolut de l'aggraver et Gordien décida que la tergiversation serait jugée *extra ordinem*, et frappée d'une peine discrétionnaire. (L. 2. Code, *hoc tit.*) V.

Des abolitions.

Il se présentait pourtant une circonstance dans laquelle l'accusateur se désistait impunément, c'était quand il était intervenu une *abolition*.

Celles-ci provenaient de trois sources : elles étaient, soit *publiques,* soit *privées,* soit *légales (publicè, privatim, ex lege.)*

La première était un acte du pouvoir impérial, intervenant à l'occasion d'un jour mémorable, d'une réjouissance nationale, d'un succès remporté par l'État.

La seconde était accordée par le *præses* dans l'exercice de ses fonctions judiciaires, et sur la demande de l'accusateur.

La dernière résulte de la loi, au cas de mort de l'accusateur. (L. 8, 9, 10, *ad S. C. Turpill.*)

Sur la première, nous n'avons qu'une observation à faire : elle était générale et éteignait toutes les accusations déjà intentées (*deductæ in judicium,*) mais elle ne produisait qu'un effet incomplet en ce que : 1° elle n'empêchait pas d'intenter une action pour les faits antérieurs à l'abolition, alors qu'ils n'avaient pas encore donné lieu à une accusation. 2° Elle n'empêchait même pas de reprendre l'accusation abolie, dans les trente jours, et l'on ne compta bientôt plus que les jours *utiles.* (L. 10, § 2, 17, *hoc tit.* et L. 2 code *eodem tit.*).

Il nous est permis d'en tirer une conséquence en ce qui concerne notre droit moderne : l'abolition publique est l'acte qui se rapproche le plus de l'amnistie : or, les empereurs professaient un tel respect pour le droit des particuliers qu'ils n'osaient donner force obligatoire à l'abolition publique : elle n'entraînait d'autre conséquence nécessaire que de contraindre à renouveler l'accusation et n'effaçait pas le crime

dans le passé. C'est que tout citoyen avait, par le fait seul
d'un crime, un droit acquis à en poursuivre la répression, et
à en obtenir une indemnité; ce droit faisait partie du patrimoine, et nulle disposition législative ne pouvait, sans
attenter à la propriété privée, l'en ravir.

S'il en est autrement des effets de l'amnistie moderne, c'est
que le droit d'accusation appartenant à l'Etat, celui-ci est le
maître d'y renoncer pour l'avenir, et d'en abroger les effets
pour le présent; mais peut-il aller plus loin ? Peut-il déclarer
que les droits acquis à des tiers par le prononcé de la peine
disparaîtront ? et, pour prendre une espèce, que l'époux du
condamné à une peine infamante ne pourra plus, après l'amnistie, demander le divorce ou la séparation de corps ? (art.
232.) Nous ne le croyons pas. Le jugement a créé un droit
nouveau au profit de ce tiers; il peut l'exercer pendant
30 ans : l'éteindre par l'amnistie équivaudrait à abréger cette
prescription, c'est-à-dire à porter une atteinte arbitraire à
l'exercice d'une action. Si l'État peut abandonner ses droits,
il n'a pas qualité pour abandonner ceux qui appartiennent à
un tiers; à l'égard de celui-ci, l'amnistie est *res inter alios
acta*. Conclure différemment, ce serait décider que l'amnistie
peut constituer une déchéance pour un tiers, lequel n'a commis aucune faute, si bien que l'innocent serait lésé par cet
acte que l'on considère comme réparateur.

La théorie de l'abolition romaine, si respectueuse des droits
acquis aux particuliers, nous semble digne de servir de modèle et de guide pour la solution de cette question.

Abolition privée. — L'abolition privée devait être de-
mandée par l'accusateur au Président : ce n'est autre chose
que l'*autorisation de se désister*, sans encourir les peines du
S. C. Turpillien. (L. 1, § 8, *ad S. C. Turpill.*).

On conçoit dès lors qu'elle ne devait être accordée qu'avec
la plus grande circonspection; il s'agissait, en effet, d'éviter
à un accusateur qui s'avouait téméraire, la responsabilité de
sa faute.

C'est pourquoi l'abolition privée était de la compétence des *præses,* mieux placé que le prince pour apprécier toutes ces circonstances : Constantin trace ainsi les devoirs de ce magistrat : « il doit examiner si l'accusateur a été mu par une erreur, par une fougue irréfléchie (*calor,*) par une légèreté téméraire ; s'il constate un de ces mobiles, il prononce l'abolition ; s'il discerne au contraire l'existence de quelque transaction, d'une collusion avec le coupable, qu'il se garde d'écouter la voix de ce pardon accordé à prix d'or ! qu'il interroge l'accusé et inflige la peine due (le fait d'avoir tenté de suborner l'accusateur équivalait, nous l'avons vu, à un aveu de culpabilité.) ».

« Il en est autrement de ceux qui vengent leur propre injure — ou bien qui poursuivent un de leurs proches — dans ces deux cas, on peut accorder l'abolition. » (L. 2, code, *de abolitionibus.*) En effet, on se rend compte des sentiments honnêtes qui amènent ces désistements ; dans le premier cas, c'est le pardon — dans le second, c'est l'affection et le respect familial.

Quant à ceux qui, après avoir intenté une fausse accusation, s'aperçoivent tardivement de la responsabilité encourue et voudraient y parer par une abolition, il faut se garder de la leur accorder ! c'est précisément pour eux que les peines des calomniateurs ont été portées. (*L. ult.,* code, *de Abolitionibus.*)

Car il ne faut pas oublier que l'accusé, à son tour, a une action reconventionnelle à exercer, et peut se trouver lésé si, au moment où une sentence d'acquittement pour lui et de calomnie contre son accusateur, va être prononcée, celui-ci obtenait l'abolition. Aussi est-il consulté et peut-il s'opposer à ce qu'on l'accorde. (L. 18, §1, *ad S. C.* Turpill.). Ce droit devient plus évident encore pour l'accusé, si l'affaire a traîné en longueur, prolongeant ses angoisses. (L. 18, *hoc tit.*) ou s'il a été mis à la torture. (*L. ult., code, de abolit.*)

S'il y a eu seulement détention préventive et qu'elle n'ait

pas excédé 30 jours, on pourra cependant accorder l'abolition sans le consentement de l'accusé (*eadem lege*).

Enfin, il est un cas, où, même de l'aveu de l'accusé, cette abolition ne peut être accordée· c'est le cas où des *ingenus* (plébéiens) ont été mis à la torture pour déposer. On conçoit que l'accusé n'ait pas qualité pour pardonner une injure qui ne lui est pas exclusivement personnelle (*eadem lege.*)

Après avoir énuméré ces divers modes légaux de répression des accusateurs, il faut citer le châtiment infligé par Titus aux délateurs qui avaient si odieusement abusé du *crimen majestatis* — (accusation de lèse-majesté,) pour satisfaire la cruauté de Néron. — Il les fit publiquement flageller et fustiger dans le *forum,* puis traîner dans l'arène de l'amphithéâtre, où il vendit les uns comme esclaves, en donnant l'ordre de conduire les autres dans une île sauvage. (Suétone, Titus, 8.) C'est là un exemple de *cognitio extraordinaria.*

CHAPITRE DIXIÈME

Exception destituæ rei

Contre le renouvellement des accusations.

En principe, l'accusation ne peut pas être renouvelée, pour le même crime, par la même personne, lors même que l'instance n'aurait pas abouti à un jugement, par suite de désistement : dans ce cas, le *reus* aurait la *præscriptio destituæ rei,* c'est-à-dire l'exception de poursuite abandonnée, à laquelle on fait produire ici les effets de l'exception civile *rei in judicium deductæ.* (L. 6, code, *de his qui accus.*). Cela est vrai, même si c'est le fils du premier accusateur qui intente la nouvelle action.

Mais *quid,* si l'accusation non suivie d'une condamnation est reprise par un tiers étranger au premier débat ? La règle est que le *præses* ne doit pas supporter le renouvellement de l'accusation, à moins, dit Ulpien, que le nouveau venu n'y ait un intérêt personnel « *nisi suum dolorem persequatur,* » ce qui exclut le renouvellement de la véritable action publique. (L. 7, *de off. prætoris.*)

On ne considère pas non plus l'exception de chose jugée comme pouvant être opposée, si la première accusation n'a pas été suivie jusqu'au jugement, par suite de désistement, ou d'abolition publique ou privée.

Paul dit d'une façon générale que l'accusation *dans laquelle on a succombé* peut être reprise par un autre, (Paul, sent., L. 1, 6, 3.) Mais ces termes sont inexacts dans leur généralité, et l'on voit par les textes cités ci-dessus, que l'accusation n'est renouvelable, que si le nouvel accusateur y a un intérêt personnel, ou bien si le premier a été convaincu de prévarication, ce qui ôte tout caractère sérieux à la sentence, et légitime le renouvellement du procès. (L. 4, *in fine, ad leg. Jul. de adulteriis* et L. 3, 1, *de prævaricatione.*)

CHAPITRE ONZIÈME

Conséquences pratiques des mesures prises pour assurer la responsabilité des magistrats.

Quelle était, en réalité, l'efficacité de ces actions contre les proconsuls et préteurs ?

Observons d'abord que l'accusation, droit primordial du citoyen romain, n'appartenait pas aux provinciaux : il leur fallait, lorsqu'ils se croyaient lésés, chercher parmi les citoyens romains un champion de leur cause ; grâce aux dissensions intestines de la Ville, ils purent toujours en trouver facilement. Mais les juges, — *judices selecti*, — qu'ils fussent sénateurs, chevaliers, ou tribuns *ærarii* — étaient prédisposés à l'indulgence pour leurs compatriotes, coupables d'avoir tiré de la conquête romaine les conséquences ordinaires de la victoire.

Lorsque les *judices selecti*, composant les *quæstiones perpetuæ*, furent exclusivement des sénateurs, c'est-à-dire jusqu'à l'an 630, puis sous la loi *Livia*, (662) et sous la loi *Cornelia* (672) ils se montrèrent d'une extrême partialité pour les magistrats, leurs collègues au Sénat, qui avaient pressuré les provinces, crime commun aux accusés et aux juges. C'est sous la loi *Cornelia* que se placent les procès intentés à

Fonteius et à Verrès : leur étude est, à cet égard, fertile en renseignements.

Pro Fonteio. — M. Fontieus, qui avait été préteur de la Narbonnaise pendant trois ans (de 676 à 779) fut accusé de concussion par les Gaulois ; dans ce but, ils envoyèrent à Rome une députation et trouvèrent un champion dans M. Pletorius, citoyen romain, qui se chargea de porter l'accusation : Cicéron défendit Fonteius.

En présence des fragments restreints qui nous restent de la plaidoirie prononcée par Cicéron, il est assez difficile de se former une idée exacte de la nature des charges relevées contre Fonteius et de leur gravité.

On avait reproché à Fonteius d'avoir forcé la province à contracter des dettes, et d'avoir exigé des tributs élevés : à en croire le défenseur, les sommes provenant de ces diverses sources auraient été employées pour le bien de la République, à la réparation d'une voie romaine, à l'entretien des armées, et à d'autres services analogues. Il ne semble pas, en effet, que les griefs invoqués fussent très sérieux, et surtout qu'ils constituassent des délits personnels à Fonteius ; c'étaient des conséquences normales de la conquête romaine et de l'administration plus coûteuse mais plus réellement bienfaisante qu'elle avait introduite.

D'autre part, étant connue la timidité naturelle aux opprimés, on ne peut supposer que les Gaulois aient osé constituer une délégation et l'envoyer à Rome pour y chercher un accusateur, s'ils n'y avaient été poussés par des exactions immodérées. En de semblables matières, c'est déjà une preuve éclatante de culpabilité que la hardiesse de la plainte.

D'ailleurs, il existe une présomption contre l'innocence de Fonteius, dans la faiblesse des arguments invoqués par son défenseur. Au lieu de se borner à démontrer l'inanité des charges, et de faire ainsi tomber l'accusation par la seule force de la logique, Cicéron recourt aux moyens des causes désespérées. Il conteste, non la teneur des témoignages, mais leur validité, par ce motif que les Gaulois ne comprennent pas la sainteté du serment — il conjure les juges de ne pas sacrifier à la rancune des vaincus, un Romain, général habile et guerrier heureux, dont le glaive peut encore servir la République contre ses accusateurs d'aujourd'hui, ennemis de la veille, rebelles du lendemain; il fait enfin appel à la sœur de Fontéius, vierge vestale, « *qui tend vers eux des mains suppliantes* ». Bien plus, il leur montre l'accusé, cet homme intrépide aux combats, pleurant au seul nom de sa mère et de sa sœur.

Ces misérables moyens dénotent assez que les juges considéraient moins la justice de la cause que le rang du criminel: Fonteius fut absous.

In Verrem. — L'action publique contre Verrès fut intentée sous l'empire de la loi *Cornelia*, c'est-à-dire [que le *quœstio perpetua* ne comprenait que des sénateurs.

Cette fois, Cicéron se porta accusateur et il est intéressant de constater quelles difficultés, insurmontables peut-être pour tout autre que lui, le grand orateur dut vaincre pour obtenir justice.

Examinons avec lui les détours de procédure auxquels l'accusé demanda son salut :

Déjà Verrès, en exerçant son droit de récusation, a tenté d'écarter ceux des *judices selecti* qu'il savait inaccessibles à la corruption, (*In Verrem* I. 2 et 6.) mais la vigilance de Cicéron et les chances du tirage au sort ont déjoué son espoir. Le tribunal s'est trouvé composé d'hommes considérables, parmi lesquels un préteur désigné, un édile désigné, trois tribuns du peuple désignés et trois tribuns militaires désignés. Les cinq autres étaient également recommandables par leur probité et leurs connaissances juridiques. Mais cette grande quantité de magistrats désignés fait germer dans l'esprit de Verrès une autre combinaison : s'il peut, par des moyens dilatoires, retarder le jugement jusqu'aux calendes de janvier, époque à laquelle les nouveaux magistrats

seront en charge, cela amènera nécessairement une modification dans la composition de la *quæstio*, puisque la majorité des juges actuels en seront écartés par leurs fonctions
publiques. En outre, le préteur, Glabrion, sera remplacé,
comme président, par Metellus, moins rigidement incorruptible. Mais on est en avril 683, et il faut gagner tout au moins
le quatrième jour avant les ides de décembre, pour que les tribuns du peuple prennent leur poste. (Tite-Live. XXXIX. 52.
Denys d'Halicarnasse, VI).

Verrès imagina alors de faire accuser le sénateur Oppius,
qui avait gouverné l'Achaïe, par un certain Ropilius, et comme
Cicéron avait demandé cent dix jours pour faire son enquête,
Ropilius n'en demande que cent huit, espérant ainsi commencer ce procès avant celui de Verrès et le faire traîner en
longueur. Fort heureusement, la prodigieuse activilé de
Cicéron, qui termine l'instruction en cinquante jours, lui
permet de conserver la priorité. — Cependant on peut espérer
encore, grâce aux lenteurs de la procédure, arriver jusqu'aux
jeux votifs que doit célébrer Pompée dans dix jours — puis
viendront les grands jeux (*magni circences*. Tite-Live. 1. 35.)
les jeux de la Victoire, du 17 au 23 novembre (Vell Paterculus.
II. 27.) puis les jeux plébéiens du 27 au 30 novembre, autant
de jours retranchés des jours *utiles*, pendant lesquels siégent
les tribunaux. Mais alors Hortensius, défenseur de l'accusé,
sera consul, et pèsera de toute son autorité sur les témoins
de l'accusation, comme il l'a déjà tenté, en convoquant chez
lui les Siciliens venus pour déposer. Cicéron, pressé par ce
péril, a recours à une procédure nouvelle, plus expéditive;
au lieu de développer tous ses chefs d'accusation, il en
choisit un seul, la concussion; il interroge immédiatement les
témoins et fournit sans délai les preuves résultant de registres privés et des actes publics, contrairement à la coutume
qui rejetait cette partie du procès après l'exposé complet de
l'accusation. Ainsi limitée à un point, l'affaire s'instruit rapidement, et Verrès, dans la courte période qui s'écoule avant les

jeux votifs, se voit convaincu d'exactions s'élevant à quarante millions de sesterces. Il évite la sentence par l'exil, la
loi nè permettant pas de prononcer un jugement contre un
absent.

Mais ce n'était pas seulement dans les délais de la procédure et dans l'influence de ses protecteurs que Verrès croyait
trouver le salut : il avait avoué hautement son intention de
sacrifier une somme considérable pour corrompre ses juges.
On sait que, par suite de l'absence d'Arrius, préteur désigné
pour lui succéder en Sicile, il avait pu rester en charge une
seconde année, puis une troisième (de 73 à 71 av. J.-C.) Or,
il proclamait avoir fait de ses rapines trois parts : s'estimant
satisfait de conserver les exactions de la première année, sauf
à donner à ses patrons et à ses défenseurs celles de la seconde,
et à consacrer à ses juges celles de la troisième, la plus fruc-
tueuse et la plus productive. (*tertium illum uberrimum
quæstuosissimumque annum totum judicibus reservaret*).

Et c'était là une coutume tellement admise, que, lors de la
récusation des juges, Cicéron avait pu s'écrier ironiquement
« les nations étrangères (réduites en provinces) vont envoyer
des députés au peuple romain pour demander l'abrogation
des lois *repetundarum*, car, ajoutait-il, si ces tribunaux n'exis-
taient pas, chaque magistrat n'emporterait des provinces que
ce qui serait suffisant pour lui et ses enfants, tandis qu'aujourd'hui avec de pareils tribunaux, il faut que chacun enlève
en outre tout ce qui sera nécessaire à ses patrons, à ses avocats, au préteur et aux juges. »

Et l'accusateur supplie les juges de rester intègres, et de
démentir les soupçons du peuple, qu'un orateur (2. Catulus)
avait ainsi formulés : « *Patres conscriptos male et flagitiosè
judicia tueri* » et que Cn. Pompée, consul désigné, avait
reproduits dans ces termes « *Populatas vexatasque esse pro-
vincias ; judicia autem turpia et flagitiosa fieri.* »

Or, n'est-ce pas l'indice d'un étrange désordre, que de voir
un avocat peser en quelque sorte la probité de ses juges,

leur rappeler qu'un acquittement serait attribué à la fortune de l'accusé, et conclure par cette menace « *hoc est judicium, in quo vos de reo, populus romanus de vobis judicabit.* »

Ce fut, en effet, la même année que la loi *Aurelia* appela les *equites* et les *tribuni ærarii* à figurer parmi les juges.

Comment fonctionna le nouveau tribunal ? c'est ce que nous démontrera le procès de Flaccus.

Pro Flacco. — L. Valerius Flaccus, préteur à Rome en 691, sous le consulat de Cicéron, puis gouverneur de l'Asie mineure, fut accusé de concussion par Lélius, sous le consulat de C. J. César et de Calpurnius Bibulsu.

Il n'est pas besoin de l'affirmation de Macrobe pour qu'on soit convaincu de la culpabilité de Flaccus. Les témoins étaient nombreux ; députés par les principales villes de la Grèce, ils se présentaient porteurs de délibérations des curies locales, nantis des registres publics, et leurs dépositions précises et concordantes ne laissaient pas place au doute.

Cicéron, défenseur de Flaccus, commence par les récuser en masse, pour ce motif, « ils sont grecs ! et ne comprennent pas la sainteté du serment : » c'est l'argument qu'il avait jadis invoqué contre les Gaulois, en alléguant leur impiété, prouvée par les sacrifices humains (on sait qu'en réalité ces sacrifices n'étaient que des exécutions judiciaires ou parfois d'héroïques suicides — comme ceux de Décius ou de Curtius) Mais avec les Grecs, coreligionnaires des Romains, ce prétexte n'existait même pas.

Les registres publics, *ils sont faux.* En vain les a-t-on scellés solennellement devant la curie dont ils reproduisent les comptes et les délibérations, Cicéron n'est pas embarrassé pour cela. « Qui nous garantit, s'écrie-t-il, qu'ils n'étaient pas falsifiés avant d'être scellés ? » Puis il nie la validité de ces décrets, ce sont les clameurs d'une misérable tourbe de grecs. — D'ailleurs les registres publics sont produits par nos adversaires ! « *publicæ litteræ sunt in accusatorum po-*

testate », quant aux témoins, ils ont été amenés par les accusateurs ! — Or, nous avons vu que c'était là la marche ordinaire de toute procédure ; c'était l'accusateur qui devait produire les pièces et citer les témoins.

Mais parmi les accusations contre Flaccus, il en est une que nous pouvons apprécier plus exactement, car elle soulève une question de droit civil. Valeria, femme d'Andron Sextilius, étant morte, Flaccus, qui était l'agnat de Valéria, et l'un de ses cotuteurs, s'adjugea sa fortune.

Examinons l'argumentation de Cicéron :

« Valéria était morte sans testament, Flaccus, son tuteur légitime à titre d'agnat, disposa de ses biens (dans l'espèce, il en fit don à un autre agnat) or l'accusation prétend : 1° que Valéria était *in manu mariti*, 2° qu'elle avait constitué en dot toute sa fortune. A ces deux titres, le mari était devenu propriétaire de la dot.

Cicéron répond : 1° elle n'était pas *in manu mariti*, **car** elle ne pouvait y tomber que *usu* ou *cœmptione* ; or, *usu non potuit, nihil enim potest de legitimà tutela sine omnium auctoritate deminui. — Coemptione ? omnibus ergo auctoribus. In quibus certe Flaccum fuisse non dices.*

Tel est le premier argument ; Quel est sa valeur ? Il n'est pas exact que *rien ne puisse diminuer la tutelle sans le consentement du tuteur*. En effet, la *patria potestas* peut être détruite et remplacée par *la manus* même contre la volonté du père ; or, ce que nous allons démontrer pour la *patria potestas* serait vrai *à fortiori* pour la tutelle légitime des agnats. Gaius dit formellement que la femme tombait *in manu mariti par l'usage* « *in familiam mariti transibat* » c'est-à-dire qu'elle abandonnait complétement sa première famille, où la *patria potestas* était abolie. « *filiæ locum obtinebat* », elle devenait étrangère à son père, absolument comme si elle avait été adoptée par son mari « *loco filiæ* », (Gaius I, 111).

Il est vrai qu'elle pouvait interrompre cette cohabitation

d'un an d'où résultait la *manus*, par une absence de trois nuits « *quotannis trinoctio abesset* ». Si Valéria avait agi ainsi, ses liens d'agnation avec Flaccus n'eussent pas été rompus : mais c'est à Flaccus à prouver cette interruption de la cohabitation ; en vertu de l'axiôme « *onus probandi incombit ei qui dicit, non qui negat* » (.*Paul L. 2, de probationibus*). La cohabitation n'étant pas douteuse, la présomption qui devait en résulter en faveur de l'existence de la *manus* ne pouvait être détruite que par une preuve directe, *que Flaccus devait fournir* .

Mais Flaccus avait connu de sa propre affaire comme préteur et s'était dispensé de la preuve. Cicéron ajoute comme confirmation du droit de Flaccus, qu'avant même d'être préteur, il avait déjà réclamé cette hérédité devant son prédécesseur Globulus. L'argument se retourne contre lui, car il démontre que Flaccus n'avaient pu obtenir de Globulus ce qu'il s'était ensuite accordé à lui-même.

Cicéron dit encore que la *manus* n'avait pu être établie par la *cœmptio*, car il aurait fallu pour cet acte l'autorisation de tous ses tuteurs, et Flaccus n'avait pas donné le sien. En effet, *la loi 2 de ritu nuptiarum* exige le consentement *quorum in potestate est qui (vel quœ) coït*. Mais il est bien évident que le consentement de Flaccus était intervenu puisque Valéria était valablement mariée : or, il avait autorisé l'une de ces formes, le *consensus*, *l'usus* ou la *coemptio* ; nous avons vu qu'il nie *l'usus*, il fallait donc qu'il y eut *coemptio* ou *consensus*. En tout cas, il n'était pas permis à Cicéron de contester à la fois tous les modes de mariages. L'un d'eux avait été certainement employé.

L'accusation avait ajouté que Valéria avait constitué en dot tous ses biens, « *doti pecuniam suam omnem dixerat* », Cicéron répond que, faite sans *l'auctoritas* de Flaccus, son tuteur, cette constitution est nulle.

La *quœstio* qui statua sur l'accusation intentée à Flaccus était composée, sous l'empire de la loi *Aurelia*, de sénateurs, de chevaliers et de *tribuni ærarii*. Il est difficile de croire qu'elle fut déterminée à absoudre Flaccus par la seule plaidoirie de Cicéron. Il est plus probable, comme le dit Macrobe, qu'on n'osa condamner Flaccus dans la ville qu'il avait préservée des fureurs de Catilina : mais ce seul motif prouve assez à quelles considérations étrangères au droit cédaient les *judices selecti,* et, par conséquent, combien illusoires étaient les recours des provinciaux contre les magistrats concussionnaires.

En résumé, les différentes mesures devaient demeurer vaines : il avait été inique de donner la puissance de juger aux sénateurs, tous complices de ces concussions ; il ne le fut pas moins d'attribuer ce droit aux chevaliers.

Montesquieu apprécie ainsi le caractère de cette juridiction (Esprit des lois, XI, 18). « Il y avait une raison particulière qui devait empêcher de transférer le jugement aux chevaliers..... ils étaient les traitants de la République ; ils étaient avides et semaient les malheurs dans les malheurs, et faisaient naître les besoins publics des besoins publics. Bien loin de donner à de telles gens la puissance de juger, il aurait fallu qu'ils eussent été sans cesse sous les yeux des juges..... Lorsqu'à Rome les jugements furent transportés aux traitants, il n'y eut plus de vertu, plus de police, plus de lois, plus de magistrature, plus de magistrats. »

Il cite ensuite ce fragment de Diodore de Sicile : « Scœvola
» voulut rappeler les anciennes mœurs et vivre avec intégrité ;
» car ses prédécesseurs ayant fait une Société avec les trai-
» tants qui avaient pour lors les jugements à Rome, avaient
» rempli la province de toutes sortes de crimes. »

Dion ajoute que Scœvola ayant fait rendre gorge aux publicains, ceux-ci s'en vengèrent sur son lieutenant, Publius Rutilius, qui fut, à son retour, accusé d'avoir reçu des présents et condamné à une amende: il fit sur le champ cession de biens, et l'on reconnut qu'il possédait moins de richesses qu'on ne l'accusait d'en avoir reçu; encore justifiait-il de sa propriété.

C'est le tableau que présente Cicéron dans les Verrines III, 94. « Lorsque, avant les lois de Sylla, les jugements étaient confiés aux chevaliers, les magistrats malhonnêtes et rapaces se faisaient leurs serviteurs..... et, par une entente tacite, il arrivait que celui qui avait flétri un seul chevalier, se voyait jugé indigne par l'ordre tout entier. »

« Toute l'Asie m'attend comme son libérateur, disait Mithridate, tant ont excité de haine les rapines des proconsuls, les exactions des gens d'affaires, et les calomnies des jugements. »

Nous ne saurions mieux conclure qu'en citant ce jugement de Montesquieu. « Voilà ce qui fit que la force des provinces n'ajouta rien à la force de la République, et ne fit au contraire que l'affaiblir. Voilà ce qui fit que les provinces regardèrent la perte de la liberté de Rome comme l'époque de l'établissement de la leur. » (Esprit des lois, XI, 19).

LÉGISLATION FRANÇAISE

DE LA RESPONSABILITÉ DES FONCTIONNAIRES

Introduction — Régime parlementaire.

Nous avons exposé, au début de cette étude, le mouvement philosophique qui relie le droit romain à la doctrine moderne. Ce n'est pas dans les institutions de la monarchie franque, que nous pouvons chercher des documents à ce sujet. Il semble qu'une longue torpeur se soit emparée des esprits, et qu'il existe une immense lacune de douze siècles entre le vieux texte gaëlique proclamant que, « dans le droit naturel, une nation est au-dessus d'un chef » (Triades.) et la déclararation des droits de l'homme, d'Août 1789.

C'est dans les régimes constitutionnels que nous allons reprendre notre sujet : le principe de la responsabilité y a reçu un complet développement, et la sanction d'une organisation législative.

Toutefois, les applications en sont fort dissemblables dans la législation antique et dans la législation moderne, et si les doctrines des Humboldt, des Herbert Spencer s'éloignent peu de celles d'Aristote et de Platon, les rouages constitutionnels diffèrent essentiellement.

Le régime parlementaire a mérité d'être qualifié par son

apologiste le plus éminent, de *gouvernement de la méfiance*. Il est d'ailleurs intéressant de constater que le beau livre de Stuart Mill (le gouvernement représentatif) n'est que la traduction mise au point de la *Politique* du Maître. Depuis Aristote, l'humanité n'a pas changé ; quelques formes se sont modifiées, le fond est resté le même. C'est toujours la lutte de deux vérités ; d'une part la *nécessité* d'un gouvernement ; d'autre part, la *crainte* du gouvernant : l'antagonisme de l'idéal et de la réalité, du Principe et de l'application, de l'immuable Vertu, et de la faiblesse humaine. Celui-là seul est un véritable homme d'Etat, qui, bien loin de nier ces imperfections naturelles, *sait* en tenir compte, et les corriger l'une par l'autre, en les opposant habilement.

Sous ce rapport le système moderne, « le gouvernement de la méfiance », a-t-il été plus efficace que les constitutions grecque et romaine, étudiées plus haut?

Les civilisations anciennes avaient recherché, contre les abus du pouvoir, deux systèmes de garanties ; les unes, préventives, les autres répressives : les premières consistaient dans le mode de nomination des magistrats, dans la pluralité des titulaires d'une même charge, dans l'intercession du collègue, dans le fractionnement du pouvoir, dans la brièveté des fonctions.

Ces diverses mesures ont disparu : au fractionnement du pouvoir, a succédé une centralisation rigoureuse; à la rivalité des magistratures égales, s'est substituée une règle nouvelle, qui domine toute la matière : *la hiérarchisation*.

Ces innovations sont-elles heureuses? Nous n'avons pas à l'examiner : elles sont *nécessaires*.

En effet, cette organisation est une condition essentielle de l'existence des nations : le système du parallélisme des fonctions constituait un antagonisme systématique entre les divers fonctionnaires, tous égaux quant à l'origine : on mit ainsi longtemps obstacle à l'établissement d'une tyrannie. Si pourtant, en affaiblissant intentionnellement le pouvoir, on peut réussir à écarter le danger d'une usurpation à l'intérieur, il faut remarquer qu'on désarme la nation à l'égard de complications extérieures. Déjà, à Rome, où l'infériorité de civilisation des peuples barbares empêchait qu'ils ne constituassent un péril permanent, on dut, dans des cas exceptionnels, opposer à la menace venant de l'étranger la création d'un pouvoir fort, supérieur aux partis et aux magistratures divisées — ce fut, soit la dictature *optimà lege creata,* soit le pouvoir discrétionnaire confié aux consuls par la formule « *caveant consules ne quid detrimenti respublica capiat.* »

Chez les nations européennes, le péril est plus pressant encore : l'invasion et le démembrement menacent sans cesse les peuples, qui, oubliant l'exemple de la Rome républicaine, méconnaîtraient la nécessité d'un pouvoir fort, d'une centralisation puissante, d'une étroite solidarité, et ne sauraient pas abandonner quelques libertés secondaires au salut de la Patrie.

Si les cités grecques avaient voulu sacrifier une partie de l'autonomie dont elles se montraient si jalouses, et accepter le joug nécessaire d'une fédération, elles n'auraient subi ni Philippe, ni Mummius.

Ministres. — Les gouvernements modernes comportent deux éléments distincts : les ministres et les fonctionnaires. Contrairement aux idées romaines et grecques, ces derniers jouissent d'une stabilité complète, et, sinon en droit, du moins en fait, échappent à la règle de la brièveté des charges que les anciens considéraient comme l'une des garanties essentielles de la liberté publique.

Au contraire, les ministres, véritables gouvernants, ont un pouvoir dont la durée est absolument indéterminée. Au premier abord, il peut paraître rationnel que les nations (ou leurs représentants) évitent de s'engager envers les mandataires, et subordonnent le maintien de leur autorité à l'efficacité de leurs services. Mais il nous semble qu'on a trop sacrifié un des deux principes à l'autre, et que la *méfiance à l'égard du gouvernant* l'a emporté sur la *nécessité du gouver-nement,* au point de refuser aux ministres la force indispensable, de crainte qu'ils n'en abusassent. L'équilibre a été ainsi rompu ; on a affaibli l'action du pouvoir par la perspective d'une chute toujours imminente, et le contrôle, en s'exerçant d'une façon incessante, en arrive à paralyser l'exécution.

Nous n'hésitons pas à préférer de beaucoup le système romain — assurant un délai fixe à l'*imperium* du magistrat, en respectant absolument l'indépendance pendant sa durée, lui conférant une entière latitude pour gérer les affaires publiques — et lui réservant une condamnation rigoureuse à sa sortie de charge, s'il avait failli. Notre régime actuel constitue, au contraire, un singulier compromis de méfiance et de faiblesse. Au lieu d'un pouvoir libre, un ministère étroitement surveillé — au lieu du châtiment rigoureux pour le coupable, l'impunité pour le ministre renversé du pouvoir, quels que soient ses torts ou ses crimes.

Nous nous attacherons spécialement à la responsabilité qui atteint les fonctionnaires proprement dits.

Fonctionnaires. — La seconde classe des agents du pouvoir comprend les fonctionnaires.

C'est par eux qu'est constituée la bureaucratie (1), dont Stuart-Mill proclame l'utilité, merveilleux mécanisme entre les mains d'un homme d'État habile, instrument de progrès et de civilisation s'il est bien dirigé ; mais il ne faut lui demander aucune initiative, aucune innovation, car organisé pour l'exécution, il ne peut, sans excéder son but, faire œuvre de volonté propre ; lorsque le philosophe anglais ajoute que la bureaucratie, abandonnée à elle-même, n'agit plus que par tradition et par routine, il formule ainsi son éloge. Pourquoi donc, en effet, modifierait-elle sa marche, puisque le pouvoir

(1) L'expression est admise dans la terminologie des économistes et des hommes politiques ; elle désigne l'administration *considérée comme gardienne des traditions* et comme *force indépendante ;* elle correspond donc à une réalité que l'on peut déplorer, mais qu'il serait puéril de nier.

n'en modifie pas l'impulsion ; c'est à lui que remonte le blâme s'il ne sait pas tracer une direction nouvelle à son activité : quant à elle, elle deviendrait promptement dangereuse si elle sortait de son rôle ; — ce qu'elle appellerait *initiative* serait qualifié d'*usurpation,* et l'on verrait se former, en dehors de la Constitution, un quatrième pouvoir non prévu par Montesquieu, *le pouvoir administratif,* dont l'influence prépondérante annulerait promptement les trois autres.

Ces agents sont placés sous l'autorité du ministre. En ce qui concerne les fautes vénielles, les manquements légers aux devoirs fonctionnels, leur responsabilité est assurée par la subordination hiérarchique, dont la sanction réside dans des peines disciplinaires, (amendes) et dans la rupture du contrat qui les lie à l'administration (révocation).

Si ces manquements acquièrent une gravité plus considérable, le ministre ne pourra plus agir directement, mais le gouvernement mettra en jeu l'action publique pour obtenir des tribunaux compétents la répression des crimes ou délits.

Il n'entre pas dans le cadre de cette étude d'examiner en détail les textes nombreux qui prévoient et répriment les actes des fonctionnaires commis dans l'exercice de leurs fonctions ; d'une façon générale, l'esprit de notre code tend justement à faire de la qualité de fonctionnaire une circonstance *aggravante* — nous trouverons, d'ailleurs, au cours de ce travail, les plus intéressants de ces textes, ceux qui ne se contentent pas de régler des questions d'espèces soulèvent des questions de principes.

Notons en passant qu'il existe une peine qui, accessoire dans un grand nombre de cas, devient *principale* lorsqu'il s'agit *de crimes fonctionnels ;* c'est la dégradation civique ; consistant essentiellement dans une série d'incapacités, elle a évidemment sa source dans l'*infamie* romaine (art. 34, 35, C. Pénal).

Il nous a suffi de constater, par un renvoi au Code Pénal, que la responsabilité des fonctionnaires *envers l'État* était assurée par des dispositions formelles. Si nous avions dû examiner en droit romain cette responsabilité sans la séparer de la responsabilité *envers les particuliers,* c'est qu'une seule action, une seule procédure, les confondaient toutes deux, c'est que les *judicia publica* étaient des *actions populaires,* appartenant *cuivis ex populo,* et que le juge, valablement saisi par un citoyen, prononçait à la fois sur la peine et sur la réparation civile.

Il n'en est plus de même aujourd'hui : le droit de mettre en mouvement l'action publique est réservé au seul gouvernement, et nous nous bornerons à rechercher quels sont, dans notre droit moderne, les vestiges de cette procédure accusatoire « *quæ jus suum populi tuetur.* »

CHAPITRE PREMIER

Nécessité d'une procédure spéciale.

Il semble, au premier abord, que la question de la responsabilité des agents du pouvoir doive se résoudre par la simple application des règles du droit commun, et que l'action civile en réparation du dommage causé par un fonctionnaire à un particulier, suffira à garantir ce dernier contre les abus de pouvoir. (Art. 1382. C. civil, art. 1, 2, 3, C. Instruct. crim.)

Nous allons démontrer que cette procédure serait à la fois inefficace pour le particulier et dangereuse pour l'Etat.

Application du droit commun aux abus des fonctionnaires.
Exercice de l'action civile.

L'action civile peut aboutir à des allocations pécuniaires considérables; on verra dans une espèce que nous examinerons plus loin, qu'un tribunal avait alloué cent mille francs de dommages-intérêts ; c'est ainsi qu'à Rome les Comices par tribu forçaient un magistrat à s'exiler.

En est-il de même en France ?

De deux choses l'une : ou bien le fonctionnaire sera désavoué par le gouvernement, et alors celui-ci mettra même au service de la victime l'action publique : frappé de la peine légale, le coupable sera en outre ruiné.

Ou bien, et c'est là le seul cas où la question acquière une réelle importance, le gouvernement soutiendra son agent.

Il ne faut pas oublier, en effet, que nous recherchons par quels moyens légaux le particulier pourra obtenir justice, en l'absence des pénalités disciplinaires ou légales qui, dans notre droit, *constituent le véritable exercice de la responsabilité*. Nous supposons donc que le gouvernement, maître de l'action publique et supérieur hiérarchique du fonctionnaire, n'estime pas qu'il soit coupable : *comment l'action civile suppléera-t-elle alors à la répression pénale?*

Deux cas se présentent : 1° Le fonctionnaire a commis un crime. 2° Il a commis un délit ou une contravention.

En cas de crime, la victime ne pouvant mettre en jeu l'action publique, portera sa demande en dommages-intérêts devant les tribunaux civils.

Il se peut alors que le fonctionnaire, quoique ayant l'approbation du gouvernement (c'est là la condition essentielle de notre hypothèse) reconnaisse juste la condamnation qui le frappe, il se peut que, par une délicatesse tardive, et peu vraisemblable puisqu'elle eut dû empêcher le crime, il s'acquitte intégralement, sur son traitement et sur ses biens personnels.

Mais tant d'abnégation ne doit pas se présumer. Le fonctionnaire a commis un crime — spoliation violente, attentat à la liberté individuelle — il a conscience qu'il a fait un acte politique, il est soutenu par le parti qui occupe le pouvoir, il ne cèdera pas.

A Rome, les condamnations pécuniaires étaient sanctionnées par la *pignoris capio*, par la *manus injectio*, et c'était l'esclavage qui attendait le débiteur insolvable.

Dans l'État actuel de notre droit, il en est tout autrement ;

En fait, les condamnations pécuniaires demeurent illusoires lorsque le condamné sait user des facilités que lui laisse une législation trop clémente. Sauf les cas restreints où le fonctionnaire a un cautionnement, et où, aux termes de l'art. 2102-7° du Code civil, les créances résultant de ses abus et de ses prévarications sont munies d'un privilège sur ces fonds et sur ces intérêts dus, le paiement d'une condamnation civile n'est pas assuré. La saisie-arrêt du traitement est limitée par la loi du 21 ventôse an IX à des quotités minimes (un cinquième sur les premiers mille francs, un quart sur les cinq mille francs suivants, un tiers sur ce qui excède six mille francs.)

Les immeubles et les valeurs mobilières peuvent être dérobés à temps par des ruses de procédure aujourd'hui vulgaires. Le législateur, dans un but de crédit public, a déclaré insaisissables les titres de rentes sur l'Etat. (L. 8 nivôse an VI, art. 4 et 22 floréal an VII, art. 7, 8.) Enfin la loi du 22 juillet 1867 a aboli, en matière civile, la contrainte par corps dont la menace était souvent décisive.

En résumé, le fonctionnaire maintenu en place peut être contraint à payer une quotité de son traitement, que des allocations supplémentaires de l'État compenseront facilement.

Il en résulte que des condamnations très-fortes, comme il en a été prononcé dans des cas graves, et comme il faudrait qu'il en intervint pour réprimer véritablement les abus, ne s'exécuteraient pas : la quotité saisissable suffirait à peine à payer les intérêts annuels. Le préjudice ne sera donc jamais réparé, et d'autre part l'agent coupable trouvera dans la connivence du Ministre, son supérieur, un ample dédommagement à cette perte minime.

Or, c'est ce qui se présentera précisément *en matière de crime* commis par un fonctionnaire. C'est l'impunité absolue pour l'agent à qui son supérieur a prescrit ou demandé de de commettre l'acte criminel.

Quel est le remède à cette situation ? Il réside, non pas dans une plus grande facilité accordée à la poursuite, mais dans la responsabilité effective du ministre, supérieur hiérarchique. Nous venons d'établir, en effet, que c'est la protection de ce dernier qui, seule, constitue l'inefficacité du recours contre le subalterne ; c'est elle que l'on doit détruire.

Action civile devant les tribunaux correctionnels. — Par une singulière anomalie, la répression serait mieux assurée si le fonctionnaire n'était coupable que d'un *délit* ou d'une contravention. En effet, une jurisprudence constante a décidé que les art. 158, 161 et 182 du Code d'Instruction criminelle doivent être entendus en ce sens « que le tribunal de simple police ou le tribunal correctionnel est valablement saisi par la citation directe de la partie civile, et qu'il peut appliquer la peine en l'absence de toute réquisition du ministère public. » Pour atténuer la contradiction entre cette interprétation et le texte de l'art. 1 du même code, lequel porte « l'action pour l'application de la peine n'appartient qu'aux fonctionnaires auxquels elle est confiée par la loi » , les criminalistes ont élevé une subtile distinction entre *l'exercice* de l'action publique, et sa *mise en mouvement*. La première demeure réservée au ministère public, la seconde résulte de la citation directe de la partie. Il faut avouer qu'en réalité les deux art. 1 et 182 sont inconciliables ; mais si l'un d'eux devait fléchir, n'était-ce pas celui qui ne contenait qu'une décision partielle, et non pas celui qui proclamait, en tête du Code, le grand principe de la procédure inquisitoriale? La jurisprudence introduit ainsi une étrange anomalie dans notre loi ; deux systèmes y sont superposés, le régime accusatoire pour les délits et contraventions ; (quoique pour ces dernières le texte ne soit nullement formel) le régime inquisitorial, pour les crimes. Ce défaut d'unité dans les vues du législateur serait bien invraisemblable.

D'ailleurs la jurisprudence avait porté une première atteinte au principe inquisitorial quand elle avait décidé que *l'abandon ou le retrait de la poursuite* par le ministère public *ne dessaisissait pas* l'autorité judiciaire, qui demeurait maîtresse de statuer sur l'infraction.

Quoiqu'il en soit, la procédure accusatoire existe dans notre droit, pour la poursuite des délits et contraventions, *avec cette grave restriction* cependant, que l'accusation n'appartient pas *cuidam ex populo,* mais seulement *à la partie lésée.* C'est plutôt un régime mixte entre le régime accusatoire proprement dit, et la procédure inquisitoriale rigoureusement exclusive de l'intervention de la victime.

Il en résulte, qu'à s'en tenir au droit commun, un fonctionnaire pourrait être traduit directement devant un tribunal correctionnel par un individu se prétendant lésé.

Or, il y a là un danger social.

Certes, nous ne méconnaissons pas la nécessité d'une responsabilité, et nous l'avons maintes fois affirmée, mais en face de l'intérêt de l'individu se dresse l'intérêt de l'État. Il importe que les fonctionnaires ne soient pas à la merci de ces accusations téméraires si fréquentes à Rome. Que deviendrait le fonctionnement des services publics, si l'administration devait chaque jour aller répondre de ses actes devant un tribunal ? La première condamnation prononcée aurait pour effet immédiat d'inquiéter tous les agents de l'État. N'oublions pas, en effet, que les lois constituent des restrictions incessantes à la liberté absolue, et imposent des obligations gênantes aux citoyens. A ce titre, ceux qui les appliquent sont fréquemment en butte à l'animadversion, à des rancunes qui se fixent sur l'individu, ne pouvant atteindre la loi.

Pour apprécier les conséquences que ces poursuites peuvent amener en pratique, qu'on se rende compte des mobiles auxquels obéissent les agents de l'État. Possèdent-ils tous l'ardent désir de réaliser le bien public ? Sont-ils déterminés uniquement par la conscience du service qu'ils rendent à la société ? Certes, ces sentiments ne sont pas étrangers à tous, mais il faut savoir reconnaître que, dans la hiérarchie administrative, un certain nombre d'individus ne sont mus que par des considérations d'intérêt personnel. Ce qu'on doit redouter de leur part, c'est bien moins l'excès du zèle que leur indifférence et leur apathie.

Si donc l'on décourage les agents actifs, dévoués aux intérêts de l'État, par la menace d'une responsabilité directe, si, aux peines disciplinaires viennent s'ajouter les condamnations civiles, il en résultera un relâchement général dans le fonctionnement des services publics, les agents se désintéresseront de leurs devoirs, dont l'accomplissement leur deviendra alors périlleux, et le gouvernement qui les abandonnera aux attaques du public en sera puni lui-même par leur défection latente.

N'oublions pas combien il est délicat, dans l'exercice d'une fonction, de distinguer nettement où commence l'acte personnel, constituant l'excès de pouvoir. S'il devient dangereux de franchir cette limite incertaine, si, comme dans l'une des espèces citées plus loin, l'agent est responsable civilement pour avoir qualifié de « *vol* » *une fausse déclaration tendant à frustrer le Trésor,* les fonctionnaires seront contraints, dans l'intérêt de leur sécurité, de s'abstenir de toute initiative, de toute activité. Ce résultat serait désastreux pour l'État. Il équivaudrait à l'abrogation virtuelle des lois.

Nous avons vu qu'à Rome des textes spéciaux sont venus protéger les magistrats *en charge.* Cependant nulle part la témérité des accusations n'était frappée de peines plus sévères ; malgré cela, dès la loi *Servilia,* (642 de Rome) c'est-à-dire en pl ne période républicaine, alors que les citoyens portaient si haut le souci de leur dignité et la jalousie de leur indépendance, on estima que *la répression* des calomniateurs *ne suffisait pas*, et que, pour assurer l'exercice de la fonction, *lequel importait au peuple tout entier,* la responsabilité du magistrat ne pourrait être invoquée contre lui qu'après sa sortie de charge (*Vide suprà,* pages textes cités).

C'est à l'étude des garanties spéciales aux fonctionnaires et magistrats publics que nous allons procéder.

Et pour ne laisser planer aucun doute sur l'esprit qui nous guidera dans ce travail, disons que nos conclusions, sérieusement déduites, aboutiront aux conséquences suivantes :

1° Irresponsabilité administrative ;

2° Responsabilité ministérielle.

Cette distinction n'a rien d'arbitraire ; nous avons vu qu'elle existait à Rome, sinon formulée dans les textes, du moins appliquée en fait ; c'est l'explication que nous avons donnée de l'*irresponsabilité du censeur* « *omni metu vacuus honos* » dans l'exercice de sa fonction administrative, tandis que les magistrats politiques, consuls, tribuns, dictateurs étaient astreints, parfois *en droit*, mais toujours *en fait*, à une responsabilité rigoureuse.

Et les raisons théoriques de cette différence sont les suivantes : la responsabilité des fonctionnaires pour les actes relatifs à leurs fonctions est assurée par la hiérarchie et, au besoin, par l'action publique ; cette double répression administrative et pénale est amplement suffisante ; il ne saurait dépendre d'une individualité sans mandat de mettre l'action correctionnelle au service de ses rancunes personnelles. Si toutefois l'agent est coupable, et si le ministre n'a pas fait son devoir, c'est la responsabilité ministérielle qui sera mise en jeu, avec le cortége de garanties qu'elle comporte.

L'irresponsabilité du législateur provient du caractère spécial de sa mission ; il n'est pas considéré comme un *mandataire*, mais comme un *représentant*.

Enfin le ministre doit supporter la double responsabilité *administrative* pour tous les actes fonctionnels *de ses agents*, et *politique* pour ceux qui lui sont personnels, en tant qu'agent du pouvoir, mandataire du pays, et comme tel, tenu de l'action *mandati directa*.

CHAPITRE DEUXIÈME

Théorie de la séparation des pouvoirs.

Pour les raisons que nous venons d'énumérer, les fonctionnaires doivent être l'objet d'une législation spéciale qui a pour but de les garantir contre les procès téméraires.

Cette question doit être d'abord étudiée doctrinalement, avant tout examen de la législation positive. Elle est connue dans le droit public sous le nom de *séparation des pouvoirs*.

Nous diviserons ainsi notre sujet :

1° Théorie de la séparation des pouvoirs ;

2° Ses applications ;

A. A quels actes doit s'étendre la garantie ?

B. Garantie résultant de l'art. 64 du Code Pénal;

C. Organisation de la garantie réelle : procédure de conflit ;

D. A quelles personnes doit s'étendre la garantie ?

E. Organisation de la garantie personnelle ;

F. Suppression de la garantie personnelle : situation créée par le décret du 19 mars 1870.

Aristote (Politique, VI, 11) distingue dans un état trois pouvoirs « le premier, c'est l'assemblée générale délibérant sur les affaires publiques, le second, c'est le corps des magistrats (publics), le troisième, c'est le corps judiciaire. » Il s'occupe ensuite des conditions de constitution de chacun d'eux ; mais sans prévoir un conflit : en effet, dans sa pensée, il n'y a pas, à proprement parler, co-existence de trois corps distincts agissant dans la sphère de leurs attributions spéciales, ayant des intérêts et des passions propres ; bien au contraire, ce sont-là des fonctions diverses qui sont exercées indifféremment par tous les citoyens, et qui constituent essentiellement les droits politiques ; « le trait éminemment distinctif du vrai citoyen, dit-il, c'est la jouissance des fonctions de juge et de magistrat. » (Politique, I, 3 § 4). On voit que ces qualités multiples peuvent et doivent être réunies dans le même homme, comme le sont aujourd'hui celles d'électeur et de juré.

C'est sans doute à cause de cette perception encore confuse des relations des trois pouvoirs, que Montesquieu, en précisant la doctrine sur ce point, a pu écrire, que « les anciens ne connaissaient pas la distribution des trois pouvoirs dans le gouvernement d'un seul » (Ésprit des lois, XI, 9). Formule trop absolue, puisque Aristote reconnaissait au contraire cette distinction, sans la pousser toutefois jusqu'à la séparation proprement dite.

Montesquieu reproduit en ces termes la doctrine d'Aristote. « Il y a dans chaque État trois sortes de pouvoirs, la puissance législative, la puissance exécutrice des choses qui dépendent du droit des gens, et la puissance exécutrice de celles qui dépendent du droit civil. » (Esprit des lois, XI, 6.) Soit, plus brièvement, les pouvoirs législatif, exécutif et judiciaire.

Mais ce qui appartient en propre à Montesquieu, c'est l'étude des relations entre ces trois pouvoirs :

« Lorsque dans la même personne ou dans le même corps de magistrature la puissance législative est unie à la puissance exécutrice, il n'y a point de liberté, parce qu'on peut craindre que le même monarque ou le même Sénat ne fasse des lois tyranniques pour les exécuter tyranniquement.

« Il n'y a point encore de liberté si la puissance de juger n'est pas séparée de la puissance législative, et de l'exécutrice. Si elle était jointe à la puissance législative, le pouvoir sur la liberté et la vie des citoyens serait arbitraire, car le juge serait législateur.

« Si elle était jointe à la puissance exécutrice le juge pourrait avoir la force d'un oppresseur. »

Tel est ce texte fameux qui a servi de base à la théorie de la séparation des pouvoirs.

Or, qu'on nous pardonne notre hardiesse en présence d'une opinion depuis longtemps accréditée, mais nous ne craignons pas d'affirmer que la théorie *actuelle* de la séparation des pouvoirs n'a jamais été contenue dans le passage ci-dessus ; une interprétation extensive en a fait sortir une organisation qui eut bien étonné Montesquieu.

La première application du principe est ainsi formulée :

« Toute Société dans laquelle la garantie des droits n'est pas assurée, ni la séparation des pouvoirs déterminée, n'a pas de constitution. » (Déclaration des droits de l'homme, art. 16.)

La loi du 16-24 avril 1790, Titre 2, art. 13, porte :

« Les fonctions *judiciaires* sont *distinctes* et demeureront toujours *séparées* des fonctions *administratives* ; les juges ne pourront, sous peine de forfaiture, troubler, de quelque manière que ce soit, les opérations des corps administratifs, *ni citer devant eux les administrateurs pour raison de leurs fonctions.* »

La Constitution des 3-14 septembre 1791. (Titre 3, art. 3., section 2, chapitre 5 — section 3, art. 8.) répète :

« Les tribunaux ne peuvent s'immiscer dans l'exercice du pouvoir législatif, ou suspendre l'exécution des lois, ni entreprendre sur les fonctions administratives ou citer devant eux les administrateurs pour raison de leurs fonctions. »

Enfin le Décret du 16 fructidor an III annule toutes procédures et tous jugements intervenus à cet égard, et ajoute :

« Défenses itératives sont faites aux tribunaux de connaître des actes d'administration de quelque espèce qu'ils soient, aux peines de droit. »

Telle est la théorie de la séparation des pouvoirs : on voit que son *principal* caractère est la méfiance du pouvoir judiciaire et la crainte qu'il n'empiète sur les attributions des pouvoirs exécutif (administratif) et législatif.

Or, il est facile de démontrer que cette pensée ne pouvait pas venir à Montesquieu, pour la raison péremptoire *qu'il ne constituait pas de pouvoir judiciaire* ; celui-ci est complétement absent de sa conception.

« La puissance de juger ne doit pas être donnée à un sénat permanent (c'est-à-dire à un corps judiciaire) mais exercée par des personnes *tirées du peuple*, dans certains temps de l'année, de la manière prescrite par la loi, pour former un tribunal *qui ne dure qu'autant que la nécessité le requiert.*

« De cette façon, la puissance de juger, si terrible parmi les hommes, n'étant attachée ni à un certain état, ni à une certaine profession, devient, pour ainsi dire, invisible et *nulle.* On n'a point continuellement des juges devant les yeux, et l'on craint la magistrature (c'est-à-dire la fonction) et non pas les magistrats. »

Et plus loin « des trois puissances dont nous avons parlé, *celle de juge est en quelque façon nulle.* » (Esprit des lois, XI, 6).

Montesquieu ne voyait dans la puisssance de juger qu'une fonction momentanée, par conséquent ne présentant nul danger ; s'il veut qu'elle ne soit pas attribuée au législateur, c'est par crainte des peines arbitraires : s'il la refuse au pouvoir exécutif, c'est parce que *celui-ci deviendrait oppresseur* ; sa prohibition est un acte de méfiance *contre le pouvoir exécutif* et non pas contre le pouvoir judiciaire.

On voit combien nous sommes loin des défenses formulées contre les juges par les lois citées.

La théorie de la séparation du pouvoir administratif et judiciaire appartient donc en propre à l'Assemblée constituante. Au lieu d'appliquer le système de Montesquieu, quant à la brièveté des fonctions judiciaires, elle a constitué un corps chargé de rendre la justice ; mais l'introduction de cet usage nouveau dans l'État a fait naître une nécessité de garantie qui s'est traduite par les dispositions ci-dessus rapportées.

Cette mesure était d'ailleurs indispensable. Si l'on dénie au gouvernement une autorité directe sur les juges, soit en les faisant désigner par l'élection, soit en leur conférant l'inamovibilité, il faut redouter que ces magistrats n'abusent de leur indépendance pour entraver l'exercice des pouvoirs législatif et exécutif. On conservait le souvenir récent des luttes soutenues par les Parlements contre le Pouvoir.

Sous la monarchie des Bourbons, ces assemblées judiciaires avaient assumé un triple rôle législatif, gouvernemental, administratif.

Approuvés par l'opinion publique qui désirait trouver un contrepoids aux fantaisies déréglées du pouvoir absolu, les Parlements s'étaient proclamés, par la voix du Président Gaillard « les successeurs des assemblées de princes et barons, les représentants de la nation, États-Généraux permanents ».

En cette qualité, ils présentaient des remontrances et se refusaient à l'enregistrement des ordonnances estimées abusives ; ils prenaient des arrêtés et rendaient des règlements qui, en fait, constituaient une législation parallèle aux ordonnances royales ; enfin ils admettaient l'opposition des parties contre les mesures administratives des intendants, mandaient ceux-ci à comparaître, décrétaient de prise de corps les récalcitrants, et condamnaient à l'amende ceux qui avaient délinqué.

En vain le monarque avait voulu vaincre cette résistance par les lettres de jussion, les lits de justice, l'exil, les lettres de cachet, la dissolution. Tous les esprits éclairés se rangeaient du côté de ces assemblées lorsqu'elles proclamaient avec Bodin, Pasquier, Mey, que « les lois de France ne tiennent pour parfait aucun établissement public s'il n'a été autorisé par le Parlement » et que « l'impôt doit être voté par tout le monde. »

En l'absence d'une Constitution, ils avaient pu citer les officiers royaux à raison de leurs fonctions et s'immiscer directement dans l'administration.

Saint-Simon raconte la comparution de M. le lieutenant de police d'Argenson et de M. le Prévôt des marchands Trudaine devant le Parlement de Paris pour y recevoir, debout, découverts et en séance publique, les remontrances et les ordres du Premier Président, soit à l'occasion de la police de la Capitale, soit sur l'état de l'Hôtel de Ville. Delamarre donne l'énumération des matières sur lesquelles le Parlement s'ingéra de rendre des arrêts de règlement, telles que police des processions, service des subsistances en prévision de disette, etc. (Delamarre, traité de la Police).

En réalité, s'il y avait dans ces faits une usurpation, il faut reconnaître que le droit du monarque était lui-même aussi peu fondé que celui des Parlements, et le roi n'eut pas pu invoquer contre eux le principe de la séparation des pouvoirs, puisque lui-même se refusait à admettre la conséquence que ce principe eut entraîné, c'est-à-dire la constitution d'un pouvoir législatif.

Mais depuis l'avénement du régime nouveau, il devenait périlleux de laisser aux Parlements la facilité d'une opposition qui, s'adressant à un pouvoir légitime, aurait été factieuse.

On sait, en effet, qu'ils avaient manifesté leur hostilité à l'égard des États-Généraux dont la convocation les réléguait au second plan et les dépouillait de leur ancienne popularité.

L'Assemblée Constituante ne tarda pas à répondre par des actes à cette opposition. Une déclaration du 3 novembre 1789 ordonna que les Parlements « continueraient de rester en vacances. » Deux d'entre eux, ceux de Dijon et de Toulouse, tentèrent de résister en employant contre le nouveau pouvoir l'arme qui leur avait été si utile contre la royauté, l'enregistrement sous réserves : deux décisions du Conseil d'État du Roi annulèrent ces restrictions (arrêts du 16 janvier 1790). Le 4 février 1790, un décret prononça la dissolution de la Chambre des vacations de Rennes : un autre, en date du 7 mars, ordonna qu'il serait sursis à l'exécution de tous jugements prévotaux. Enfin parut la grande loi des 16-24 août 1700 sur l'institution d'une magistrature nouvelle, qui consacre irrévocablement la disparition des Parlements.

Or, bien que cette loi substituât à la vénalité des offices de judicature une organisation nouvelle, on craignit de retrouver dans les titulaires des charges de juges l'esprit des anciens corps judiciaires, et l'on formula la règle de la séparation des pouvoirs exécutif, législatif et judiciaire.

Nous allons examiner dans la législation actuelle les mesures prises pour assurer cette séparation.

CHAPITRE TROISIÈME

Séparation des pouvoirs législatif et judiciaire.

Cette matière ne comporte pas de longs développements ;
d'ailleurs elle ne tient pas directement à notre sujet, et nous
n'en traitons qu'incidemment.

La loi des 16-24 août 1790. Titre 2, art. 10 porte : « Les tribunaux ne pourront prendre directement ou indirectement
aucune part à l'exercice du pouvoir législatif, ni empêcher
ou suspendre l'exécution des décrets du Corps législatif,
sanctionnés par le Roi, à peine de forfaiture. »

Art. 12 : « Ils ne pourront pas faire de règlements, mais
ils s'adresseront au Corps législatif toutes les fois qu'ils croi-
ront nécessaire, soit d'interpréter une loi, soit d'en faire une
nouvelle. »

L'art 5 du Code civil reproduit la même prohibition, que
l'art. 127 du C. Pénal sanctionne de la dégradation civique.

L'art. 12 énonçait une théorie exacte en déclarant
que le pouvoir législatif aurait seul le droit d'interpréter
la loi et d'y ajouter des dispositions nouvelles. Une loi du
30 juillet 1828, puis une loi du 1er avril 1837 ont porté une
atteinte à ce principe.

La loi des 27 novembre-1er décembre 1790 avait organisé
la procédure d'*interprétation législative* prescrite par l'art. 12
de la loi des 16-24 août 1790. En cas de conflit entre le tribunal de cassation et les juridictions inférieures, conflit
constaté par deux cassations successives, le juge devait en

référer au pouvoir législatif. Ce référé était obligatoire et suspensif. Il en résultait, en pratique, des lenteurs préjudiciables aux parties. — La loi du 30 juillet 1828 supprima le caractère suspensif du référé qui resta cependant obligatoire; mais dans ce conflit, la troisième délibération de la Cour d'Appel l'emportait sur la résistance de la Cour de Cassation.

Enfin la loi du 1er avril 1837 accomplit la substitution totale de l'*interprétation judiciaire* à l'*interprétation législative*. A la vérité la Cour de Cassation ne peut prendre que des décisions d'espèces qui deviennent obligatoires, après deux cassations successives, pour la troisième juridiction de renvoi. Mais bien que la portée de son arrêt soit limitée à la seule affaire qui lui est soumise, il arrive, qu'*en fait,* ces arrêts prononcés, toutes Chambres réunies, forment jurisprudence.

Par la publicité qu'ils reçoivent, ils avertissent les tribunaux que toute décision contraire à la doctrine de la Cour sera cassée par elle. Il y a là en réalité un *règlement* interprétatif de la loi, c'est-à-dire *législatif*.

Quant au pouvoir législatif, il a délégué volontairement cette partie de son autorité à la Cour, afin de dégager son ordre du jour des propositions de lois interprétatives; il est permis de signaler dans cette pratique nouvelle une méconnaissance du principe de la séparation des pouvoirs, et une abdication partielle du législatif au profit du judiciaire, qui a présenté parfois de graves inconvénients; il nous serait facile de fournir ici des exemples d'une jurisprudence abusive, violatrice de la loi sous prétexte d'interprétation.

D'autre part la séparation des pouvoirs n'est pas mieux respectée par le pouvoir législatif qui, dans des cas déterminés par les lois constitutionnelles, assume à titre de juridiction d'exception les fonctions judiciaires.

CHAPITRE QUATRIÈME

Séparation des pouvoirs exécutif et judiciaire.

La violation du principe de la séparation des pouvoirs exécutif et judiciaire peut provenir de l'un de ces deux pouvoirs : les mesures édictées par la loi variant avec la qualité du pouvoir usurpateur, nous étudierons successivement.

1° L'empiétement de l'administratif sur le judiciaire;

2° L'empiétement du judiciaire sur l'administratif.

Empiétement du pouvoir administratif sur le judiciaire.

Pourvoi au civil. — Lorsqu'un administrateur ou un corps administratif entreprend de connaître d'actes qui, par leur nature, sont de la compétence exclusive de la juridiction civile, il existe, pour réprimer cet empiétement, deux recours, l'un au civil, l'autre au criminel.

Lorsque l'acte aura été commis par un administrateur proprement dit, la partie lésée exercera son recours devant le Conseil d'État, à qui elle demandera l'annulation pour excès de pouvoir. Quelle que soit la décision de cette Assemblée, elle constitue un acte qui ne peut être attaqué devant le Tribunal des conflits.

C'est là une conséquence du principe de la séparation des

pouvoirs — et dans cette hypothèse, il n'existe d'autre garantie pour le particulier que dans l'art. 131 du Code Pénal, que nous étudierons plus loin.

Au contraire, si l'empiétement est le fait d'une juridiction administrative, le Tribunal des conflits est compétent pour trancher le litige.

Mais par qui peut être saisi le Tribunal des conflits ?

La loi du 3 mars 1849 (art. 47) confère au Ministre de la Justice le droit de revendiquer, devant la section du contentieux du conseil d'État, toute affaire qui lui semble du ressort de l'autorité judiciaire. Cette revendication comporte deux actes : le premier est un déclinatoire d'incompétence soumis à la question du contentieux, le second, dit « acte de revendication » est un acte d'autorité qui saisit directement le Tribunal des conflits et prononce le sursis devant le Conseil d'État.

C'est là une procédure absolument analogue et, en quelque sorte, symétrique à celle de conflit que nous trouverons plus loin.

Mais est-elle suffisamment tutélaire pour les particuliers ? Il est permis d'en douter. En effet, le ministre de la justice peut se refuser à cette revendication. Dans ce cas, la partie elle-même pourra-t-elle agir et saisir le Tribunal des conflits ?

La loi de 1849 ne paraît pas avoir prévu cette hypothèse ; en l'absence d'un texte formel, il importe de rechercher si, dans l'esprit du législateur, ce droit est accordé ou dénié à la partie défenderesse.

Il est inutile d'insister sur l'utilité que peut présenter pour les particuliers cette faculté précieuse : la leur refuser serait les livrer sans garantie à l'arbitraire administratif, duquel il serait impossible d'appeler à une Autorité supérieure.

L'institution du Tribunal des conflits serait elle-même singulièrement amoindrie dans ses conséquences, si, établie

pour trancher les luttes de compétence entre les deux
pouvoirs rivaux, cette juridiction suprême ne pouvait
jamais être saisie que par une seule des parties, l'Administration.

L'équité, la nécessité même de sauvegarder la séparation
des pouvoirs exigent donc que le particulier poursuivi
devant la juridiction administrative ait le droit, après le rejet
de son exception d'incompétence, de porter la solution du
litige devant le Tribunal des conflits, sans attendre le bon
vouloir du ministre de la justice.

Nous soutenons que ce recours sera légal.

En premier lieu, c'est l'application pure et simple du droit
commun, qui ouvre l'accès des voies de recours à toutes les
parties sans distinction. Pour qu'il y fut dérogé dans l'espèce,
il serait nécessaire de produire un texte formel.

On répondra que le décret du 28 octobre 1849, portant règlement sur la procédure devant le tribunal des conflits,
repousse absolument l'hypothèse d'une instance introduite
devant le Tribunal par une partie : tandis qu'il est très-expli-
cite sur l'effet du conflit ou de la revendication ,émanés de
l'autorité acministrative, il est muet sur les actes introduc-
tifs d'instance, de la part de simples particuliers. Bien plus,
l'art. 13 de l'ordonnance du 1er juin 1828, en autorisant les
parties à présenter leurs observations sur la question de
compétence devant la première juridiction, a implicitement
prohibé tout autre mode d'intervention de leur part. De
même, les art. 4, 8 et 13 du décret du 26 octobre 1849
excluent tout dépôt de conclusions de la part des parties,
dont le rôle se borne à présenter des « observations. » Dans
le même ordre d'idées, l'ordonnance du 12 décembre 1821
(art. 4, 5, 6) prohibe toute opposition aux décisions rendues
en matière de conflit.

On synthétise ces dispositions, et l'on en infère que le
conflit de juridiction n'est pas une contestation de compétence entre particuliers, mais une lutte entre deux pouvoirs

publics sur l'application des lois constitutionnelles. (*Sic.* Cons. d'État, 7 avril 1835.) dans laquelle ne peuvent intervenir les particuliers.

Bien que ce soit là la doctrine universellement admise, il ne paraît pas qu'elle doive être considérée comme définitive.

S'il est vrai que le Tribunal des conflits tranche des questions d'ordre public, il ne faut pas oublier qu'il est chargé des règlements des juges ; c'est là un double caractère qui doit autoriser l'intervention de l'État, mais qui ne doit pas exclure celle des particuliers, non moins intéressés que lui.

D'ailleurs, il est un cas où les particuliers tiennent de la même loi le droit formel de saisir le tribunal des conflits, c'est lorsqu'il y a eu conflit négatif. Or, si les raisons invoquées plus haut mettaient obstacle à leur intervention directe devant le Tribunal des conflits, on ne voit pas pourquoi elles auraient moins d'effet dans ce second cas : il s'agit toujours d'une question de compétence : peu importe, *au point de vue juridique,* qu'elle soit soulevée à la suite de deux déclarations de compétence ou de déclarations d'incompétence. L'intérêt à obtenir une solution est le même dans l'une et l'autre hypothèse, dans le conflit positif comme dans le conflit négatif.

Or, il y a un motif bien évident pour que le particulier ne puisse élever le conflit positif : ce n'est pas la raison de principe faussement invoquée ; elle est plus simple : c'est qu'il est impossible, *en fait,* que le particulier élève le conflit devant l'autorité judiciaire ; elle est pour lui la juridiction de droit commun et, soit comme demandeur, soit comme défendeur, il ne doit pas en réclamer d'autre. Seul, le pouvoir exécutif peut avoir intérêt, comme défendeur, à porter la question devant la juridiction administrative : d'où le conflit, organisé uniquement en vue de son emploi par l'administration.

Mais il n'en est pas de même pour le particulier, lorsqu'il est poursuivi devant la juridiction administrative : il importe qu'il puisse faire trancher la question de compétence par le Tribunal des conflits : il doit, à cet égard, jouir du même bénéfice que l'Administration lorsqu'elle est défenderesse : à la vérité, il ne procédera pas par arrêté de conflit, mais par la procédure ordinaire de pourvoi devant une magistrature supérieure; l'art. 131 du C. Pénal qualifie ce recours de « réclamation » et n'en trace pas la procédure; mais il ne s'ensuit pas qu'elle n'existe pas, et pour la mettre en jeu, on emploiera les modes de droit commun, c'est-à-dire la requête, aux termes de l'article 12 de la loi du 22 juillet 1806, sur la procédure devant la section du contentieux au conseil d'État, à laquelle la loi du 24 mai 1872 a substitué le Tribunal des conflits.

Quant à l'argument tiré de ce fait que les parties n'interviennent devant le tribunal des conflits que sous forme *d'observations*, qu'elles ne peuvent prendre copie des pièces que « sans déplacement, » ce qui excluait l'idée de *conclusions* déposées par elles, il n'a aucune valeur. Il suffit, pour s'en convaincre, de rapprocher les art. 4 et 13 du décret du 28 octobre 1849, de la loi du 24 mai 1872, qui, en ce qui concerne la procédure devant le Conseil d'État, réduit les parties aux observations orales et réserve les conclusions au Commissaire du gouvernement (art. 18).

On voit, par conséquent, que le fait de n'agir que par observations n'est nullement exclusif du droit d'introduire une instance.

En résumé :

La partie défenderesse peut, après rejet de son exception d'incompétence par un Tribunal administratif, saisir directement le tribunal des conflits par voie de requête :

C'est là, en effet, le droit commun.

Il n'y a pas été dérogé par l'organisation de la procédure des conflits, qui, en vertu de sa nature même, ne peut être usitée que par le gouvernement.

Il n'y a pas été dérogé par l'organisation de la procédure

de revendication par le Ministre de la Justice devant la section du contentieux du Conseil d'État, — qui n'est qu'un recours dans l'intérêt de la loi, lequel n'exclut pas le recours des parties intéréssées.

Il n'y a pas été dérogé par le texte des art. 4 et 13 du décret du 18 octobre 1849.

Répression pénale. — Il existe un second procédé de répression contre les empiétements de l'exécutif sur le judiciaire : l'art. 131 du Code pénal le prévoit dans ces termes : « Lorsque des administrateurs entreprendront sur les fonctions judiciaires en s'ingérant de connaître de droits et intérêts privés du ressort des tribunaux, et qu'après la réclamation des parties ou de l'une d'elles, ils auront néanmoins décidé l'affaire avant que l'autorité supérieure ait prononcé, ils seront punis d'une amende de seize francs au moins, et de cent cinquante francs au plus. »

En analysant ce texte, nous y trouvons deux hypothèses.

Première hypothèse. — Un administrateur, *statuant en qualité de juge,* ou des administrateurs *composant un tribunal administratif* sont saisis d'un litige. Le *défendeur,* cité devant eux, dépose un déclinatoire d'incompétence ; le juge administratif écarte l'exception et retient l'affaire pour être jugée au fond : la partie se pourvoit devant le conseil d'État *qui confirme le jugement* (car si le Conseil d'État infirmait le jugement, la partie n'aurait pas le droit d'invoquer l'art. 131, puisque le juge d'appel *du même ordre* aurait réformé l'erreur du juge inférieur, et que par conséquent il n'y aurait pas usurpation sur le domaine judiciaire.)

La partie se pourvoit alors devant le Tribunal des conflits, lequel attribue la compétence aux tribunaux civils. Cet arrêt du Tribunal des conflits est déclaratif de la culpabilité des juges administratifs. Et comme l'usurpation commise par le premier juge a été confirmée par la juridiction d'appel, la pénalité de l'art. 131 sera encourue non seulement par les administrateurs, mais *par les Conseillers d'État* qui se s ont associés à l'ingérence abusive.

Ici se présente une objection au système que nous développons : l'hypothèse, dira-t-on, n'est pas prévue par l'art. 131, car il serait sans précédent et sans analogie dans notre législation que l'erreur de compétence fut érigée en délit. Le texte ne vise que notre second cas, celui où l'administrateur agit comme agent au pouvoir exécutif.

Nous répondrons que l'art. 131 n'est que la reproduction de l'art. 128, lequel frappe d'une peine égale « *les juges* qui, sur la revendication formellement faite par l'autorité administrative d'une affaire portée devant eux, auront néanmoins procédé au jugement avant la décision de l'autorité supérieure. »

On voit que, en cas d'empiétement du judiciaire sur l'exécutif, la loi n'hésite pas à frapper l'erreur de compétence.

Or, comment s'exprime l'art. 131 ? « Lorsque ces administrateurs (Préfets, sous-préfets, maires, *ou autres administrateurs,* ce qui comprend les conseillers de Préfecture) entreprendront *sur les fonctions judiciaires* en s'ingérant *de connaître* de droits et intérêts privés du ressort des tribunaux, et qu'après la réclamation des parties ou de l'une d'elles, ils auront néanmoins décidé de l'affaire avant que l'autorité supérieure ait prononcé...... »

Nous réfuterons à l'avance l'objection qui consisterait à soutenir que ce n'est pas l'erreur *de compétence,* mais la résistance à un arrêté de conflit qui, dans l'art. 128, constitue la culpabilité ; c'est cet acte, dira-t-on, qui réalise la rebellion, l'usurpation ; c'est la persistance, et non l'erreur primitive qu'on veut réprimer. — A notre avis, l'arrêté de conflit, émanant d'une autorité qui n'est à aucun point de vue hiérarchiquement supérieure à la judiciaire, n'a pas le caractère d'un *acte de commandement* qui serait obligatoire pour les juges : ce n'est autre chose qu'une seconde et plus énergique exception d'incompétence, c'est un acte de procédure *saisis-*

sant le tribunal des conflits et entraînant nécessairement la surséance, jusqu'à ce que le règlement de juger ait été fait par le tribunal. C'est en ce sens que l'ordonnance d'août 1737 (Titre II, art. 8.) portait que : « les lettres ou l'arrêt qui introduira le règlement de juger *portera* clause de surséance à toutes poursuites et procédures dans les juridictions saisies du différend des parties. » Cet effet nécessaire de l'instance en règlement de juges n'est pas maintenu par l'art. 364 du Code de Procédure, qui la rend simplement facultative, et décide que le tribunal saisi de la question de compétence entre deux tribunaux « *peut* ordonner qu'il sera sursis à toute procédure dans lesdits tribunaux. » Mais si en matière de conflit de juridiction, s'élevant entre deux tribunaux *de même ordre,* la surséance est facultative et abandonnée au tribunal supérieur, il n'en est pas de même lorsqu'il s'agit d'un conflit d'attributions, soulevé entre deux tribunaux d'ordre différent.

Dans ce cas, le principe de la séparation de pouvoirs intervenant, sa violation doit entraîner une peine, de quelque côté qu'elle soit commise. Or, l'art. 128 frappe les juges civils ; si l'art. 131 ne frappe pas les juges administratifs, n'y a-t-il pas là une choquante inégalité ? Le principe sera impunément violé par l'administrateur ! Ce n'est pas à ce résultat que nous devons aboutir, et pour appliquer à l'art. 131 les règles d'interprétation qui veulent qu'un texte « soit entendu dans le sens avec lequel il peut produire un résultat, » (art. 1157, C. civ.) décidons que l'art. 131 s'applique dans tous les cas où un administrateur empiétera sur la compétence civile.

Peu importe qu'il ait siégé en qualité d'administrateur simple, ou de juge administratif : dans l'un et l'autre cas, il n'est à l'égard de pouvoir judiciaire, que le représentant d'un pouvoir usurpateur.

Quant à l'acte qui caractérise cette usurpation et qui correspond, pour le juge administratif, à ce qu'est pour le juge civil, l'arrêté de conflit, c'est la *réclamation de l'une des parties*. L'analogie est évidente : nous venons d'établir que l'arrêté de conflit n'est pas, malgré sa forme, un acte de commandement, c'est un acte de procédure saisissant le tribunal des conflits, c'est la *réclamation de l'une des parties*. Il suffira, pour que cette réclamation, visée à l'art 131, produise le même effet, qu'après avoir été produite sous forme d'*exception d'incompétence*, elle se renouvelle sous forme de recours sur la question de compétence devant le tribunal des conflits.

2ᵉ *hypothèse*. Un administrateur, agissant dans la sphère de ses attributions, prend une décision qui lèse un droit de propriété ou qui attente à l'état civil d'un citoyen, matières réservées exclusivement à l'autorité judiciaire.

Dans ce cas, la partie lésée adresse au Conseil d'État un recours pour excès de pouvoir; mais elle peut en même temps se porter partie civile devant le tribunal correctionnel et mettre ainsi en jeu l'action publique.

Ce recours au Conseil d'État et l'action civile peuvent se poursuivre parallèlement ; en effet les deux procédures n'ont pas le même but ; l'une tend à faire annuler l'acte abusif, l'autre à le faire réprimer.

Devant le tribunal correctionnel, le gouvernement élèvera le conflit, et c'est après la décision du Tribunal des conflits que l'instance suivra son cours, s'il y a lieu.

Si le Conseil d'État a rejeté le recours pour excès de pouvoir, pourra-t-on, comme dans l'hypothèse précédente, citer également les conseillers d'État qui ont pris part au vote de rejet ? Je ne le crois pas. Ici, à vrai dire, ils ont approuvé une usurpation, mais *ils ne s'y sont pas directement associés*, dans le sens juridique du mot ; ils n'ont pas fait *acte direct et personnel d'usurpation*, et ont laissé à l'agent toute la responsabilité de son empiétement. Au contraire, dans la première hypothèse, en confirmant un jugement, ils proclamaient la compétence de la juridiction administrative, *à tous ses degrés*, et par conséquent la propre compétence du Conseil d'État, jugé de dernier ressort. Ils s'étaient donc associés à l'empiétement.

Nous avons plusieurs espèces qui se rapportent à cette question ; mais comme elles ont été jugées dans un sens opposé à celui qui aurait pu sembler exact, nous en renvoyons la citation et la critique au chapitre des conflits (Conflits).

Empiétement du pouvoir judiciaire sur l'exécutif.

C'est à l'égard des empiétements du pouvoir judiciaire sur l'exécutif que se pose réellement le principe de la séparation des pouvoirs, et que le législateur a pris les précautions les plus minutieuses pour lui assurer toute son efficacité.

Nous avons justifié cette préoccupation : nous n'avons plus qu'à en constater l'application dans les textes et dans la pratique.

Trois ordres de garantie ont été édictés pour sauvegarder l'indépendance du pouvoir exécutif.

Ce sont 1° l'excuse légale et la procédure spéciale inscrites dans les Codes pénal et d'Instruction criminelle ;

2° la procédure de conflit ;

3° le régime de l'autorisation préalable.

Nous les étudierons successivement avec les développements que chacun d'eux comporte. Le troisième est aujourd'hui aboli ; mais nous ne pouvons le négliger, car il présente mieux qu'un intérêt historique : c'est à lui que, pendant une longue période, les divers gouvernements ont eu recours de préférence, et, c'est par conséquent sur lui que s'est formée la jurisprudence fondamentale ; son abrogation a créé une situation particulièrement intéressante qui devra attirer notre attention, car en disparaissant, le régime de l'autorisation préalable a laissé un corps de doctrine qui a été recueilli par la procédure de conflit, et qui sert encore de guide pour la solution des principales difficultés de la matière.

PREMIÈRE SECTION.

GARANTIE RÉELLE

CHAPITRE CINQUIÈME

Détermination des actes couverts par la garantie administrative.

Il ne saurait être question d'accorder une protection à des actes délictueux commis par les fonctionnaires en dehors de leurs fonctions, *pas plus* que dans l'exercice de leurs fonctions. En effet, aucune fonction n'autorise à commettre un délit, et le fait seul d'avoir délinqué est excessif du pouvoir.

La distinction fondamentale se pose donc entre les *actes administratifs* et les *fautes personnelles*, les premiers légitimement couverts par la garantie, les seconds abandonnés aux poursuites des corps judiciaires ou des parties lésées.

Mais là où la doctrine n'hésite pas un instant en présence d'un principe évident, là où le théoricien ne soupçonne même pas l'existence d'une difficuté, s'élève une des contreverses les plus graves du droit public. Les passions humaines ont choisi cette question comme terrain d'une lutte entre les pouvoirs exécutif et judiciaire, ce dernier tentant de ressaisir indirectement l'ancienne influence des Parlements, et déniant même l'autorité souveraine du législateur.

Nous aurons à constater des arrêts rendus dans les deux sens, et constituant réciproquement de réelles usurpations, des atteintes formelles au principe de la séparation des pouvoirs.

Excès de pouvoir. — Faute personnelle.

Antérieurement au décret du 19 septembre 1870, la Cour de Caen avait décidé que la garantie de l'art. 75 ne couvrait pas l'emploi des propos injurieux ou diffamatoires de la part d'agents qui contestaient la sincérité d'une déclaration de succession.

Son arrêt estime que des outrages ne peuvent *jamais* être considérés comme *faits relatifs aux fonctions* et cependant, il reconnaît que le fonctionnaire a été entraîné par l'indignation en présence d'une *fraude* préjudiciable au Trésor. (En l'espèce, l'agent avait qualifié de vol cette fraude — il avait raison en saine morale, et tort au point de vue juridique).

Au contraire la Cour de Cassation a décidé que les faits ou fautes imputés à un agent du gouvernement, dans l'exercice de ses fonctions, ne doivent pas être considérés comme étrangers à ces mêmes fonctions par cela seul que l'agent *se serait écarté des règles de la prudence* qui lui sont prescrites ou de tout autre de ses devoirs professionnels, (civ. cass. 16 juin 1858) et que par « délit commis dans l'exercice des fonctions » on ne peut entendre un fait même des fonctions: nulle fonction n'autorisant à commettre un délit; qu'on doit entendre seulement que le fait incriminé a été commis *à l'occasion* de l'exercice des fonctions.

En somme, comme *criterium*, le mobile du fait délictueux est-il purement *personnel* et se rapporte-t-il aux intérêts et sentiments de l'individu? il y a faute personnelle et délit commis en dehors des fonctions. Au contraire, est-ce par suite d'un *manque de mesure* dans l'exécution des ordres que l'agent s'est laissé entraîner à l'acte incriminé? il importe qu'il soit couvert par la garantie constitutionnelle.

Cette doctrine de la Cour de Cassation était à la fois juridique et humaine ; *juridique*, car les lois en repoussant la compétence de l'autorité judiciaire pour les délits commis *dans l'exercice des fonctions,* ne pouvaient viser que les délits commis *à l'occasion* de ces fonctions, puisque aucune fonction n'autorise un délit ; *humaine*, car elle tient compte de l'imperfection de notre nature, laquelle comporte un mélange de qualités et de défauts dont ne sont pas exempts les agents de l'État : les fonctions publiques sont confiées à des hommes, et non pas à des purs esprits. Ce qui importe, c'est moins de réprimer les légères infractions, difficiles à éviter dans des matières souvent mal définies, que d'éviter de voir les pouvoirs publics mis au service de passions particulières. (1)

Critérium de l'acte administratif. — On peut trouver un *critérium* pour la détermination de l'acte administratif, dans l'arrêt suivant :

Ne sont pas actes administratifs les actes relatifs à la gestion des domaines de l'État, *même accomplis en la forme administrative.* » (Trib. conflits, 30 mai 1850.)

En conséquence c'est *l'objet* et non *la forme* de l'acte qui fixe son caractère. On peut généraliser cette décision et l'appliquer à la distinction entre la faute personnelle et l'acte administratif. Cet arrêt prouve qu'il faut se livrer à un examen

---

(1) Les arrêts suivants ont proclamé le même principe :

« Le caractère d'acte administratif n'appartient pas à tous les actes faits par les fonctionnaires publics, mais seulement à ceux que la loi les autorise à faire. (Dijon, 15 décembre 1875).

» Les tribunaux civils ne sont compétents pour statuer sur les demandes en dommages intérêts formées contre les fonctionnaires publics que lorsqu'elles sont fondées sur *des faits personnels* à ceux-ci, et non sur des actes administratifs. » (Trib. conflits 29 nov. 1879 et 13 Décembre 1879).

« Mais l'autorité judiciaire *ne peut pas apprécier* même ce point de savoir si le fonctionnaire *a excédé* ses instructions en interprétant les ordres donnés par le supérieur à son subordonné. » (Conflits 15 nov. 1879.) S. 1881, 3, 47.

Comme conséquence, le Tribunal des conflits, par de nombreux arrêts, dont le premier date du 13 juillet 1873, avait décidé que le conflit ne pouvait jamais être élevé pour couvrir une faute personnelle.

C'était rompre heureusement avec la jurisprudence ancienne du Conseil d'État qui refusait l'autorisation préalable de l'art. 75, à des poursuites visant de véritables crimes de droit commun. (*V. infrà*).

de l'acte pour déterminer exactement sa nature, malgré ses apparences de légalité. (1)

Espèce du bulletin des communes. — Le 6 juillet 1877, le Bulletin des communes publiait le compte rendu d'une revue de l'armée de Paris, et signalait à cette occasion l'attitude des anciens députés républicains qui, d'après cette feuille, « ne pouvaient s'associer au succès d'une armée qu'ils avaient tenté de désorganiser. » Plusieurs députés intentèrent une action en responsabilité civile contre le Ministre de l'intérieur, d'une part, et, d'autre part, contre les éditeurs.

(1) Cette recherche sera parfois très-délicate, comme le prouve l'arrêt suivant :

« Un maire n'est pas responsable pour les termes employés dans un rapport adressé au Préfet, sur une matière rentrant dans ses attributions — telle que la révocation d'un agent de l'octroi.

» Cependant, si les motifs étaient calomnieux et mensongers, l'autorité judiciaire aurait le droit d'y voir un acte étranger aux fonctions, qui n'autorisent pas de délits ou quasi-délits — et de se déclarer compétente pour allouer des dommages-intérêts. » (Cour de Bourges, 10 février 1878.)

La distinction entre les *motifs* et le *dispositif* d'une décision administrative constitue, à notre avis, une erreur : nous discutons plus loin une espèce semblable.

Une autre espèce caractéristique se présentait dans l'arrêt cité plus haut de la Chambre des requêtes. (3 janvier 1876.)

Deux agents des télégraphes avaient quitté leur bureau sans faire parvenir à sa destination une dépêche : or, ils prétendaient en vain être couverts par la disposition de l'art. 6 de la loi du 29 nov. 1850, qui dispose que l'État n'est soumis à aucune responsabilité à raison du service de la correspondance privée par voie télégraphique.

Un jugement du tribunal de Nevers, qui a fixé le débat, a déclaré que cette disposition de la loi de 1850 faisait participer les agents à l'irresponsabilité de l'État, mais seulement dans la mesure des fautes commises *dans le service,* c'est-à-dire notamment dans le cas d'une erreur de transmission. Or, dans l'espèce, il n'y avait pas seulement irrégularité dans le service, mais *absence même* de service. (Nevers, 30 août 1875.)

(1) Nous citerons à titre de nouvel exemple ingénieux jusqu'à la subtilité, une décision portant qu'un employé chargé de répandre des boulettes empoisonnées dans un établissement militaire, commet un *excès de pouvoir* et une *faute personnelle* en *offrant* une boulette à un chien déterminé.

Le tribunal de Montbéliard s'étant déclaré incompétent quant au ministre, et compétent quant aux imprimeurs, le conflit fut élevé sur le second point.

Nous discutons plus loin la seconde partie de ce jugement.

Quant au premier point, le ministre, qui avait fourni l'article, corps du délit, prétendait être couvert par les décrets du 12 février 1852 et du 27 décembre 1871, qui, prescrivant la publication du Bulletin des communes, en avaient fait un acte administratif. Le tribunal avait admis cette défense, et avait visé dans les trois lois constitutionnelles de 1875 les textes qui excluent, pour les actes de cette nature, la compétence judiciaire.

Or, la question semble avoir été mal posée. D'après les principes déjà admis, lorsque le fonctionnaire a commis un acte placé *évidemment* en dehors de ses attributions, délit ou quasi-délit, le tribunal, se trouvant en présence d'un *abus de pouvoir* caractérisé, n'a pas à surseoir pour faire apprécier l'acte par l'autorité administrative ; à plus forte raison n'avait-il pas à se déclarer incompétent; sur ce dernier point, notamment, sa déclaration contenait un déni de justice, car si, après vérification, le tribunal administratif ne reconnaissait pas dans l'acte le caractère administratif et se déclarait également incompétent, il en résulterait un conflit négatif, qui serait certainement tranché contre le tribunal civil.

Mais nous allons plus loin, et nous soutenons que, sans aucune hésitation, l'article du Bulletin des communes devait être déclaré constituer un abus-de pouvoir, un délit étranger aux fonctions. En effet, le décret de 1852 décide que le Bulletin des communes n'a d'autre but que de remplacer le Bulletin des lois dont l'abonnement n'est plus désormais imposé qu'aux communes chefs-lieux de canton (modifiant l'art 30, 3° de la loi du 18 juillet 1837). Aux termes dudit décret et de celui du 27 décembre 1871, cette publication doit contenir

« les lois, décrets et instructions du gouvernement et les travaux de l'Assemblée nationale ».

Tout article publié en dehors de ces prescriptions n'est
plus qu'un acte individuel, un abus de pouvoir, sur lequel
les tribunaux peuvent statuer immédiatement.

C'est d'ailleurs en ce sens que M. Charrins, commissaire
du gouvernement, a conclu, en affirmant avec une grande
netteté, la distinction fondamentale entre l'excès et l'abus du
pouvoir.

Dans l'espèce, le fait d'insérer un article diffamatoire n'était
pas plus un acte d'administration, que ne l'eut été l'insertion
d'un article immoral contenant un outrage aux bonnes mœurs.
L'un comme l'autre étaient radicalement étrangers aux matières qui, seules, doivent figurer dans le Bulletin des communes. Hésiterait-on, par exemple, à reconnaître ce caractère
abusif à un article fantaisiste inséré dans le Bulletin des lois,
dont le Bulletin des communes n'est que le succédané ? Dans
le même ordre d'idées, et à titre d'exemple, ne déclarerait-on
pas abusif le fait, pour un ministre, d'établir une maison de
jeu dans son hôtel ? (art. 410. Code pénal).

Cependant le Tribunal des conflits, contrairement à l'opinion
du Commissaire du gouvernement, a déclaré que la distinction ne pouvait être faite, et que la partie non officielle,
(c'est-à-dire illégale) du Bulletin des communes présentait
encore le caractère administratif. (Trib. conflits, 29 Décembre 1877.) (1)

Ce n'est pas la seule décision dans laquelle nous aurons à
critiquer l'abus du conflit. (2)

(1) La Cour de Bourges jugea dans le même sens le 11 février 1878.

(2) Les deux espèces suivantes montrent l'application des principes à des
cas tout à fait spéciaux.

Faute personnelle. — « Les percepteurs ne sont pas les préposés, ni
les mandataires des trésoriers généraux ou des receveurs particuliers lorsque,
par la permission de ceux-ci ou de l'autorité supérieure, ils prêtent officieu-

Espèces relatives aux décrets du 29 mars 1882. — L'exécution des lois prohibant la constitution de congrégations religieuses non reconnues donna lieu à une campagne active dans laquelle de nombreux arrêts intervinrent.

On sait que les décrets parus le 29 mars 1880 rappelaient l'existence des lois des 13-19 février 1790 — 18 août 1792 — 18 germinal an X — et du décret du 3 Messidor an XII. Datant d'une époque où l'exécution des lois était prompte et énergique, ces différents textes avaient omis d'édicter une sanction pénale : le droit du gouvernement n'en subsistait pas moins, mais il était restreint à la dissolution ; l'autorité pouvait d'ailleurs employer ce moyen sans relâche, contre toutes les tentatives de réunion des congréganistes dispersés une première fois. (Quant à l'art. 291 du Code Pénal il ne paraît pas qu'il ait pu s'appliquer dans la matière.) Telle était la situation légale ; on la trouve établie dès 1879 dans un ouvrage profondément étudié, écrit sans passion et à un point de vue exclusivement juridique. (De la situation légale des congrégations religieuses non reconnues, par M. Alfred Dain. Thèse de doctorat, prix de la faculté de Paris.)

Les congréganistes conçurent la pensée d'utiliser la bien-

sement leur concours pour l'achat ou la vente d'inscription de rentes sur l'État : ce n'est pas une commission mais une faculté.

« En conséquence, c'est là un acte qui engage la responsabilité personnelle; ce n'est pas là un fait directement relatif aux fonctions, pouvant engager la responsabilité de l'État. (Cass. 9 août 1982.)

Et, par conséquent, à un autre point de vue, pouvant être couvert par l'élévation du conflit et dérobé à l'appréciation des tribunaux judiciaires.

« Le maire accomplit un *acte administratif* lorsqu'il refuse de délivrer un permis d'inhumation et de remettre la clef du cimetière. (Paris 18 juillet 1879.)

« Ou lorsqu'il ordonne de cesser des travaux relatifs à une concession faite par arrêté municipal, alors même que le demandeur excipe d'un prétendu droit de propriété résultant de la concession. (Bordeaux, 25 avril 1979.)

« Au contraire, il y a *faute personnelle* se mêlant à l'acte administratif, entraînant, dans la mesure de cette faute, la compétence civile, lorsqu'un maire a fait fermer les portes d'un cimetière pour s'opposer à l'entrée d'un enterrement civil, et l'a forcé à passer par une brèche : il y a là des mesures *qui ne sont pas commandées par l'ordre public.* » (Req. 4 août 1880.

veillance du corps judiciaire, pour faire échec à l'exécution des lois précitées. Des actions furent intentées tant au civil qu'au correctionnel et au criminel contre les agents qui avaient coopéré à la dispersion des associations illégales.

Certains tribunaux n'hésitèrent pas et reconnurent la compétence de l'autorité judiciaire. (Ord. Président de Lille. 1er juillet 1880. Trib. Nantes, 18 juillet 1880, et autres).

Au contraire il fut déclaré que les faits d'exécution constituent des actes administratifs, dont ne peuvent connaître les tribunaux ordinaires. (Tribunal des conflits, 13 nov., 20 nov. 1880). car les lois visées par les décrets confèrent le droit de dissoudre et de disperser administrativement, et, en dehors de toute poursuite judiciaire, les congrégations religieuses non autorisées. (Trib. Toulouse, 2 avril 1880).

La première opinion contestait la légalité de la dispersion, et, par conséquent, assimilait les actes d'exécution à des délits de droit commun : violation de domicile, violences illégitimes, bris de clôtures, séquestration arbitraire, vol avec effraction, etc.; et partant de ce principe que l'illégalité était évidente, n'admettait pas qu'il y eût une question préjudicielle à cet égard, et que la connaissance en fût réservée aux tribunaux administratifs.

Pour construire ce raisonnement, il fallait dénier l'existence des textes cités plus haut ; mais les tribunaux n'hésitaient pas à soutenir la théorie de l'abrogation tacite des lois et d'une sorte de prescription acquise contre elles, par la tolérance partielle des gouvernements précédents. D'ailleurs, ajoutaient-ils, s'il y a délit, il faut le poursuivre en vertu de l'art. 292 du Code Pénal.

La réponse était facile : les lois ne s'abrogent pas par le fait de leur violation répétée ; or, le pouvoir exécutif est tenu par l'art. 3 de la loi du 28 février 1875 d'appliquer les lois, il a le droit *d'empêcher leur violation*, avant de la faire punir: la force publique est chargée de ce rôle ; partout où la coercition est efficace, *il est inutile de recourir à la répression ;*

c'est précisément pour cela que les législateurs de 1790, 1792, de l'an X et de l'an XII, avaient négligé de prononcer un châtiment, et cette absence même de pénalité prouve que la sanction résultait dans la mise en mouvement de la force publique ; loin de lui dénier ce droit, elle le confirme.

Quant à l'art. 292, dont on aurait pu invoquer l'extension résultant de la loi du 10 avril 1834, il confère au gouvernement un double droit : 1° *dissoudre*, 2° poursuivre les chefs et administrateurs des Sociétés. L'exercice du second n'est nulle-ment indispensable à l'usage du premier ; bien plus, il est *spécial* aux chefs et administrateurs, tant que le droit *général* du pouvoir consiste uniquement dans la dissolution.

Des décisions d'espèce vinrent d'ailleurs assurer le respect de la loi. Il fut jugé que l'arrêté par lequel un préfet ordonne la fermeture d'une chapelle non autorisée constitue un acte administratif accompli dans la sphère légale de ses attributions et ne peut être, sans excès de pouvoir, ni contesté, ni contrôlé par l'autorité judiciaire ».

(Trib. Toulouse, 2 août 1880 ; Trib. Seine, 9 juillet 1880 ; Nancy, 31 juillet 1880, Crim. c. 9 déc. 1880, Trib. des confl. 5 et 13 nov. 1880).

Il en est de même en ce qui concerne les agents inférieurs, notamment le commissaire de police.

« En conséquence l'autorité judiciaire est incompétente pour connaître de l'action dirigée contre le préfet et le commissaire de police, afin d'obtenir la révocation des mesures prises en exécution de l'arrêté préfectoral ». (Chambre des requêtes 26 janv. 1881).

D'autres arrêts constatent qu'il n'y *a pas eu* faute *personnelle* de la part du préfet et que l'autorité judiciaire est incompétente. (sic. Trib. conflits 20, 27 nov. et 4 déc 1880).

Il n'appartient donc pas aux tribunaux judiciaires d'annuler les effets des actes administratifs .... par exemple en statuant sur une demande d'indemnité fondée, soit sur des dégâts causés à la propriété, soit sur un attentat à la liberté individuelle, alors que le demandeur n'allègue aucun fait *étranger* à l'exécution des décrets, de nature à engager sa responsabilité dans les termes du droit commun. (Trib. confl. 27 nov. 1880).

« Enfin, le juge d'instruction saisi par le ministère public *d'une plainte en bris de scellés* apposés sur une chapelle en exécution d'un arrêté préfectoral, ne peut motiver son refus d'informer sur la raison qu'il n'y aurait ni crime, ni délit, *ledit arrêté ayant été illégalement pris* : cette appréciation constitue un excès de pouvoir (Cass. crim. 9 décembre 1880).

Théorie des actes complexes.

Les diverses doctrines que nous avons étudiées jusqu'à présent supposent parfaitement déterminé le caractère de l'acte. Il est ou exclusivement administratif, ou abusif.

Il existe toutefois des actes *mixtes*, dans lesquels le fonctionnaire, tout en faisant acte administratif, attente à la propriété, ou lèse des droits dont la connaissance est dévolue par les lois à la seule autorité judiciaire.

Dans ce cas, nous n'hésitons pas à déclarer qu'il se produit une usurpation de la part du pouvoir exécutif, et que la connaissance doit en être portée, au moins sous la forme de question préjudicielle, devant les tribunaux civils.

C'est seulement lorsque ceux-ci auront statué que les tribunaux administratifs seront compétents pour en connaître.

Doctrine. — Avant d'aborder l'examen des espèces qui confirmeront sur ce point notre théorie, il importe de la préciser formellement.

La matière de la séparation des pouvoirs est dominée tout entière par la méfiance réciproque des deux juridictions. Il faut d'ailleurs reconnaître qu'elle est malheureusement justifiée par des actes nombreux d'empiétement.

Le législateur, cédant à la nécessité de crises politiques, a-t-il apporté dans la solution de ces difficultés un calme et

une prévoyance suffisants ? Il a organisé un tribunal spécial
pour régler les conflits, mais c'est là un simple palliatif. Sans
doute, cette juridiction supérieure, par une jurisprudence
sage et modérée, aurait pu fournir les éléments d'une solution. Les événements ont prouvé qu'il ne fallait pas compter
sur l'impartialité des hommes, fussent-ils réunis en tribunal.
Sans répéter ici le cri désespéré de Juvénal : *Sed quis cus-
todiet ipsos custodes ?* — ne peut-on imputer au législateur
un défaut de prévoyance? pourquoi organiser une juridiction,
sans lui tracer sa voie par quelques règles de procédure et
quelques axiomes de droit qui, revêtus de la sanction de la
loi, eussent mis fin aux longues incertitudes de la doctrine?

Ces règles de droit, c'est notamment en matière d'actes
complexes, qu'il eut été désirable de les voir poser par le
législateur.

A notre avis, lorsqu'un acte participe à la fois du caractère
administratif et de la forme civile, il faut chercher dans une
matière analogue des motifs de décision.

N'existe-t-il pas, en matière des conflits entre la juridiction
civile et la juridiction criminelle, une procédure précise,
claire, inattaquable au point de vue juridique, dans la théorie des *questions préjudicielles ?* Pourquoi ne pas l'avoir trans-
portée dans le domaine des conflits d'attribution ?

Nous l'avons vue, il est vrai, invoquée par le Tribunal des
conflits pour retirer aux tribunaux judiciaires la connaissance des actes administratifs; (V. art. 3 de l'ord. du 1er juin
1828.) mais de nombreux exemples prouvent que le même
principe est méconnu lorsque c'est devant le tribunal administratif que se soulève une question civile.

Nous avons déjà cité un texte qui nous paraît condamner
formellement de pareils agissements: l'art. 131 du Code Pénal
reproduit la pénalité édictée par l'art. 128, qui frappe les
juges *civils* au cas où ils ont passé outre à un arrêté de conflit. Le châtiment est donc le même lorsque l'usurpation
émane des administrateurs « qui entreprendront sur les fonc-

tions judiciaires en s'ingérant de connaître *de droits et intérêts privés* du ressort des tribunaux. » Sans examiner ici la
portée de ce texte au point de vue répressif, (*vide suprà*) il
résulte bien du rapprochement des art. 131 et 128 que, pour
les auteurs du Code, l'empiétement était exactement aussi
dangereux et condamnable lorsqu'il était commis par l'autorité administrative, que lorsque le corps judiciaire en était
l'auteur. La conséquence de cette constatation doit être, au civil, l'adoption de la procédure préjudicielle contre les empiétements administratifs, comme elle existe déjà pour dérober
aux tribunaux civils la connaissance des actes administratifs.

En conséquence, lorsqu'un tribunal administratif se trouve
en présence d'une question relative à l'état des personnes ou
à la propriété des biens, réservés formellement à la juridiction civile par l'art. 326 du C. civil et les lois diverses sur la
compétence, il doit, sans même attendre *la réclamation des
parties*, surseoir à statuer jusqu'à ce que la question préjudicielle d'état ou de propriété ait été tranchée par le tribunal compétent. (art. 424. Proc. civ.) Si l'art. 131 du Code
Pénal ne punit leur usurpation qu'au cas où elle aurait été
accomplie malgré l'exception d'incompétence proposée par
l'une des parties il n'en est pas moins vrai que l'incompétence
de la juridiction administrative est d'ordre public et doit être
suppléée d'office par le tribunal, en tout état de cause. (art.
182 code forestier. 168, 170, 424. Proc. civile.)

Il peut sembler étrange que de semblables vérités aient
besoin d'être affirmées : l'étude des espèces suivantes prou-
vera combien ces notions sont encore ignorées ou méconn-
nues.

Espèces remarquables. — Un premier arrêt (Trib. conflits, 30 nov. 1850) s'était conformé strictement aux principes,
en reconnaissant que « ne sont pas actes administratifs les
actes relatifs à la gestion des domaines de l'État, même
accomplis en la forme administrative. »

Il résulte de cette décision que c'est l'*objet* et *non la forme* qui détermine le caractère de l'acte. Telle est en effet la véritable doctrine à laquelle nous nous référerons pour apprécier les autres espèces.

L'arrêt suivant a fait du même principe une application d'autant plus intéressante que l'acte d'empiétement se présentait sous une forme nettement et exclusivement administrative, laquelle était de nature à inspirer quelque incertitude, si l'on s'en fut tenu à un examen superficiel.

« Lorsque un Maire, au cours d'une instance engagée avec des tiers, fait procéder à un acte qui suppose tranché le litige pendant, il ne commet pas un acte administratif — bien qu'il agisse en exécution d'une délibération du Conseil municipal approuvée par le Préfet. (Confl. 3 mai 1879).

En effet, l'approbation du Préfet n'est qu'un acte de tutelle et ne confère pas à la délibération du Conseil municipal le caractère administratif, si d'ailleurs cette délibération est intervenue au nom de la commune, en *qualité de partie contractante*, engagée dans un procès ; l'arrêté du Maire ne peut donc pas être *un acte de commandement*: c'est le fait pour un plaideur de préjuger de la décision du juge du litige, qui a seul qualité pour apprécier, en ce cas, l'acte du Maire.

La jurisprudence commença à dévier avec les espèces suivantes, dont la solution eut été facile, si l'on eut adopté le système de questions préjudicielles que nous avons préconisé.

Espèces. — Droits réels immobiliers. — Dans deux espèces soumises au Tribunal des conflits et jugées le même jour, les deux commissaires du gouvernement avaient émis des avis contraires.

La difficulté résidait en ce fait que les Frères d'Alais (Hérault) et de Brignolles (Var) remplacés comme instituteurs publics par arrêté préfectoral, occupaient des immeubles qui avaient été donnés aux dites villes, à la condition qu'elles y entretiendraient des Frères des écoles chrétiennes, en qualité d'instituteurs.

12

Les tribunaux civils, jugeant en référé, avaient ordonné la réintégration de ceux-ci dans les immeubles, en fondant leur compétence sur ce qu'il y avait là l'interprétation d'un *contrat civil* de donation.

Le Tribunal des conflits valida les arrêtés de conflits élevés par les deux préfets, pour ce motif, qu'en accordant l'action en réintégrande aux demandeurs, les Tribunaux mettaient obstacle à l'exécution d'actes administratifs : en effet le Préfet a le droit de nommer et de révoquer les instituteurs. (L. 14 juin 1854, art. 8 et D. 9 mars 1852, art. 4.) et les instituteurs doivent être mis en possession par le Préfet du logement que leur doit la commune. (L. 15 mars 1850, art. 37, et D. 7 octobre 1850, art 8.)

Dans l'esprit du tribunal, l'interprétation de la donation *était bien réservée à l'autorité judiciaire, mais l'intervention judiciaire devait se borner à la révocation de la donation pour inexécution des conditions.* (art. 1184.) C'est seulement lorsque la commune aurait été déclarée avoir perdu la propriété de ses locaux, que l'instituteur communal aurait dû quitter la place. Quant à la réintégration provisoire des Frères, elle eût été régulière, en vertu de la maxime *spoliatus ante omnia restituendus.* si l'expulsion n'était pas le fait d'un Administrateur, et si pour la faire cesser, on ne se heurtait pas au principe de la séparation des pouvoirs, qui interdit absolument à l'autorité judiciaire de faire obstacle à l'exécution d'actes administratifs. (Trib. conflits, 14 janv. 1880, deux arrêts).

On voit facilement en quoi consiste l'erreur du Tribunal des conflits : il reconnaît bien la compétence générale des tribunaux civils, mais il admet que leur droit se bornait à la révocation de la donation : il oublie que, aux termes de l'art. 1184, le co-contractant a le droit, soit d'invoquer la condition résolutoire, en demandant l'allocation de dommages-intérêts, soit de contraindre à l'exécution de l'obligation. Or, il ne serait pas impossible de soutenir que l'exécution de l'obligation

pouvait être imposée aux dites communes. (art. 1121). Ce
point est d'ailleurs en dehors de notre thèse.

Mais le vice de la théorie consistait à affirmer que le principe de la séparation des pouvoirs mettait obstacle à l'exercice
de la réintégrande (interdit *unde vi*). Cette prétention n'est
basée sur aucun texte ; au contraire, le principe de la séparation des pouvoirs est bilatéral, il interdit absolument à un
administrateur de trancher des questions de propriété, (art.
131 du C. Pénal) et, *à fortiori*, de procéder violemment à la
confiscation d'un immeuble, avant que le fond du droit ait
été examiné par les tribunaux civils.

D'autres espèces ont confirmé la jurisprudence erronée du
tribunal des conflits. Nous citerons notamment l'arrêt de
février 1883 par lequel, dans une espèce analogue (congréganistes contre la Ville de Montauban) le tribunal des conflits
a confirmé le conflit, pour ce motif, que l'arrêté du Préfet,
en nommant un instituteur, avait pu trancher, au moins
quant à la possession, la question de propriété, *l'habitation
n'étant que l'accessoire de la fonction d'instituteur*.

C'était méconnaître toute la théorie des actions posses-
soires, en abrogeant à la fois l'art. 23 du Code de Procédure,
et l'art. 6 de la loi du 11 avril 1838.

Nous ne serions pas en peine de rétorquer par des arguments décisifs cette singulière jurisprudence qui proclame
hautement l'omnipotence des administrateurs en matière de
questions de propriété, et ne va rien moins qu'à rétablir
formellement la confiscation, à titre conservatoire : nous
préférons en emprunter la formule précise et juridique à une
ordonnance de référé rendue dans l'affaire dite « des sœurs
de la rue de la Lune ». Le Préfet de la Seine avait cru pouvoir
expulser des Filles de la Charité d'un immeuble sur lequel
leur congrégation prétendait un droit réel. Nous n'avons pas
à juger le fond même du droit, mais les règles de compétence
nous semblent avoir été clairement déduites dans l'ordonnance
suivante :

« Attendu que des termes mêmes de l'exploit introductif d'instance il résulte clairement que les demanderesses revendiquent sur l'immeuble de la rue de la Lune un *véritable droit réel* ;

» Attendu que *les tribunaux civils sont seuls compétents pour connaître de tout litige relatif à des droits de cette nature* ; qu'ils le sont également pour interpréter le titre qui sert de fondement à cette revendication ;

» Attendu que le préfet n'occupe lui-même les lieux qu'en vertu d'un bail dont la valeur et les conséquences juridiques, à l'encontre des deux demanderesses, ne peuvent être appréciées que par cette même juridiction ;

» Attendu qu'à l'appui de son déclinatoire ledit préfet allègue que la demande telle qu'elle est introduite provoquerait l'examen d'actes administratifs, aurait pour but de faire échec à leur exécution et échapperait, par suite, à la connaissance des tribunaux de droit commun ;

» Mais attendu que la loi, en imposant aux communes l'obligation de fournir les locaux scolaires, *ne les a point autorisées à sortir des règles du droit commun* pour assurer ce service ;

» Que l'affectation de la maison de la rue de la Lune à l'usage d'école communale ne suffit point pour faire obstacle à l'action en revendication dont cet immeuble est l'objet, alors surtout que la ville en est simplement locataire ;

» Attendu que la prise de possession en date du 27 septembre dernier ne saurait être considérée que comme un acte d'exécution qui n'a pas pu attribuer à la ville plus de droits qu'elle n'en avait auparavant *ni modifier la compétence en ce qui concerne l'action en revendication* ;

» Qu'au surplus cet acte subsiste et n'est point attaqué, mais que l'occupation qui en est résultée, simple fait *n'ayant pas le caractère administratif*, tombe sous la juridiction des tribunaux civils qui peuvent la faire maintenir ou la faire cesser ;

» Attendu que cette juridiction, compétente pour apprécier
le fond même du droit et pour ordonner, s'il y a lieu, des
mesures d'exécution définitive, l'est au même titre et par
application des mêmes principes pour statuer dans les termes de 806 du Code de Procédure sur les difficultés relatives
à l'exécution du titre authentique produit par les demande-
ressesetsur les mesures d'urgence qui paraîtraient justifiées ;

» Que si les lois des 16 et 24 août 1790 et 16 fructidor an III
ne s'opposent point dans l'espèce à ce que les tribunaux
civils connaissent de l'action en revendication, il n'apparaît
d'aucune de leurs dispositions *que provision soit due aux
actes administratifs invoqués à l'encontre de la revendication* jusqu'à ce que les tribunaux aient statué au fond, ni
que lesdites lois ferment au revendiquant la voie des ré-
férés.

» Par ces motifs,

» Nous déclarons compétent. »

Il est regrettable que le Tribunal des conflits, persistant
dans sa jurisprudence, n'ait pas reconnu le bien-fondé des
raisons essentiellement juridiques invoquées dans cette ordonnance.

Nous avons donné ci-dessus la formule qui nous semble
être la véritable en matière d'actes mixtes ou complexes ;
tant que la procédure des questions préjudicielles ne sera
pas entrée dans la pratique, la jurisprudence manquera de
base et vaguera incertaine, sans pouvoir grouper ses décisions
d'espèces autour d'une doctrine scientifique.

CHAPITRE SIXIÈME

Distinction entre l'excès de pouvoir et l'abus de pouvoir.

L'autorité administrative compétente, c'est-à-dire le Conseil d'État, saisie de la question préjudicielle, peut déclarer que l'acte est administratif, ou bien qu'il est entaché d'illégalité.

Dans le second cas, il importe de distinguer s'il a prononcé l'annulation pour *excès de pouvoir* ou pour *abus de pouvoir ;* cette distinction, essentielle quant aux conséquences, a été récemment établie par la jurisprudence; nous avons rencontré, en effet, dans quelques anciens arrêts que nous avons cités, ces deux expressions employées indifféremment.

Leur portée est aujourd'hui complétement dissemblable.

L'excès de pouvoir consiste dans l'usage irrégulièrement étendu, d'un pouvoir légitime : il suppose la bonne foi de l'agent, et pour unique mobile, le zèle du bien public. Dans ces limites, « l'illégalité et *l'excès de pouvoir* dont un acte préfectoral peut-être entaché, ne lui enlèvent pas le caractère d'un acte d'administration et ne le font pas dégénérer en faute personnelle. » (Trib. conflits, 23 nov, 1878.)

Tout autre est *l'abus de pouvoir ;* c'est l'acte empreint d'une passion personnelle à l'agent, commis sous le couvert de son pouvoir administratif, abusivement exercé.

C'est seulement cet *abus de pouvoir* qui constitue le quasi-délit ou le délit, et donne lieu à une action devant les tribunaux judiciaires.

Cette distinction qui peut, au premier abord, sembler dangereuse dans sa subtilité, a été clairement justifiée dans un arrêt remarquable.

L'annulation pour excès de pouvoir n'entraîne pas la responsabilité personnelle du fonctionnaire. — Le préfet de Maine-et-Loire avait fermé la fabrique d'allumettes de M. Laumonnier-Carriol, en vertu d'ordres ministériels : déféré au Conseil d'État, son arrêté fut annulé pour *excès de pouvoir*. M. Laumonnier-Carriol l'ayant poursuivi en réparations civiles, le préfet éleva un conflit qui *fut confirmé* par le Tribunal des conflits, le 5 mai 1877, sur les conclusions de M. Laferrière, commissaire du gouvernement.

« On distingue l'*excès de pouvoir* de l'*abus de pouvoir* : le second seulement constitue une faute personnelle à l'agent. Au contraire, dans l'espèce, il n'y avait eu qu'*excès de pouvoir*, c'est-à-dire que le préfet s'était trompé sur l'étendue de ses droits : mais l'acte conservait un caractère essentiellement administratif : on y voyait agir le *fonctionnaire*, et non pas l'homme avec ses faiblesses ou ses erreurs : aucun intérêt privé n'était en jeu de sa part.

» Quand même cette mesure aurait été inopportune et cette obéissance irréfléchie, il n'en résulterait nullement qu'il y eut faute de droit commun, et que la personnalité de l'agent l'eût emporté sur le rôle administratif du fonctionnaire. » (Conclusions de M. Laferrière, commissaire du gouvernement.)

Mais en concluant à l'irresponsabilité du fonctionnaire, M. Laferrière admettait *la responsabilité éventuelle de l'État*, pour les actes de son agent (art. 1384, C. C.).

C'est là la véritable doctrine en ce qui concerne le caractère des actes administratifs : aussi le Tribunal des conflits a-t-il adopté dans les motifs qu'on va lire la théorie du commissaire du gouvernement.

« Attendu que les deux arrêtés incriminés sont des actes

administratifs — que *l'annulation par le Conseil d'État ne leur a pas fait perdre ce caractère,* — que la décision du Conseil d'État, déclare, au contraire, que ces arrêtés préfectoraux ont été pris en exécution d'instructions ministérielles, — que le demandeur n'allègue aucune faute personnelle qui puisse engager le personnalité des fonctionnaires assignés. — que l'action intentée est *en réalité dirigée contre l'État,* dans la personne de ses agents, afin d'obtenir la réparation du préjudice causé par des mesures prises par les deux ministres *exerçant la puissance publique* et par le préfet en vertu de leurs instructions..... »

Les résultats de cette doctrine avaient été ainsi exposés par M. Leferrière : « Cette solution, en apparence restrictive, est, au fond, la plus libérale. Le Conseil d'État hésiterait à prononcer des annulations, si elles devaient avoir pour conséquence la responsabilité personnelle et pécuniaire du fonctionnaire : sa jurisprudence qui a progressé par équité pour les citoyens, reculerait par équité pour les fonctionnaires. »

Nous acceptons complétement cette théorie; elle n'a rien de dangereux pour les particuliers, à qui elle conserve intactes toutes leurs actions; en effet, la qualification d'*excès de pouvoir* n'interviendra jamais qu'en cas de quasi-délit (on conçoit qu'en cas de *délit,* il y aura nécessairement *acte étranger* aux fonctions et par conséquent *abus de pouvoir*). Or, restreinte au quasi délit, la doctrine nouvelle ne lèse en rien le droit du particulier à une réparation pécuniaire, puisqu'elle substitue la responsabilité de l'art. 1384 à celle de l'art. 1382, et donne à la victime, pour débiteur, l'*État* au lieu du fonctionnaire. C'est au contraire une *garantie de solvabilité* précieuse au cas où les dommages-intérêts s'élèveraient à une somme considérable, et où l'on pourrait craindre que le fonctionnaire ne fut dans l'impossibilité de se libérer.

Enfin il se peut que l'acte, bien que régulier en la forme et valablement pris par un fonctionnaire dans la limite de ses attributions, constitue cependant un abus spécial, c'est ce qui résulte de l'espèce suivante.

Acte administratif régulier en cette qualité et constituant un abus spécial. — « L'arrêté pris par un maire dans l'exercice des pouvoirs qu'il tient des lois du 14-22 décembre 1789 et 16-24 août 1790, à l'effet *de régler les conditions* dans lesquelles une procession pourra avoir lieu, peut être l'objet d'un *recours pour abus*, par application de l'art. 7, de la loi du 11 germinal an X, lorsqu'il est allégué que cet acte a porté atteinte au libre exercice du culte.

Mais il n'est pas susceptible d'être déféré au conseil d'État par *excès de pouvoir* par application des lois des 7-11 octobre 1790 et 24 mai 1872. (C. d'état, 22 décembre 1876.)

Comme conclusion, il faut reconnaître que nulle condamnation ni réparation pécuniaire ne peut être prononcée ; le maire étant l'objet d'une déclaration d'abus, sera abrité, quant aux conséquences, par la *séparation des pouvoirs* ; il en résultera cette constatation platonique qu'un maire peut, *dans la limite de ses attributions*, porter atteinte au libre exercice du culte, ou si l'on veut, que son droit de police réglementaire peut devenir abusif à l'égard du culte, sans cesser d'être légal.

CHAPITRE SEPTIÈME

Irresponsabilité des Agents de l'État résultant de l'art. 64 du Code Pénal.

Nous avons exposé au début de cette étude que la stricte exécution de la loi ne pouvait entraîner pour les agents du pouvoir aucun responsabilité. Ce principe a reçu la consécration législative ; l'art. 64 du Code Pénal porte : « Il n'y a ni crime, ni délit lorsque le prévenu était en état de démence au temps de l'action ou lorsqu'il a été *contraint par une force à laquelle il n'a pu résister.* »

On a très-rationnellement tiré de ce texte la théorie de l'obéissance passive à la loi, cette souveraine « maîtresse et empérière du monde, » (1) νομος παντων βασιλευς. (2)

Nous reconnaissons toutefois que la pensée du législateur n'a pas été suffisamment claire ; en plaçant la démence au premier rang parmi les causes d'irresponsabilité, il semble écarter comme singulièrement irrévérencieuse l'interprétation que l'on donne ainsi du second paragraphe de l'article, et prohiber tout rapprochement entre l'imbécillité et l'obéissance à la loi. Ce sont, en effet, deux causes d'irresponsabi-

1. Montaigne.

2. Pindare.

lité de nature absolument différente, et qu'on eût pu ne pas
associer dans un même texte : on est excusable, dans un cas,
parce qu'on a ignoré son devoir, dans l'autre, parce qu'on
l'a connu et accompli.

Cependant, il importait de trouver une disposition de la
législation positive sur lequel on put appuyer cette maxime
nécessaire ; « celui qui a exécuté la loi est à l'abri de toute
incrimination. » L'art. 64 a paru être ce texte général.

Un autre article avait, avec plus de précision, affirmé la
même vérité. « Il n'y a ni crime ni délit, dit-il, lorsque l'homicide, les blessures et les coups étaient ordonnés par la loi
et commandés par l'autorité légitime. » (Art. 327 C. Pénal)
mais cette formule plus claire présentait le défaut de ne viser
que certains actes contre les personnes, et de ne pas être
conçu en termes absolument généraux.

Toutefois, s'il est rationnel d'admettre que ce texte couvre
absolument tous les actes commandés directement par la loi
« force à laquelle on ne peut résister, » la difficulté naît lorsqu'il
s'agit d'actes *accessoires* qui ne sont pas formellement prescrits par les textes, et notamment de ceux qui précisément ont
paru nécessaires pour assurer l'exécution de la loi et vaincre
une résistance élevée contre elle. On comprend qu'il y a là une
question fort délicate d'appréciation : l'art. 327 met à l'abri
de toute poursuite le bourreau qui commet un homicide
« ordonné par la loi » ; couvre-t-il également le gendarme qui,
pour déjouer une tentative d'évasion, fait feu sur le même
condamné ? et si et homicide a lieu avant que la condamnation a été prononcée, sur un homme *présumé* innocent ? et si
le fugitif, au lieu d'être accusé d'un crime, est prévenu d'un
simple délit ? — admettra-t-on que le fait d'évasion ait, dans
tous les cas, motivé le meurtre ? — nous n'hésitons pas à l'affirmer nettement ; il faut que force reste à la loi, c'est là une
nécessité sociale, et la résistance à une simple ordonnance de
police ou à l'exécution d'un jugement civil doit être brisée,
comme le serait la rébellion la plus grave à la sûreté de

l'État. Il n'y a pas de degré dans l'obéissance à la loi.

Obéissance hiérarchique. — Jusqu'à présent nous avons supposé que l'acte est reconnu, soit directement, soit indirectement nécessaire à l'exécution de la loi.

Mais si cette nécessité est contestée, s'il est démontré que l'acte était inutile, et par cela même abusif, les agents encourront-ils un châtiment ? quelle sera l'étendue de la protection que leur assure l'art. 64?

Dans ce cas, on a dû considérer que les ordres des supérieurs hiérarchiques, agissant dans la sphère de leurs attributions, constituaient une *présomption de légalité*, suffisante pour couvrir contre toute poursuite les agents inférieurs.

C'est ce que décident dans deux des hypothèses les plus pratiques, en cas d'attentat à la liberté individuelle et d'abus d'autorité contre la chose publique — les art. 114 et 190 du Code Pénal ; ils déclarent que l'agent sera irresponsable, s'il justifie avoir agi par l'ordre de ses supérieurs pour *des objets du ressort de ceux-ci, sur lesquels il leur était dû obéissance hiérarchique.*

On peut généraliser ces deux textes et, en tirant la règle commune, décider que l'ordre du supérieur couvrira l'inférieur aux deux conditions suivantes : 1° *la matière est du ressort des supérieurs ;* 2° *la matière est une de celles sur lesquelles il est dû obéissance hiérarchique.*

Mais nous croyons qu'il est un autre élément dont il faut tenir compte pour l'appréciation de la contrainte résultant de l'obéissance hiérarchique. Ce qu'on doit envisager, c'est moins la nature de l'acte commis, que la nature du contrat qui lie l'inférieur au supérieur.

En effet, les fonctionnaires civils n'ont nullement aliéné leur liberté en acceptant un emploi ; ils ont conclu un simple contrat de louage d'ouvrage qu'ils peuvent rompre, dès qu'on leur commande un acte qui, étant délictueux, n'a pu faire l'objet de ce contrat. Tout au plus pourrait-on arguer contre eux de l'art. 126 du Code Pénal, qui punit l'abstention lorsqu'elle revêt la forme de démissions concertées pour suspendre l'accomplissement de leur service : mais il leur est facile d'éviter cette peine en notifiant leur refus d'obéissance et en attendant à leur poste leur révocation, c'est-à-dire la rupture du contrat par l'État.

Quant à la menace de la révocation, elle ne saurait être considérée comme entraînant une contrainte morale suffisante.

En outre, on a le droit d'attendre des agents civils des connaissances spéciales assez développées et une faculté relative d'appréciation sur le caractère légal de l'acte prescrit.

Il en sera tout autrement à l'égard des agents appartenant à l'armée, ou assimilés, et soumis comme tels à la discipline militaire ; celle-ci leur fait un devoir rigoureux, sous les plus graves peines, de déférer aux injonctions de leurs chefs.

C'est ce que dit l'art. 218 du Code militaire de 1857, lequel considère comme coupable de désobéissance « tout militaire qui refuse d'obéir lorsqu'il est commandé pour... tout... service ordonné par son chef. »

A la vérité, malgré cette rédaction absolue, l'ordonnance du 2 novembre 1833 (art. 254), ne prescrit l'obéissance que pour tout ce qui concerne *le bien du service et l'exécution des règlements militaires.* Cette formule contient une restriction d'une haute importance théorique, mais il faut avouer qu'elle sera rarement saisie par le soldat, pour qui la discipline constitue valablement la contrainte prévue par l'art. 64.

En somme, le fonctionnaire, en dehors des cas prévus par les articles 114 et 190, sera responsable de son obéissance irréfléchie à des ordres illégaux. Le militaire, au contraire, sera considéré comme irresponsable par cela seul que, en cas de doute, son erreur sur la légalité d'un acte entraînerait pour lui des conséquences terribles dont la menace doit obscurcir et forcer sa volonté.

Nous avons intentionnellement négligé les distinctions établies par les anciens auteurs entre le crime *atroce* et le crime *léger*, le second étant seul justifiable par l'obéissance passive. Il nous a semblé plus juridique d'établir notre théorie, non sur les actes dont la nature est difficile à déterminer exactement, mais sur le contrat dont les clauses sont précises et indiscutées.

CHAPITRE HUITIÈME.

Législation du conflit.

A côté de l'exception péremptoire résultant de l'art. 64 du
Code Pénal, il existe une protection qui s'attache spécialement
aux *actes* administratifs, et qui, dans la doctrine, reçoit le
nom de garantie *réelle*. Elle se présente sous la forme de la
procédure de conflit.

. Fréquemment employée pendant la période révolution-
naire, cette procédure, bien que maintenue dans la loi, avait
été délaissée par les gouvernements qui s'étaient succédé
depuis le Directoire. En effet, il leur suffisait de recourir à
l'art. 75 de la Constitution de l'an VIII, pour couvrir leurs
agents par une décision du Conseil d'État, rendue à huis-clos
et non motivée ; au contraire, l'élévation du conflit présentait
un caractère plus gênant : l'examen s'attachait alors aux
actes mêmes du pouvoir, et provoquait des discussions
bruyantes. Ceci explique comment la jurisprudence n'avait
pas eu l'occasion de s'établir sur cette procédure avant que
le décret du 19 septembre 1870, en supprimant l'art. 75, eut
fait du conflit la seule égide du pouvoir contre les accusations
téméraires.

On sait que l'on appelle *conflit* la situation résultant de
décisions contradictoires rendues par deux tribunaux ; si ces
tribunaux sont de même ordre, il y a conflit de *juridiction* ;

s'ils sont d'ordre différent, il y a conflit *d'attribution*.

Le conflit est *positif* si les deux tribunaux ont affirmé leur compétence ; il est *négatif*, s'ils se sont tous deux déclarés incompétents.

En cas de conflit de juridiction, la question est tranchée par le tribunal supérieur de l'ordre auquel appartiennent les tribunaux ; les juridictions d'Appel, puis la Cour de Cassation pour ceux de l'ordre judiciaire, le Conseil d'État pour ceux de l'ordre administratif. (Art. 363. C. Procéd. civile).

Au contraire, s'il s'élève un conflit d'attributions, il importe de confier la solution du litige à une autorité à la fois *étrangère et supérieure* aux deux corps rivaux.

C'est en se plaçant à ce point de vue que, sous le régime monarchique de 1790, la décision fut confiée au Roi lui-même.

La loi des 7-14 octobre 1790, porte :

« Les réclamations d'incompétence à l'égard des corps administratifs ne sont, en aucun cas, du ressort des tribunaux ; elles sont portées *au Roi*, chef de l'administration générale ; et, dans le cas où on prétendrait que les ministres de Sa Majesté auraient fait rendre une décision contraire aux lois, les plaintes seront portées au Corps législatif. » (L. 7. 14 Décembre 1790).

La loi du 21 Fructidor an III transféra le droit au nouveau pouvoir exécutif (art. 27) « En cas de conflit d'attribution entre les autorités judiciaires et administratives, il sera sursis jusqu'à la décision *du Ministre*, confirmé par le *Directoire exécutif* qui en référera, s'il est besoin, au *Corps législatif*.

« Le Directoire exécutif est tenu, en ce cas, de prononcer dans le délai d'un mois. »

Le principe était parfaitement respecté par cette loi, qui constituait *juge* du Conflit le ministre, avec confirmation, soit par le Directoire constitué ainsi juge d'appel, soit, éventuellement, par le Corps législatif. En exécution de ce texte, nous trouvons, à la date du 23 Fructidor an VIII, un arrêté du Directoire, annulant un jugement du Tribunal civil de Sambre-et-Meuse, pris en conflit avec l'administration.

L'arrêté du 5 Nivôse an VIII, organisant le Conseil d'État, déroge gravement à là règle que nous avons posée. L'art 11. décide que *le Conseil d'État* prononce sur les conflits qui peuvent s'élever entre l'Administration et les tribunaux.

Qui ne voit que c'est constituer une des deux parties *juge en sa propre cause*, et consacrer définitivement la prépondérance de l'autorité administrative ? Tel fut évidemment le but du nouveau gouvernement.

La matière des conflits fut réglementée par l'arrêté du 13 brumaire, an X.

Nous en donnons le texte, qui contient des décisions intéressantes. (1)

Nous ferons sur cet arrêté deux observations : en premier lieu ce qui différencie essentiellement le conflit de l'autorisation préalable, de l'art. 75. (Voyez infrà) c'est son caractère de *rigoureuse légalité :* tandis que, dans ce dernier cas, le Conseil d'État, comme nous le verrons, accordait ou refusait l'autorisation de poursuite, sans motiver sa décision, le Préfet au contraire ne peut revendiquer une affaire pour les tribunaux administratifs que *si la loi la lui attribue* expressément.

(1) ARTICLE PREMIER. — Aussitôt que les Commissaires du gouvernement seront informés qu'une question *attribuée par la loi à l'autorité administrative* a été portée devant le tribunal où ils exercent leurs fonctions, ils seront tenus d'en requérir le renvoi devant l'autorité compétente, et de faire insérer leurs réquisitions dans le jugement qui interviendra.

ART. 2. — Si le tribunal refuse le renvoi, ils en instruiront sur-le-champ le Préfet du département auquel ils enverront, en même temps, copie desdites réquisitions, ainsi que des motifs sur lesquels elles sont fondées.

ART. 3. — Le Préfet, dans les vingt-quatre heures, élèvera le conflit et transmettra, sans aucun retard, copie de son arrêté au Commissaire du gouvernement, avec déclaration *qu'aux termes de l'art. 27 de la loi du 21 fructidor, an III,* il doit être sursis à toutes procédures judiciaires jusqu'à ce que le conseil d'État ait statué sur le conflit.

ART. 4. — Indépendamment des Commissaires du gouvernement près les tribunaux, les Préfets élèveront le conflit entre les deux autorités, toutes les fois qu'ils seront informés d'ailleurs qu'un tribunal est saisi d'une affaire qui, par sa nature, est de la compétence de l'administration, et, dans ce cas, le Commissaire du gouvernement sera tenu de faire la notification prescrite par l'art. précédent, quelle que puisse être son opinion sur la compétence.

D'autre part, il est assez singulier de voir l'art. 3 de cet arrêté, invoquer l'art. 27 de la loi du 21 fructidor an III, pour attribuer les conflits *au Conseil d'État,* alors que l'article auquel on se réfère l'attribuait aux ministres, au Directoire et, éventuellement, *au Corps législatif.* C'est là une erreur trop évidente pour n'être pas intentionnelle.

Le rôle de chaque juridiction fut précisé par un avis du Conseil d'État des 5-12 nov. 1811, intervenu dans les circonstances suivantes :

La Cour de Cassation, par arrêt du 24 oct. 1809, *avait sursis à statuer* sur une question d'incompétence, *alors qu'il n'y avait pas de conflit :*

Le conseil d'État déclara que, sauf le cas de conflit positif ou négatif résultant de décisions contraires *émanant de deux tribunaux d'ordre différent,* il appartient à la Cour de Cassation de statuer sur la question de compétence.

L'autorité judiciaire devait donc, si elle le jugeait convenable, *se déclarer incompétente,* mais elle ne pouvait pas surseoir d'office, et suppléer ainsi au conflit.

Un avis du Conseil d'État (22 janvier 1813) décida que les conflits seraient instruits par la section du contentieux avant d'être portés devant le Conseil d'État, (c'est-à-dire tranchés en Assemblée générale.)

Plus tard, une ordonnance du 12 décembre 1821 vint édicter quelques règles de procédure dont aucune ne touche au fond.

Nous arrivons au texte le plus considérable de notre matière, celui qui est actuellement en vigueur et qui soulève d'importantes questions de doctrine : c'est l'ordonnance du 1er juin 1828.

Ordonnance du 1er juin 1828. — Une question se pose, au début :

La matière des conflits pouvait-elle être réglée par ordonnance ?

M. de Barante (Chambre des pairs, séance du 31 mai 1828)

prétendit qu'en raison de la gravité du sujet, des conséquences que pourrait avoir pour l'intérêt public l'instabilité des règles posées par ordonnance, et par conséquent révisables au gré du gouvernement, il était convenable que cette matière fût réservée au législateur.

S'il est vrai que la question de convenance pouvait se poser, en revanche la légalité de l'ordonnance était au-dessus de toute contestation. En effet, aux termes de l'art. 14 de la Charte, article dont il fut fait plus tard un abus fameux, le roi avait qualité pour procéder par ordonnances « *pour l'exécution des lois.* » Or, l'ordonnance de 1828 a un caractère nettement réglementaire et n'empiète nullement sur les attributions législatives ; ses décisions ne touchent pas au fond du droit, et se bornent strictement à des dispositions de procédure.

Bien plus, dans cette lutte engagée entre les deux autorités judiciaire et administrative, cette dernière intervenait seule, il est vrai, mais pour renoncer *proprio motu* aux avantages que lui avait concédés la pratique antérieure, et pour se dépouiller généreusement en faveur de sa rivale.

La valeur de ce sacrifice eut disparu, si cette révision s'était opérée par voie législative ; la réforme imposée par les Chambres eut perdu le caractère de spontanéité qui la rendait méritoire de la part de l'administration ; déclarée par la loi déchue de ses prétentions, celle-ci eut semblé vaincue et fût sortie du débat, amoindrie, dépréciée, au profit de la magistrature ; or, l'administration n'est qu'un rouage inférieur, mais nécessaire, du gouvernement, et toute atteinte ressentie par elle porte directement sur le pouvoir exécutif : c'est lui que les Chambres eussent condamné, avili, au profit de la magistrature. Il était à la fois plus digne et plus habile de la part du gouvernement d'abdiquer des prérogatives qu'il jugeait excessives, et, bien loin de constituer un empiétement, cette ordonnance devenait ainsi une reconnaissance amiable du droit de l'autorité judiciaire.

Nous reproduisons ceux des articles de l'ordonnance du 1ᵉʳ juin 1828 qui contiennent des décisions de principe sur lesquelles nous aurons à revenir.

ARTICLE PREMIER. — A l'avenir le conflit d'attribution entre les tribunaux et l'autorité administrative *ne sera jamais élevé en matière criminelle.*

ART. 2. — Il ne pourra être élevé de conflit en matière de police correctionnelle que dans les deux cas suivants :

1ᵒ Lorsque la répression du délit est attribuée, *par une disposition législative,* à l'autorité administrative.

2ᵒ Lorsque le jugement à rendre par le Tribunal dépendra *d'une question préjudicielle* dont la connaissance appartiendra à l'autorité administrative en vertu d'une position législative.

Dans ce dernier cas, le conflit ne pourra être élevé que sur la question préjudicielle.

ART. 3. — Ne donneront pas lieu au conflit :

1ᵒ *Le défaut d'autorisation,* soit de la part du gouvernement lorsqu'il s'agit de poursuites dirigées contre ses agents, soit de la part du Conseil de préfecture lorsqu'il s'agira de contestations judiciaires dans lesquelles les communes ou les établissements judiciaires seront parties.

2ᵒ Le défaut d'accomplissement des formalités à remplir devant l'administration préalablement aux poursuites judiciaires.

ART. 4. — Alors le cas prévu ci-après par le dernier paragraphe de l'art. 8 de la présente ordonnance, il ne pourra jamais être élevé de conflits *après des jugements rendus en dernier ressort* ou acquiescés, ni après des *arrêts définitifs.*

Néanmoins, le conflit pourra être élevé en cause d'appel s'il ne l'a pas été en première instance, ou s'il l'a été irrégulièrement après les délais prescrits par l'art. 8 de la présente ordonnance.

Formes du conflit. — ART. 5. — A l'avenir le conflit d'attribution ne pourra être élevé que dans les formes et de manière déterminées par les articles suivants.

ART. 6. — Lorsqu'un Préfet estimera que la connaissance d'une question portée devant un tribunal de première instance est attribuée, *par une disposition législative,* à l'autorité administrative, il pourra, alors même que l'administration ne serait pas en cause, demander le renvoi de l'affaire devant l'autorité compétente. A cet effet, le Préfet adressera au Procureur du Roi un mémoire *dans lequel sera rapportée la disposition législative* qui attribue à l'Administration la connaissance du litige.

Le Procureur du Roi fera connaître, dans tous les cas, au Tribunal la demande formée par le Préfet et requerra le renvoi, si la revendication lui paraît fondée.

ART. 7. — Après que le Tribunal aura statué sur le déclinatoire, le Procureur du Roi adressera au Préfet, dans les cinq jours qui suivront le jugement, copie de ses conclusions ou réquisitions, et du jugement rendu sur la compétence.

La date de l'envoi sera consignée sur un registre à ce destiné.

Art. 8. — Si le déclinatoire est rejeté, dans la quinzaine de cet envoi pour tout délai, le préfet du département, s'il estime qu'il y ait lieu, pourra *élever le conflit*. Si le déclinatoire est admis, le Préfet pourra également élever le conflit dans la quinzaine qui suivra la signification de l'acte d'appel, si la partie interjette appel du jugement.

Le conflit pourra être élevé dans ledit délai, alors même que le tribunal aurait, avant l'expiration du délai, passé outre du jugement du fond.

Art. 9. — Dans tous les cas, l'arrêté par lequel le Préfet élèvera le conflit et revendiquera la cause devra viser le jugement intervenu et l'acte d'appel, s'il y a lieu ; *la disposition législative* qui attribue à l'Administration la connaissance du point litigieux y sera textuellement insérée (1).

Délais. — Nous avons vu que le Directoire, sous l'empire de la loi du 21 fructidor an III, devait prononcer sur le conflit, dans le délai d'un mois. L'ordonnance du 12 mai 1831 (art. 6-7) contiennent la disposition suivante :

« Il sera statué sur le conflit dans le délai de 2 mois, à dater de la réception des pièces au ministère de la justice.

» Si, *un mois après* l'expiration de ce délai le tribunal n'a pas reçu notification de l'ordonnance royale rendue sur le conflit, il pourra procéder au jugé de l'affaire. »

Ce texte doit être rapproché de l'art. 16 de l'ordonnance du 1er juin 1828 ainsi conçu :

« Si dans les délais fixés ci-dessus (40 j. ou, par mesure spéciale, 2 mois) il n'a pas été statué sur le conflit, l'arrêté qui l'a élevé sera considéré comme non avenu, et l'instance pourra être reprise devant les tribunaux. »

Ces deux articles ne sont pas contradictoires : en effet, dès qu'il sera certain que le Tribunal des conflits n'a pas statué dans les 2 mois, il est inutile d'attendre l'expiration du délai de notification, puisqu'il est alors évident que celle-ci ne sera pas faite.

La disposition de l'art. 7 prescrivant la notification n'a d'autre portée que l'établissement d'une présomption, en ce sens qu'après l'expiration du délai de 2 mois, et *avant l'expiration* du délai de notification, c'est-à-dire pendant le troisième mois, l'instance peut être reprise, mais à la condition de prouver que le Trib. des conflits n'a pas statué, tandis qu'après le troisième mois, la présomption contraire est établie par le texte, et dispense de cette preuve.

L'art. 15 du 26 octobre 1849 dispose que les délais précités sont suspendus pendant les mois de septembre et d'octobre.

Ces délais ont été portés à 3 mois par la loi du 4 février 1850. (art. 8.)

Le régime établi par l'arrêté du 5 nivôse an VIII demeura en vigueur jusqu'en 1848. A cette date, lors de de la rédaction de la Constitution, M. Dupin aîné, dans son rapport à l'Assemblée nationale, démontra en ces termes la nécessité

____

1. Les art. 10 à 17 contiennent des dispositions de procédure sans intérêt doctrinal.

d'une modification: « Le cours de la justice ne peut pas rester interrompu ; quand il y a deux autorités qui se prétendent en droit de se saisir de la même contestation, il faut absolument quelqu'un qui résolve la difficulté. »

Jusqu'alors, en vertu du principe que « toute justice émane du roi » c'était lui qui statuait souverainement, le Conseil d'État ne faisait qu'instruire l'affaire et préparer la décision du monarque.

Mais, dans une constitution démocratique, la souveraineté se déplaçait ; il devenait impossible de confier à un fonctionnaire, si élevé qu'il fut, la décision à intervenir : il importait dès lors de constituer un tribunal dans la composition duquel entrassent dans des proportions égales les représentants des deux autorités qu'il devait départager.

Toutefois, cette pondération établie entre les deux éléments rivaux pouvait aboutir à une véritable impuissance, si chacun d'eux formait, lors de la délibération, un parti distinct, épousant la cause de la juridiction dont il émanait, et ne consentant à aucune concession. Le législateur devait prévoir ce cas, et remédia à cette éventualité par la désignation d'un Président, dont la voix trancherait définitivement et souverainement le litige, si les passions et les revendications des deux corps adverses subsistaient encore dans le sein même de ce tribunal suprême.

Ce Président, appelé à un rôle si important et dont l'influence pouvait être décisive, il était difficile de le trouver, pourvu d'une autorité juridique suffisante, en dehors des deux hautes assemblées rivales : or, le prendre dans l'une d'elles eut été rompre l'équilibre ; d'autre part, le faire choisir par les membres du Tribunal des conflits aurait précisément fourni une occasion de désaccord entre les deux partis dont cette nomination aurait consacré irrévocablement et à jamais la prépondérance ou l'infériorité. On s'est arrêté fort heureusement à la désignation du ministre de la Justice ; en effet, le garde des Sceaux est le supérieur hiérarchique des deux juridictions administrative et judiciaire ; en cette qualité, il doit tenir la balance égale entre elles, et se déterminer dans sa décision par des motifs de droit que ne viennent pas altérer des intérêts de corps.

Le personnage appelé au ministère de la Justice doit être nécessairement un jurisconsulte éminent. Si des considérations politiques ne sont pas étrangères à sa nomination, il n'y a lieu ni de s'en alarmer ni de s'en plaindre. Ce serait, en effet, s'abuser étrangement, ou dissimuler inutilement une évidente vérité, que de méconnaître le caractère politique du principe de la séparation des pouvoirs.

La Constitution de 1848 prescrivit la création de ce tribunal.

Art. 89. — Les conflits d'attribution entre l'autorité administrative et l'autorité judiciaire seront réglés par un tribunal spécial, composé de membres de la Cour de Cassation et de Conseillers d'État, désignés tous les trois ans en nombre égal par leur corps respectif.

Ce tribunal sera présidé par le Ministre de la Justice.

Art. 90. — Les recours pour incompétence et excès de pouvoirs contre les arrêts de la Cour des Comptes seront portés devant la juridiction des conflits.

Un décret règlementaire du 26 octobre 1849, sur les formes de procéder du Tribunal des conflits, prescrivit l'élection de deux membres suppléants par chacun de deux corps intéressés.

Une autre de ses dispositions mérite de fixer l'attention ; l'art. 10 décide que les décisions du Tribunal des conflits *ne sont pas susceptibles d'opposition* : c'est là une conséquence de ce principe, que le Tribunal des conflits n'est pas une juridiction statuant sur des intérêts particuliers ; c'est un tribunal politique chargé de maintenir le principe de la séparation des pouvoirs, et c'est entre les deux autorités judiciaire et administrative que le litige s'élève, quelles que soient les parties en cause.

Nous verrons plus loin que de ce principe on a tiré une nouvelle conséquence, en ce qui concerne la *récusation* des membres du Tribunal des conflits.

L'organisation du Tribunal des conflits, prescrite par la

Constitution, fut réalisée par la loi du 4 février 1850. Voici en quels termes M. Thomine Demasure, dans son rapport à l'Assemblée nationale, proclamait les avantages de ce nouvel organe constitutionnel.

« Les questions de conflit ont toujours leur source dans les imperfections de la législation. La divergence dans les habitudes des. corps peut bien y exercer aussi une certaine influence ; les tendances administratives et judiciaires quoique se rapprochant chaque jour davantage, ne sont pas encore exactement les mêmes.

» Or, quel moyen plus efficace pour dissiper ces obscurités quand elles viennent de la loi, pour concilier ces tendances quand elles viennent des hommes, et, en même temps, quelle garantie plus réelle pour toutes les convictions comme pour tous les intérêts engagés dans les luttes, que d'aller dans le sein même du corps où elles se sont élevées, prendre au sommet de la hiérarchie administrative et judiciaire les hommes investis au plus haut degré de la confiance de leurs collègues, pour les appeler en commun et dans les conditions de la plus parfaite égalité à en chercher la solution ».

La loi du 4 février 1850, sur l'organisation du Tribunal des conflits, est ainsi conçue :

ARTICLE PREMIER. — Le Tribunal des conflits est présidé par le Ministre de la Justice.

Ses décisions ne peuvent être rendues qu'au nombre *de* neuf *juges,* pris également, à l'exception du Ministre, dans les deux corps qui concourent à sa formation.

ART. 2. — En cas d'empêchement du Ministre, il est remplacé dans la présidence du Tribunal des conflits par le Ministre chargé du département de l'Instruction publique.

L'ART. 3 prescrit l'élection de deux suppléants choisis par chaque corps *dans son sein.*

L'ART. 4 décide que les rapporteurs seront alternativement choisis parmi les membres de l'un et de l'autre corps.

ART. 5. — Les fonctions du Ministère public seront remplies par deux commissaires du gouvernement choisis tous les ans par le Président de la République, l'un parmi les maîtres des requêtes au Conseil d'État, l'autre dans le parquet de la Cour de Cassation.

Art. 7. — Dans aucune affaire, les fonctions de rapporteur et celles du ministère public ne pourront être remplies par deux membres du même corps.

Ce tribunal n'eut qu'une existence éphémère. Le coup d'État du Deux Décembre vint restaurer les institutións monarchiques, et remit, en conséquence, au Chef du pouvoir, statuant en Conseil d'État, la solution des conflits.

Un décret du 25 janvier 1852, opéra cette réforme.

Article premier. — Le Conseil d'État propose les décrets qui statuent..... 3º sur les conflits d'attributions entre l'autorité administrative et l'autorité judiciaire.

Art. 17. — La section du contentieux est chargée de diriger l'instruction écrite et de préparer le rapport sur... les conflits d'attributions entre l'autorité administrative et l'autorité judiciaire.

Cette dernière disposition n'était que la reproduction de l'ordonnance du 18 septembre 1839 dont l'art. 17 chargerait le Comité de législation de diriger l'instruction et de préparer le rapport des conflits.

Pour les raisons que nous avons déjà énumérées, la procédure de conflit demeura peu usitée ; la garantie personnelle de l'art. 75 était pour les gouvernants une arme plus commode. Ce fut ce dernier texte qui souleva spécialement les réclamations des libéraux ; et c'est seulement à dater de son abrogation que la procédure de conflit, presque délaissée auparavant, fut remise en vigueur.

Ceci explique pourquoi les principales décisions de la jurisprudence sur son application, sont exclusivement de date récente.

CHAPITRE NEUVIÈME.

Procédure de conflit

Qui peut élever le conflit ? — Les art. 6, 8, 9 et 10 de l'ordonnance du 17 juin 1828 réservent au Préfet le droit d'élever le conflit : le Préfet compétent est celui dans le département duquel se trouve le tribunal judiciaire indûment saisi.

Une difficulté s'élève, dans le cas suivant :

Lorsque, après la *cassation d'un jugement* ou d'un arrêt, l'affaire a été renvoyée devant un autre tribunal ou une autre cour, le droit d'élever le conflit appartient-il au préfet du département dans lequel se trouve le premier tribunal ou la première cour, ou au préfet du département dans lequel se trouve le tribunal ou la cour de renvoi ? (Voir C. d'État 1861. D. 62, 3, 29)

J'estime que c'est le préfet du département dans lequel a été rendu un jugement repoussant le déclinatoire d'incompétence qui a droit d'élever le conflit. En effet, sa compétence est déterminée *ratione loci,* et le débat renvoyé devant une seconde juridiction, après cassation, n'est que la suite régulière de la première instance : le préfet du département dans lequel se trouve la cour de renvoi, est étrangère à la question, et ne peut pas avoir reçu compétence *de l'arrêt de cassation.* Sinon, il s'en suivrait qu'il tiendrait ses pouvoirs de l'autorité judiciaire, puisque celle-ci pourrait, en déterminant à son choix le tribunal de renvoi, devenir ainsi attributive de compétence à tel ou tel préfet.

En outre, le Préfet, en élevant ce conflit, saisit la juridiction administrative : or, évidemment, quel que soit le tribunal de renvoi, c'est (au cas où le Conseil de Préfecture est compétent,) celui du département *primitif* et non pas du département de renvoi qui devra juger : il en résulte que, seul, le préfet de ce premier département aura qualité pour élever le conflit, car on ne comprendrait pas qu'un Conseil de Préfecture fut saisi par le préfet d'un autre département.

M. Cormenin, conflit (III), décide négativement cette question, parce que le Préfet n'a pas compétence en dehors de son département *(sic* ord. 14 avril 1836,) mais cet argument ne s'applique qu'à l'élévation du conflit devant *le premier tribunal saisi* et nous venons de démontrer que le tribunal de renvoi n'est que le succédané du tribunal du département : Or, si l'on n'admettait pas que la compétence territoriale du préfet établie *ratione loci* par l'introduction de l'instance, demeure attachée à sa personne, malgré le renvoi, il faudrait nier aussi que le même préfet puisse élever le conflit en appel, si la Cour d'Appel siége hors de son département, ou que le Préfet puisse plaider devant le Conseil d'État ou la Cour de Cassation, parce qu'ils siégent à Paris ; logiquement, ce serait alors le préfet de la Seine qui devrait suivre toutes les instances départementales devant ces deux juridictions suprêmes.

Deux arrêts contredisent en partie notre doctrine :

« Le conflit *peut* être élevé par le préfet du département dans lequel siége le tribunal saisi du litige, à l'exclusion du préfet du département de l'immeuble litigieux. (28 juillet 1864 C. d'État.)

Le préfet du département dans lequel siége le tribunal qui a rendu le jugement de compétence a seul le droit d'élever le conflit, *en appel, mais* il a été jugé que, au cas où un jugement ou arrêt d'incompétence a été cassé, le préfet du département du tribunal de renvoi *peut* élever le conflit. (C. d'État 15 mars 1858.)

Or, il y a inconséquence à établir des règles différentes pour *l'appel* ou pour le *renvoi* ; ces deux phases de la procédure ne sont jamais que des conséquences de la première instance, laquelle a fixé la compétence pour toute la durée de l'affaire.

Il y a de graves inconvénients pratiques à déplacer ainsi la compétence et à substituer un Préfet nouveau à celui qui a instruit et préparé le procès. Nous proposerions du moins que le Préfet du département où siége le tribunal de renvoi, ne pût élever le conflit qu'en vertu d'une délégation de son collègue, seul chargé de suivre toute l'instance, et par une sorte de commission rogatoire. D'ailleurs les termes des deux arrêts précités ne repoussent pas absolument la compétence du premier Préfet, car ils autorisent *l'alternative*, et admettent l'élévation du conflit par le second, sans prohiber formellement l'accomplissement de cet acte par le premier.

Effet de l'arrêté de conflit. Parmi de très-nombreuses décisions de la jurisprudence, qui s'est montrée flottante sur ce point, nous choisissons un arrêt qui donne la véritable doctrine juridique sur la portée du déclinatoire « Lorsque, sur la poursuite correctionnelle dirigée contre un agent du Gouvernement, le Préfet a proposé un déclinatoire tendant à faire statuer par l'autorité administrative sur la portée d'actes administratifs auxquels le prévenu prétend s'être conformé, le tribunal, *doit admettre ce déclinatoire,* mais *il ne doit pas se déclarer incompétent* pour connaître des faits eux-mêmes ; il lui appartient seulement de *surseoir* jusqu'à ce que l'autorité administrative ait statué sur l'interprétation desdits actes, sur leur régularité, ainsi que sur la question de savoir si le prévenu en a excédé les termes. (Paris 18 avril 1877.)

Procédure devant le Tribunal des Conflits.

La procédure devant le tribunal des conflits est réglée par le Décret du 26 octobre 1849.

L'instruction se fait par écrit, elle est confiée à un des membres du tribunal désigné à cet effet ; l'art 8, dispose qu'après le rapport adressé par lui, les avocats des parties *peuvent* présenter des *observations* orales. Il en résulte 1°que l'intervention des parties n'est pas obligatoire; 2° qu'elle ne manifeste pas de simples *observations*.

Cette particularité de procédure prouve que le tribunal des conflits n'est pas considéré comme une juridiction proprement dite ; il exerce une portion de la souveraineté, et départage les deux autorités judiciaire et administrative ; c'est entre elles que s'élève véritablement le litige, et les parties n'y jouent qu'un rôle incident — ceci explique pourquoi elles ne peuvent pas prendre de conclusions, et comment leur intervention aux débats n'est pas requise.

On a fait de ce principe deux autres applications.

Récusation. — « Les parties ne peuvent récuser un membre de tribunal de conflit. (Trib. conf. 4 Novembre 1880) Les causes de récusation de l'art. 378 du Code de procédure ne sont pas applicables ici. »

En effet, avons-nous dit, le Tribunal des conflits exerce un rôle de *Souveraineté* ; il succède au Souverain qui, avant les lois de 1850 et de 1872, statuait sur les conflits « le conseil d'État entendu » mais sans être lié par son avis : or on ne pouvait pas récuser le Souverain. — La composition du Tribunal a changé, mais son caractère persiste.

D'ailleurs la récusation ne se comprend pas là où elle modifierait gravement *l'essence* même de la juridiction : par exemple en récusant les membres de la Cour de Cassation qui ont déjà connu de l'affaire (378 Pr.) on détruisait l'équilibre au profit de l'élément administratif — ou bien en cas de conflit *négatif*, si le Conseil d'État et la Cour de Cassation avaient tous deux connu de l'affaire, c'est le Tribunal des conflits lui-même qui disparaîtrait en entier par la récusation. *sic* observations du Commissaire du gouvernement dans (l'arrêt du 4 Novembre 1880).

Interdiction aux parties d'introduire de nouveaux moyens dans les causes. — « La validité des arrêtés de conflit ne peut être appréciée que d'après les conclusions prises et les moyens invoqués au moment où le conflit a été élevé, et il n'y a pas lieu, dès lors, pour le Tribunal des conflits, de prononcer sur une demande qui se trouve formulée, pour la première fois, dans les observations produites devant le tribunal. » (Trib. confl. 27 Décembre 1879.)

Le tribunal des conflits n'a d'autre mission que de régler la compétence *entre les autorités* administrative et judiciaire, et il ne peut statuer par suite, que sur les questions *à raison desquelles ces deux autorités étaient divisées.*

D'autre part les parties n'étant admises à lui présenter que *de simples observations*, ne peuvent prendre *de conclusions* proprement dites pour modifier le caractère de la cause.

Partage des juges. — « Le Garde des Sceaux est le départiteur du tribunal des conflits. » (Trib. confl. 14 janv. 1880, application de la loi du 24 mai 1872, art. 25).

Dans l'ancien tribunal des conflits (L. du 4 fév. 1850, art. 1, 2, 3) il ne pouvait se présenter de cas de partage, car il y avait obligatoirement 9 juges à l'audience, le ministre de l'Intérieur étant remplacé par celui de l'Instruction publique, et les membres titulaires par des membres suppléants.

Il n'en est plus de même, aujourd'hui (L. 1872, art. 25), les juges doivent être au nombre de 5 au moins; si les 8 membres titulaires ont pris part à la délibération et se partagent on doit appeler le ministre président — *avant l'un des suppléants.*

Cette pratique est analogue à celle des divers corps judiciaires.

Effets de l'arrêt du tribunal des conflits. — Lorsque

le tribunal des conflits annule un arrêté de conflit, son arrêt reconnaît la compétence de l'autorité judiciaire, et met obstacle à ce que désormais on invoque l'incompétence.

Il rend l'État non recevable à intervenir dans l'instance, puisqu'il est déclaré hors de cause.

Enfin, il détermine irrévocablement le caractère de *faute personnelle* de l'acte imputé aux agents, qui ne peuvent plus désormais se prétendre couverts par leur immunité administrative. (Cassat. req. 3 janvier 1876.)

Véritable rôle du Tribunal des conflits. — Depuis la loi du 24 mai 1872, le juge des conflits n'est plus une autorité administrative : son rôle est uniquement de départager deux juridictions.

Il en sortirait, *au préjudice de l'autorité administrative*, s'il jugeait au fond la validité des ordres, et la légalité des actes administratis. Son rôle doit se borner à apprécier si le conflit a été régulièrement élevé, si les textes cités attribuent réellement la connaissance du fait à l'autorité administrative. Mais il ne peut pas, après avoir reconnu la *compétence administrative*, statuer sur le fond, et déclarer que le fonctionnaire a, ou non, excédé ses pouvoirs ; il doit renvoyer la solution de cette question à la juridiction administrative.

La jurisprudence contraire s'est établie abusivement ; c'est ainsi qu'à tort dans plusieurs arrêts le tribunal a apprécié, soit la légalité des actes administratifs soit la question de savoir si le fonctionnaire avait ou non dépassé ses ordres : en un mot, il devrait statuer uniquement *sur la forme* et jamais sur le fond, car il joue, pour les conflits *d'attributions*, le rôle suprême que joue, dans l'ordre judiciaire, la Cour de Cassation pour les conflits de *juridiction ;* or la Cassation n'apprécie jamais *le fait en lui-même*.

Dans les observations présentées à propos d'une question soumise au Tribunal des conflits et tranchée par arrêt du 30 juillet 1873, M. David, commissaire du gouvernement, a demandé, en ce sens, que le tribunal se bornât à statuer sur la régularité du conflit, sans se prononcer sur la légalité de l'acte administratif, qui devait être appréciée par le conseil d'État.

Tel est la véritable doctrine ; le Tribunal des conflits n'a reçu d'aucun texte le droit d'apprécier les abus du pouvoir, qui sont du domaine exclusif du Conseil d'État ; ses décisions contraires constituent une usurpation véritable sur la juridiction administrative.

CHAPITRE DIXIÈME

Effets de la question préjudicielle résultant du caractère administratif.

La qualification à donner au fait incriminé comme constituant un délit ou quasi-délit appartient à l'autorité administrative. Elle constitue une question préjudicielle.

Toutefois, lorsqu'un tribunal se trouve en présence d'un fait imputé à un fonctionnaire, et qu'il est constant que celui-ci a agi en dehors des instructions qui lui avaient été données, le tribunal doit juger au fond sans plus attendre. En effet, dans le cas où l'agent n'invoque pour se couvrir aucun acte administratif, l'autorité judiciaire est seule compétente pour statuer sur les demandes en dommages-intérêts dirigées contre lui.

D'autre part, si l'évidence est la même dans le sens opposé, s'il est certain que le fonctionnaire a agi *conformément aux droits de son supérieur* pour *l'exécution d'une mesure administrative*, le tribunal doit se déclarer incompétent.

Ces deux points sont acquis en jurisprudence. (Cass. crim. rej. 23 fév. 1856. Trib. conflits 31 juillet 1875).

Mais lorsque le cas est douteux et doit être l'objet d'une appréciation administrative, quelle doit être la décision du tribunal saisi?

A notre avis, et sans aucune hésitation, le tribunal doit *surseoir* à statuer. Nous avons examiné une hypothèse analogue, mais non pas identique, au cas où le conflit est élevé.

Mais il se rencontrait là une circonstance spéciale, un élément nouveau, l'arrêté de conflit, dont on a pu soutenir qu'il était *attributif* de compétence à la juridiction administrative.

Notre hypothèse actuelle en diffère en ce sens que c'est spontanément et en dehors de toute revendication de la part de l'administration, que le tribunal reconnait l'existence d'une question préjudicielle. Or, il lui est impossible de se déclarer incompétent *de plano*, car ce serait statuer *sur la légalité de l'acte*, et résoudre affirmativement la question : ce fait constituerait une atteinte à la séparation des pouvoirs.

Aussi, contestons-nous absolument cette doctrine du Tribunal des conflits : « En cas de poursuite contre un fonctionnaire, l'autorité judiciaire ne doit pas se borner à surseoir à toute information, jusqu'à ce que la légalité des actes incriminés ait été appréciée, à la demande des plaignants, par l'autorité compétente : elle doit se déclarer immédiatement incompétente. » (*Trib. conflits*, 12 mars 1881. D. 81, 3, 81.)

Mais, nous le répétons, car l'erreur est capitale, se déclarer incompétent, c'est reconnaître que l'acte a un caractère administratif, et une semblable déclaration ne peut être que la conséquence d'un examen, lequel est interdit au tribunal civil. C'est une application fausse de la théorie en matière de questions préjudicielles ; elles n'entraînent que la *surséance* et non pas la déclaration d'incompétence : c'est ce que décident tous les textes qui traitent de cette matière. (V. art. 327, c. civil, 240, 250, c. Procéd. civ. 3, c. Instr. crim. 182, c. forestier ; art. 2, ord. 1er juin 1828.)

Tout spécialement l'art. 2 de l'ordonnance du 1er juin 1828 porte que, en cas de question préjudicielle dont la connaissance est réservée par la loi à l'autorité administrative, le conflit ne pourra être élevé *que sur la question préjudicielle* : cette disposition ne laisse aucun doute sur la portée de cette exception dilatoire ; elle entraîne la surséance seulement et laisse subsister provisoirement la compétence du tribunal.

Si d'ailleurs le tribunal se dessaisissait, ce ne pourrait être qu'à cette condition, que la juridiction administrative soit saisie du fond : c'est ce que nous allons examiner.

Les tribunaux administratifs sont-ils compétents pour statuer sur des dommages-intérêts?

Le Tribunal des conflits, conséquent dans sa doctrine, l'a décidé : « Aux termes de l'art. 4 de la loi 28 pluviôse an VIII, le Conseil de préfecture est compétent pour statuer sur les torts et dommages provenant *tant du fait des entrepreneurs que du fait de l'Administration* » (2 arrêts. Trib. confl. 17 janvier 1880). Or, le texte invoqué dit formellement « Le Conseil de préfecture prononcera sur les réclamations des particuliers qui se plaindront de torts et dommages procédant du fait personnel des entrepreneurs et *non du fait de l'administration.*

D'ailleurs la constitution de l'an VIII, concomitante à la loi de pluviôse, déclarait expressément (art. 70 et 75) que les poursuites tant pénales que civiles contre les fonctionnaires étaient du ressort des tribunaux ordinaires.

Cependant, la compétence du Conseil de préfecture a été généralisée par un décret du 6 décembre 1813 qui, bien que rendu *sur une espèce particulière*, a été inséré au Bulletin des lois, et déclare : « que les conseillers de préfecture sont institués pour prononcer sur toutes les matières administratives contentieuses. »

Si c'était là l'esprit de la loi de pluviôse an VIII, il faut bien reconnaître que son texte avait mal traduit la tendance du législateur, et que l'énumération incomplète de son art. 4, peut difficilement passer pour une prescription générale.

Mais, en ce qui concerne la Conseil d'État, véritable juge de droit commun en matière d'abus de pouvoir, la loi lui reconnaît uniquement le droit de statuer...... sur les *demandes d'annulation* pour excès de pouvoir formées contre les actes des diverses autorités administratives (L. 24 mai 1872, art. 9).

Il semble bien résulter de ce texte que son rôle se borne à annuler l'acte, et qu'il n'a pas à allouer de dommages-intérêts ; bien plus, par cela seul qu'il prononce la nullité de l'acte, il reconnaît que cet acte n'est pas administratif, et par conséquent il devient incompétent pour en déduire les effets au point de vue des réparations civiles.

J'en conclus que le tribunal civil reste saisi du fond, n'est dessaisi que de la question préjudicielle.

Mais cette vérité devint bien plus évidente encore, si l'on suppose que l'affaire avait été portée devant un tribunal correctionnel. Le Conseil d'État va-t-il, après avoir annulé l'acte excessif, prononcer la peine ? Il serait impossible de le prétendre. Par conséquent, le tribunal reste saisi de l'affaire, et ne doit pas se déclarer incompétent *de plano*.

Nous venons de critiquer la jurisprudence du Tribunal des conflits ; il est fâcheux de constater que celle des Tribunaux civils est également contestable.

La doctrine du Tribunal des conflits (12 mars 1881, D. 1881. 3 81.) que nous avons citée avait été émise à propos d'un arrêt de Poitiers (19 mars 1880. D.. 1881,, 3, 33.) ; celui-ci décidait que « la juridiction civile a le droit d'examiner si le fonctionnaire n'a pas commis, *à l'occasion* d'un acte administratif, mais *en dehors* de cet acte, un fait personnel, capable d'engager sa responsabilité. »

Cette doctrine pourrait paraître acceptable, bien que fort délicate dans son application, si l'on ne savait qu'à l'abri de ce principe, on allait condamner *pour crime de droit commun*, un préfet qui avait *exécuté les lois* prohibant les congrégations non reconnues.

L'arrêt de Poitiers poursuit : « L'autorité judiciaire ne peut se dessaisir de la connaissance *des actes criminels* commis par un agent *dans l'exercice de ses fonctions* », contradiction évidente ! aucun *acte criminel* ne peut être commis *dans l'exercice des fonctions ;* s'il est commis dans l'exercice des fonctions, c'est-à-dire en exécution de la loi, il n'est pas criminel (art. 64 Code Pénal); réciproquement, s'il est criminel, il n'a pas été commis dans l'exercice des fonctions, nulle fonction n'autorisant un crime ; la cour de Poitiers aurait dû dire « *à l'occasion* des fonctions. »

« Alors même, continue l'arrêt, que cet agent alléguerait le caractère *administratif* ou *même gouvernemental* ou de haute police de l'acte. » C'est là une violation de la séparation des pouvoirs.

» Qu'il en est ainsi spécialement du crime d'attentat à la liberté individuelle»; cette dernière affirmation constitue une *violation formelle* d'un texte du Code Pénal, l'art. 114, lequel porte :

» Si l'agent justifie qu'il a agi par ordre de ses supérieurs pour des objets du ressort de ceux-ci, sur lesquels il leur était dû une obéissance hiérarchique, *il sera exempt de la peine*, laquelle sera, dans ce cas, appliquée seulement *aux supérieurs* qui auront donné l'ordre. »

C'est par de pareils arrêts que la magistrature, *méconnaissant des textes formels*, a tenté de ressusciter l'antique opposition des Parlements.

CHAPITRE ONZIEME

Applications récentes du conflit.

A la faveur du décret du 19 septembre 1870, qui avait abrogé l'art. 75 de la Constitution de l'an VIII, le corps judiciaire, par une interprétation abusive, avait tenté de s'arroger un droit de contrôle sur les actes administratifs.

Toutefois, lorsque les mouvements parlementaires amenèrent au pouvoir des hommes qui représentaient les tendances politiques du corps judiciaire, la nécessité de protéger l'action gouvernementale fut de nouveau reconnue par les tribunaux. Les préoccupations de cette nature devaient être signalées, car, seules, elles donnent la clef des brusques changements qu'a subis la jurisprudence.

La loi du 24 mai 1872, relative à l'organisation du Conseil d'État, contient les dispositions suivantes :

Loi du 24 mai 1872. — Art. 25. — Les conflits d'attribution entre l'autorité administrative et l'autorité judiciaire sont réglés par un tribunal spécial composé : 1° du Garde des Sceaux, président ; 2° de trois conseillers d'État en service ordinaire élus par les conseillers d'État en service ordinaire ; 3° de trois conseillers à la Cour de Cassation élus par leurs collègues ; 4° de deux autres membres et deux suppléants qui seront élus par la majorité des autres juges désignés aux paragraphes précédents.

Les membres du Tribunal des conflits sont soumis à la réélection tous les trois ans, et indéfiniment rééligibles.

Ils choisiront un vice-président au scrutin secret et à la majorité absolue des voix.

Ils ne pourront délibérer qu'au nombre de cinq membres présents au moins.

Art. 26. — Les ministres ont le droit de revendiquer devant le Tribunal des conflits les affaires portées à la section du contentieux et qui n'appartiennent pas au contentieux.

Toutefois, ils ne peuvent se pourvoir devant cette juridiction qu'après que la section du contentieux a refusé de faire droit à la demande en revendication qui lui a été préalablement communiquée.

Art. 27. — La loi du 4 février 1850, et le règlement du 28 octobre 1849 sur le mode de procéder davant le Tribunal des conflits sont remis en vigueur.

Le rétablissement du Tribunal des conflits fut une conséquence de la restauraticn de la forme républicaine. Nous avons exposé que la monarchie seule peut confier à un conseil d'état l'examen des litiges sur lesquels le roi statue.

Le nouveau tribunal différait de celui institué par la loi du 4 février 1850, à plusieurs points de vue.

1° En 1850, chaque corps élisait quatre juges et deux suppléants — en 1872, chaque corps n'élit que trois juges.

Deux autres membres et deux suppléants sont élus par les sept premiers membres (les six juges et le Garde des Sceaux, président). Cette innovation a pour but d'appeler éventuellement au Tribunal des conflits, des jurisconsultes éminents, étrangers à l'un des deux corps, tels que professeurs des facultés de droit, avocats, anciens magistrats ou anciens conseillers d'État.

En outre, la prépondérance du gouvernement sur le corps judiciaire, assurée par la voix du Garde des Sceaux, au lieu de s'affirmer seulement dans les arrêts, s'exerce dans la composition même du tribunal, au moment du choix de ces quatre membres.

2° En 1850, le ministre de l'Instruction publique suppléait, dans la Présidence, le Garde des Sceaux empêché. — En 1872, le vice-président est choisi parmi les membres du Tribunal, par ses collègues.

3° En 1850, ils ne pouvaient délibérer qu'au nombre de *neuf*. En 1872, il suffit que cinq soient présents.

Le rétablissement du Tribunal des conflits donna le signal d'une modification graduelle dans la jurisprudence ; en effet, la loi du 24 mai 1872 prouvait qu'aux yeux du législateur la procédure de conflit n'avait jamais cessé d'être en vigueur ; et elle recevait au contraire une consécration nouvelle par la restauration de la juridiction spéciale de 1849.

Or, si l'on avait admis la première application extensive du décret du 19 septembre 1870, qui déclarait abrogées toutes les garanties, il serait devenu inutile d'organiser les conflits puisqu'il aurait toujours dépendu des parties de les éviter, en donnant à leurs réclamations en dommages-intérêts *envers l'État*, le caractère de poursuites *contre un fonctionnaire*.

Et cette procédure aurait amené cette conséquence singulière qu'on aurait pu atteindre l'État indirectement ; en effet, une fois le fonctionnaire condamné, il y avait recours contre l'État, comme responsable du fait de son agent, en vertu de l'art. 1384, ainsi conçu : « ..... sont responsables..... les maîtres et les commettants du dommage causé par..... les préposés *dans les fonctions auxquelles ils les ont employés*. »

Ainsi, un plaignant n'aurait pu atteindre l'État directement sans se heurter au conflit, mais, en faisant déclarer par le tribunal correctionnel ou civil que le fonctionnaire était coupable d'un acte accompli dans l'exercice de ses fonctions, on pouvait obtenir de l'État une réparation pécuniaire, sans qu'il fut possible d'élever un conflit.

En effet, le conflit ne peut être élevé que pour revendiquer lappréciation d'un acte administratif, mais dans notre cas, *ce n'est pas un acte administratif* qui sert de base à l'action contre l'État, c'est le délit du fonctionnaire et par conséquent le quasi délit de l'État, en vertu du principe de responsabilité civile posé par l'art. 1383. L'appréciation de l'acte administratif, a été faite, *non contre l'État*, mais *contre le fonctionnaire*, et une fois la condamnation intervenue contre ce dernier, l'État ne peut plus éviter une condamnation pécuniaire ; car on ne discute pas l'art. 1384, qui est formel. Dans la seconde action, il ne sera nullement question de l'acte administratif, mais uniquement du délit du fonctionnaire, lequel entraîne *nécessairement le quasi délit de l'État*. Et l'État ne saurait échapper à cette conséquence, qu'en prouvant qu'il n'y avait pas de délit de la part du fonctionnaire, mais il est trop tard pour intervenir après la condamnation ; *il y a chose jugée*. Il aurait fallu qu'il fît cette preuve *au cours du premier procès*, et c'est précisément ce que la doctrine que nous combattons lui interdit, en prohibant l'élévation du conflit dans cette instance.

La doctrine est tracée en termes généraux, par les arrêts suivants :

« L'autorité judiciaire est compétente pour connaître de l'action en responsabilité intentée contre *un employé*, lorsque cette responsabilité doit être appréciée dans les termes du droit commun, et n'est subordonnée à aucune interprétation préjudicielle d'actes ou de règlements administratifs. » (Trib. confl. 4 juillet 1874).

» L'autorité judiciaire est incompétente pour statuer sur un débat qui met en question le sens, l'objet et la validité d'actes émanés de l'autorité aministrative, *rend indispensable l'interprétation* de ces actes, et ne permet pas d'en faire l'application pure et simple aux faits de la cause.

(Dans l'espèce, il s'agissait d'apprécier la portée d'une lettre du Préfet autorisant l'acceptation d'un don par une commune) (Civ. cass. 16 juin 1879).

» Le décret du 19 septembre 1870, qui abroge l'art. 75, n'a porté aucune atteinte à la séparation des pouvoirs, et n'autorise pas les tribunaux à connaître des actions en dommages-intérêts, dirigées contre des fonctionnaires, à raison d'actes administratifs. » (Rennes, 8 Décembre 1879).

Arrêt fondamental. — « L'abrogation de l'art. 75 n'a porté aucune atteinte à la séparation des pouvoirs.

« En conséquence, le tribunal civil doit surseoir jusqu'à ce que l'acte ait été apprécié par l'autorité administrative (Trib. conflits. 30 juillet 1873, 28 novembre 1874 et 29 juillet 1876).

Dans la première espèce, la question préjudicielle consistait à apprécier la validité de la saisie d'un journal, opérée en vertu de l'art. 9 § 4 de la loi du 9 août 1849, par un général commandant un territoire en état de siége.

Le tribunal de Senlis avait rejeté le déclinatoire d'incompétence, en se basant sur les motifs de l'arrêt de la Chambre des requêtes, du 6 juin 1872 (D. 72. 1. 385) (*vide infrà*).

L'arrêt du Tribunal des conflits du 8 juillet 1873, confirmant le conflit élevé par le Préfet de l'Oise, se base notamment sur ce que la loi du 23 mai 1872 serait sans objet si elle n'avait pas eu pour but de permettre d'user de la procédure de conflit.

Le commissaire du gouvernement, M. David, réfuta ainsi le principal argument que l'avocat général avait tiré devant la Chambre des requêtes, (3 juin 1872), de l'article final des lois annuelles de finances. « S'il est vrai que ce texte renouvelé chaque année non-seulement supprime la nécessité de l'autorisation pour poursuivre les agents des finances concussionnaires, mais encore attribue aux tribunaux judiciaires le droit d'apprécier *la légalité de leurs perceptions*, cette conséquence résulte, non pas de l'abrogation spéciale de l'art. 75, mais de la volonté formellement exprimée par le législateur d'attribuer la compétence à l'autorité judiciaire. »

Il nous semble que cette conséquence est excessive. Elle est l'indice de l'incertitude qui a régné dans la doctrine pendant certaine période, et qui s'est prolongée jusqu'en 1881.

Quoi qu'en décide l'arrêt du Conseil d'État du 14 décembre 1862, rapporté plus loin, et sur lequel se basait M. l'avocat général Reverchon, nous ne croyons pas que telle soit la portée de l'art. final de la loi annuelle de finances : par ses termes, il supprime uniquement la nécessité de l'autorisation préalable, mais il laisse subsister entière la compétence exclusive des tribunaux administratifs pour apprécier la légalité de la perception (dans l'espéce c'est la Cour des comptes qui doit rendre un arrêt de *débet*).

En effet, les principes généraux établis par les lois fondamentales constituent le droit commun, et les exceptions qui leur sont apportées par des lois postérieures doivent être entendues strictement : or, en déclarant que l'action civile en répétition peut être exercée, « *sans qu'il soit besoin d'une autorisation spéciale* » ce texte ne permet pas qu'on lui attribue une portée autre que la suppression de l'art. 75 pour cette hypothèse déterminée, et qu'on en fasse découler une *attribution de compétence* aux tribunaux civils, que repoussent formellement des textes précis.

Parlant des deux garanties, dont l'une était une simple *règle de procédure* et l'autre un *principe de compétence*, M. David examine ensuite devant le Tribunal des conflits les conséquences de la théorie qui soutient que toutes deux ont été abrogées par le décret du 10 septembre.

« S'il en était ainsi, dit le Commissaire du gouvernement, il en résulterait cette anomalie singulière que l'autorité judiciaire qui, *dans un procès entre particuliers*, se trouvant en présence d'un acte administratif dont il y aurait préalablement lieu d'interpréter le sens, la portée, la légalité, devrait en renvoyer l'examen à l'autorité administrative, pourrait au contraire en retenir la connaissance, si le procès s'agitait entre particuliers et fonctionnaires publics. »

Il en résulterait qu'une compétence *ratione materiæ* varierait *suivant la qualité des parties* en cause.

Il nous semble que ce dernier argument est absolument décisif. (Voir observations sur l'arrêt du Tribunal des conflits, 30 juillet 1873).

L'arrêt suivant présente une double importance : en premier lieu, la reconnaissance du principe de la séparation des pouvoirs y est faite *par la Cour de cassation* ; ensuite, il contient une consécration de la théorie que nous soutenons, à savoir *l'irresponsabilité de l'agent aboutissant à la responsabilité du ministre*.

« L'autorité judiciaire ne peut, sans méconnaître le principe de la séparation des pouvoirs, déclarer qu'un préfet est personnellement responsable vis-à-vis des propriétaires d'un immeuble, d'actes de spoliation dont cet immeuble aurait été l'objet à la suite de mesures prises en temps de guerre, *lorsqu'un arrêté ministériel* déclare que ce fonctionnaire a agi *au nom de l'État* et en vue de la défense nationale. (Cass. 23 fév. 1881.)

Dans l'espèce, un arrêté ministériel du 10 avril 1878 avait déclaré que le Préfet avait agi *au nom de l'État*, et dans l'intérêt de la défense nationale.

La cour de Dijon, dans l'arrêt cassé le 23 fév. 1881, avait écarté le moyen tiré de cet arrêté, par l'attendu suivant : (Arrêt 24 janvier 1879.)

« Attendu que lorsqu'une demande en dommages-intérêts est dirigée contre un agent de l'ordre administratif, et fondée sur des délits ou quasi délits commis par lui *sous le couvert* de ses fonctions, il ne suffit pas qu'une décision ministérielle revendique, au nom de l'État, la responsabilité des faits qui ont causé un dommage, que ce serait rétablir, *en les aggravant*, les abus qu'a voulu prévenir le décret du 19 septembre 1870, abrogatif de l'art. 75 de la constit. de l'an VIII. » La cour de Dijon avait commis une erreur évidente dans l'espèce, il fallait qu'une *question préjudicielle* fut tranchée; celle de savoir si le fonctionnaire avait *excédé ses pouvoirs*; or, c'est à cette question que répondait l'arrêté ministériel du 10 avril 1878.

Quant au ministre, il était responsable de son arrêté, mais seulement devant les Chambres. On voit donc qu'il n'y avait pas là une *aggravation* de l'art. 75, car, sous l'empire de celui-ci, le refus d'autorisation émanant du Conseil d'État était bien réellement *un déni* de responsabilité, tandis qu'en 1878, l'acte du ministre constituait simplement un *déplacement* et une transformation de cette responsabilité.

16 mai. — Espèce remarquable. — Campagne contre les journaux. — Nous trouvons une espèce remarquable dans dix-huit décisions conformes du tribunal des conflits.

La loi du 29 décembre 1875, art. 3, portait : « l'interdiction

de vente et de distribution sur la voie publique ne pourra
plus être édictée par l'autorité administrative comme mesure
particulière contre un journal déterminé. » Les Préfets, nommés à la suite du changement ministériel du 16 mai 1877
réussirent néanmoins à opérer cette interdiction en usant
des moyens que leur offrait l'art. 6 de la loi du 27 juillet
1849 sur le colportage. Comme le leur permettait ce texte,
ils retirèrent en masse les autorisations aux colporteurs.
Mais, en accordant les autorisations nouvelles, ils exigèrent
des colporteurs la communication de la liste des journaux
qu'ils devaient distribuer, en ayant soin de refuser l'autorisation à ceux des postulants qui n'excluaient pas absolument
les journaux républicains.

Nous n'avons pas à apprécier ce subterfuge au point de
vue de la probité politique ; au point de vue légal, il est
évident que les Préfets, munis du droit d'accorder l'autorisation aux colporteurs, avaient le droit de s'éclairer sur
l'usage que ceux-ci allaient en faire, et, feignant d'assimiler
les journaux libéraux à des publications immorales, ils pouvaient subordonner leur autorisation à l'exclusion de ces
feuilles : le droit d'autoriser comporte incontestablement celui
de n'autoriser qu'après enquête et sous condition.

Des poursuites civiles furent immédiatement dirigées
contre ces fonctionnaires par des directeurs de journaux, qui
prétendaient que les conditions · imposées aux colporteurs
n'étaient pas prescrites par la loi de 1849, et qu'elles constituaient un abus de pouvoir.

C'est ce qu'admit le Tribunal de Bordeaux qui établit une
distinction entre les actes administratifs dont il n'avait pas à
connaître — (retrait d'autorisation aux colporteurs, — délivrance d'autorisations nouvelles —) et l'obligation de fournir un catalogue de journaux, exigence selon lui illégale et
constituant par cela même un abus de pouvoir, que le
tribunal civil était en droit de réprimer, puisque le caractère
administratif faisait défaut à cet acte.

Le conflit fut élevé : devant le Tribunal des conflits, M. David, commissaire du gouvernement, reconnut l'exactitude théorique du système du Tribunal de Bordeaux, en ce qui concerne la différence établi entre l'excès de pouvoir et l'abus de pouvoir, et qui se résumait ainsi : 1° lorsque, *dans une matière qui lui est confiée*, l'administrateur, agissant dans l'exercice légitime de ses pouvoirs, se trompe sur leur étendue précise, ses actes ne perdent pas leur caractère administratif, ils sont entachés d'*excès de pouvoir*, et il appartient à la juridiction administrative de les redresser ou de les annuler.

2° Mais lorsque l'acte commis par un administrateur s'applique à un objet *qui n'est pas placé dans ses attributions* ou qui lui est expressément interdit par la loi, il prend le caractère d'*un abus de pouvoir*, ou plutôt d'une usurpation de pouvoir et constitue une *faute personnelle* à l'administrateur qui doit répondre devant la justice des dommages qu'il aurait causés à des tiers. (art. 1382 C. civ.) Et il en serait ainsi, alors même que le fait reproché se serait produit à *l'occasion de la fonction*.

En effet, le fait peut présenter l'apparence d'un acte d'administration, en raison de son origine, parce qu'il émane d'un administrateur ; il n'en a pas la *réalité* qui dépend non-seulement de *l'origine* de l'acte, mais encore de *son objet*. Il n'est pas un acte d'administration, parce qu'il ne porte pas sur une matière attribuée à l'administration.

Il en sera toujours ainsi, lorsqu'il s'agira d'un crime, d'un délit, d'une contravention, qui, bien qu'accompli à l'occasion de la fonction, lui sont, par leur objet, essentiellement étrangers. Il en sera de même s'il s'agit d'un quasi délit indépendant de l'objet de la fonction.

Lorsque ce caractère sera évident, le tribunal pourra passer outre, et agir dans la certitude de sa compétence.

Mais s'il y a doute sur le caractère de l'acte, c'est le cas, pour le tribunal, non pas de se déclarer incompétent, mais de *surseoir* à statuer jusqu'à ce que la question préjudicielle soit tranchée par l'autorité administrative. Telle est la solution proposée par M. Blanche, avocat général (v. journal le *Droit*, 24 janvier 1875).

Quelle application de ces principes devait faire le tribunal des conflits au cas qui lui était soumis? Selon nous, c'est très-exactement qu'il a déclaré que les conditions imposées aux colporteurs étaient une modalité qui ne modifiait pas le caractère administratif de l'acte.

Sans doute on aurait pu soutenir que la loi du 29 décembre 1875, avait implicitement abrogé l'art. 6 de la loi du 27 juillet 1849 mais le législateur n'avait pas assez clairement manifesté sa pensée, pour qu'il n'y eut pas doute : et, en tout cas, l'autorisation conditionnelle ne pouvait constituer qu'un *excès de pouvoir*, car la matière *rentrait formellement* dans les attributions préfectorales.

C'est donc à bon droit que le Tribunal des conflits confirma ·les conflits élevés dans l'espèce et dans 17 espèces analogues. (Trib. confl. 8 déc. 1877, et s. D. 1878. 3, 17 et s.)

Espèce, prostitution. — Une autre espèce nous semble également digne d'être citée, elle tient étroitement au principe de la séparation des pouvoirs.

« L'inscription d'office sur le registre des prostituées n'établit qu'une simple présomption, et ne fait pas obstacle, dans le cas de poursuite pour refus de se présenter aux visites sanitaires, à ce que le tribunal de simple police, après appréciation des témoignages produits, décide que la présomption est confirmée, et que l'inculpée n'a commis aucune contravention (— le juge de police, n'a violé ni le principe de *la séparation des pouvoirs*, ni l'arrêté municipal, ni l'art. 471 § 15 du Code pénal.)

En effet, il y a là une question de *preuve,* et non pas d'appréciation de l'arrêté municipal. (Cass. 11 juillet 1879).

Si au contraire le juge avait prononcé le relaxe pur et simple de l'inculpée, il aurait violé ce principe, car son juge-

ment n'aurait alors pas de base légale ; il serait fondé *non
sur des témoignages* que le juge doit apprécier, mais sur
l'arrêté municipal ou sur le procès-verbal, *qu'il n'a pas le
droit d'apprécier*.

Dans le sens que ces arrêtés prononçant l'inscription sur
les registres de la prostitution ne constituent qu'une présomption et peuvent être infirmés par toutes preuves, devant
les tribunaux civils, (v. Cass. rejet, 22 mars 1872 et 25 avril
1873, Agen, 27 juin 1873.)

Mais, *en l'espèce*, n'y a-t-il pas une atteinte au principe de
la séparation des pouvoirs ? En effet, le juge de simple police
s'est permis *d'apprécier la portée* d'un arrêté municipal, que
le Maire a évidemment rendu comme *prouvant* le fait et non
pas seulement comme constituant une présomption.

Il me semble que le juge pouvait à bon droit se refuser à
appliquer la peine de simple police encourue par l'inculpée,
mais en portant son examen sur un autre point : la décision
d'espèce du maire inscrivant une femme était un acte administratif, et, à ce titre, indiscutable ; au contraire, la décision
règlementaire générale était soumise à l'appréciation du
juge, par l'art 471, § 15, lequel exige que le règlement municipal soit *légalement* fait. Or, un Maire peut *interdire* la
prostitution publique, (L. 16-24 août 1790. Titre XI, art. 3,
§ 3) peine de police art. 471 § 15) mais il ne peut pas *prescrire* une visite sanitaire et sanctionner cette prescription
par une peine de police : le Maire eut pu poursuivre l'inculpée si elle avait commis *le fait* de prostitution sans avoir respecté la condition à laquelle ce fait était autorisé (la visite
sanitaire) et, dans ce cas, le juge avait toutefois le droit de
peser les témoignages. Au contraire, le Maire avait commis
un acte illégal, non pas en inscrivant l'inculpée sur le registre, acte administratif qui ne devait produire *par lui-même
aucun effet*, mais en voulant imposer une visite sanitaire, ce
qu'aucune loi ne l'autorise à exiger.

Prenons une espèce analogue : un Maire peut défendre aux

charretiers de sortir sans allumer une lanterne, et la loi punira *le fait* d'être sorti sans lanterne ; mais le Maire n'a pas le droit de prescrire d'allumer une lanterne, et de poursuivre celui qui n'a pas déféré à cet ordre, tant qu'il ne se joint pas à cette abstention le fait d'être sorti.

En un mot, *ce n'est pas la seule inobservation de la condition* qui est incriminable, c'est *l'accomplissement du fait sans l'observation de la condition.*

CHAPITRE DOUZIÈME

Élévation du conflit au criminel.

L'art. 1ᵉʳ de l'ordonnance du 1ᵉʳ juin 1828 est ainsi conçu :
« A l'avenir, le conflit ne sera jamais élevé en matière criminelle. »

Cette disposition avait alors paru sans danger ; en effet,
l'action étant entre les mains du gouvernement, il n'était pas
admissible que le Ministre de la justice fît poursuivre
des fonctionnaires que couvrirait son collègue de l'Intérieur.
Elle était d'ailleurs motivée par le désir de mettre fin à des
abus imputables aux gouvernements antérieurs, et dont le
ministère alors au pouvoir, déclarait vouloir empêcher le renouvellement.

La question ne semblait pas se prêter à une controverse,
en présence d'un texte formel. Mais l'exécution des décrets
du 29 mars 1882 donna lieu, sur ce point encore, à une campagne dont l'étude présente un vif intérêt.

Antérieurement à 1881, le problème avait été à peine ef-
fleuré, dans les espèces suivantes.

Une action en responsabilité avait été intentée contre le Directeur des postes à raison de la soustraction d'une lettre faite
par un de ses agents. Le Préfet prit un arrêté de conflit. Le
demandeur prétendit qu'il ne pouvait être élevé, à raison du
caractère criminel de la plainte.

Le Conseil d'État confirma le conflit « attendu que l'action est dirigée à *fins civiles*, et portée devant le tribunal *civil*. » (C. d'État. 9 février 1847.)

Mais il serait téméraire de conclure que *l'attendu* reconnaissait, *à contrario*, que le conflit *ne pourrait pas* être élevé en matière criminelle. Par conséquent, l'arrêt n'avait rien de décisif, et se bornait à constater que l'hypothèse n'était pas celle de l'art. 1er de l'ordonnance.

Dans le sens contraire, en faveur de l'opinion qui veut que le conflit puisse être élevé *même en matière criminelle*, on argue d'un arrêt d'un Tribunal des conflits du 17 avril 1851 qui admet la recevabilité du conflit élevé en police correctionnelle par le préfet des Bouches-du-Rhône. « Considérant que si le Code d'Instruction criminelle autorise la partie lésée à exercer l'action civile soit séparément de l'action publique, soit conjointement à cette dernière, cette faculté est *subordonnée à l'existence* de la *compétence de l'autorité judiciaire*, et ne saurait déroger aux lois qui attribuent la connaissance de l'action à l'autorité administrative. »

Se basant sur ces motifs, on a conclu qu'ils étaient applicacables en matière criminelle, et que par conséquent, *on pouvait élever le conflit* (contrairement à l'art. 1er de l'ordonnance de 1828) devant la juridiction criminelle, si un texte réservait la connaissance de l'acte administratif à l'autorité administrative. (*Sic* Boulatignier, art. Conflits. Blanche, Dict. d'administrat.)

Mais *l'espèce n'est pas décisive* ; il y avait à la fois action pénale contre *des agents* de la ville de Marseille et action *civile* en responsabilité contre *la Ville* ; c'est *celle-ci* que le Préfet avait revendiquée : or, on voit qu'il est difficile d'en tirer une conclusion trop absolue, et de décider qu'il en serait de même si l'action pénale et l'action civile étaient exercées *contre le même individu*. La matière, vis-à-vis de la Ville, était *purement civile*, et l'on pourrait même soutenir que c'est abusivement que cette action avait été jointe à l'autre, puisqu'il est de jurisprudence constante que l'action ne *peut* être portée devant les tribunaux de répression que jointe à l'action pénale intentée *contre les mêmes personnes*.

Plus tard, à l'occasion des poursuites correctionnelles en diffamation intentées contre le *Bulletin des Communes*, le Tribunal des conflits (29 Décembre 1877), ne s'était pas borné à réserver la connaissance de la question préjudicielle, comme le prescrit l'art. 2 de l'ord. de 1828, il avait, en outre, retenu *le fond* : mais, encore ici, il ne s'agissait en somme que d'une réparation civile (20.000 fr.) et non pas d'une véritable poursuite correctionnelle.

Il en résulte qu'en 1881, le Tribunal des conflits se trouvait en présence d'une situation neuve, encore inexplorée par la jurisprudence, et devait trancher, sans aucune indication tirée des précédents, une des plus graves questions du droit constitutionnel et administratif.

A la suite de l'exécution des décrets du 29 mars 1880, les congréganistes dispersés déposèrent des plaintes contre les fonctionnaires qu'ils signalaient comme coupables d'arrestations illégales, de violation de domicile, d'attentat à la propriété commis avec violence. Le ministère public ne mit pas en mouvement l'action publique, et ne requit pas l'application de la peine (art. 64, code d'Instr. crim.). Mais cette abstention ne suffit pas pour assurer l'impunité des fonctionnaires. En effet, il résulte des art. 63 du Code d'Instruct. criminelle et de l'art. 11 de la loi du 20 avril 1810, que ce n'est pas au ministère public *seul* que la poursuite des *crimes* est réservée. L'art. 63 permet à la partie lésée de se porter partie civile devant le juge d'instruction : celui-ci *est donc saisi*, et si l'art. 61 lui fait une obligation de provoquer les conclusions du Procureur de la République, il n'est pas tenu d'y déférer si elles sont contraires à son propre sentiment. D'autre part, l'art. 11 (L. du 20 avril 1810), confère aux Cours d'Appels le droit de « mander le Procureur Général pour lui en joindre de poursuivre. »

En conséquence de ces deux textes, sur plusieurs points, les Juges d'Instruction commencèrent les enquêtes, et certaines Cours donnèrent aux Procureurs Généraux l'ordre de poursuivre les Préfets et agents de l'État. Il devenait urgent de paralyser ces poursuites. On eut recours au conflit.

Le pouvoir exécutif examina d'abord les deux points suivants :

1° L'art. 1er de l'ordonnance du 1er juin 1828 émane-t-elle d'une autorité compétente ?

2° Est-il encore en vigueur ?

Il produisait deux arguments pour la négative.

L'art. 1er n'émane pas d'une autorité compétente ; en effet, les lois antérieures défendaient aux tribunaux de troubler les autorités administratives dans l'exercice de leurs fonctions ; cette défense devenait illusoire s'il suffisait, pour la tourner, que les particuliers portassent leurs plaintes devant les tribunaux criminels et correctionnels. Dans ce cas, l'ordonnance de 1828 serait illégale, car elle aurait tendu à *abroger des lois*, ce qui n'est pas du domaine de l'ordonnance.

L'ordonnance n'est plus en vigueur, car elle n'est reproduite ni dans le décret du 28 octobre 1849, ni dans les lois des 8 février 1850 et 24 mai 1872.

Cette argumentation était vicieuse. On répondit avec raison que l'ordonnance de 1828 a reçu la consécration implicite du législateur ; l'art. 64 de la loi du 3 mars 1843 porte « les lois et ordonnances concernant les formes et les délais des conflits continuent à être observées. » Or, le règlement du 28 octobre 1849 vise, dans son préambule, l'ordonnance de 1828, et l'art. 27 de la loi du 24 mai 1872 a consacré législativement ce document en déclarant qu'il était remis en vigueur.

Cette première question écartée, le problème se pose ainsi :

L'art. 1er de l'ordonnance de 1828 met-il obstacle à ce que

le conflit soit élevé, au criminel, *non pas* sur la poursuite du ministère public, mais *sur la plainte de la partie lésée*.

En d'autres termes, *la plainte* a-t-elle le caractère *d'action publique*, ou *d'action civile ?* La solution dépendait uniquement de ce point.

Premier système. — Le conflit ne peut être élevé sur la plainte de la victime. — La compétence exclusive de l'autorité judiciaire et l'impossibilité d'élever le conflit, sont affirmées par un arrêt de la cour de Poitiers.

« L'art. 1er de l'ordonnance du 1er juin 1828, qui interdit à l'autorité administrative d'élever le conflit en matière criminelle s'applique aux *poursuites criminelles*, faites à la requête de la partie civile, comme à celles intentées par le ministère public.

« Et, dans ce cas, il appartient à l'autorité judiciaire d'apprécier la validité de l'arrêté de conflit. » (Poitiers, 19 septembre 1880. D. 1881, 2, 23.)

A l'appui de cette doctrine, on développait les considérations suivantes :

Le conflit ne se comprend que lorsque l'autorité administrative se prétend compétente pour juger; au civil, elle a des tribunaux : elle n'en a pas au criminel ; dès lors sa revendication aboutit à l'impunité, à un véritable déni de justice. (Sic. Cormenin, rapport sur l'ord. de 1828).

D'autre part, les termes de l'ordonnance (art. 1er, 1828) sont généraux et ne font aucune distinction entre l'action publique et l'action civile. Au contraire, les mots matière *criminelle* sont compréhensifs des deux : ainsi l'art. 64 dit qu'en *matière correctionnelle*, la partie peut s'adresser directement au tribunal correctionnel ; or, il s'agit là d'action purement civile, et l'on emploie les termes généraux « matière correctionnelle ». C'est ainsi que les art. 182, 526 et s. 542 et s'emploient dans le sens le plus large *matière criminelle* ou matière correctionnelle.

En outre, tous les articles de l'ordonnance de 1828 détaillent minutieusement la procédure du conflit civil ou correctionnel et sont muets sur le conflit criminel ; donc, ce dernier était loin des prévisions des rédacteurs de l'ordonnance.

Du silence de l'ordonnance sur l'organisation de la procédure de conflit relativement à certaines juridictions on a conclu que le conflit ne pouvait être élevé devant elles, c'est ce que décide la jurisprudence en matière de simple police, (C. d'État. 16 juin 1846) et de commerce. A plus forte raison au criminel, lorsqu'il y a un texte précis.

D'ailleurs, M. Cormenin, dans son rapport, dit formellement que l'art. 1er a pour but de couper court aux pratiques des autorités administratives qui annulaient par conflit des mandats d'amener et d'arrêt, et tous actes de procédure criminelle, et pouvaient ainsi soustraire des coupables à la répression. C'est donc bien en en mesurant toute la portée qu'on a inscrit cette disposition dans l'ordonnance.

Enfin l'ordonnance de 1828 a eu pour effet, non pas de porter atteinte au principe *législatif* de la séparation des pouvoirs, ce qu'elle n'aurait pu faire sans empiéter sur les droits du pouvoir législatif ; elle a simplement déterminé *dans quel cas* ce principe, toujours en vigueur, serait protégé *par la procédure des conflits : dans quel cas* au contraire, elle serait confiée à *l'autorité judiciaire.*

C'est ainsi que l'art. 3 prohibe de recourir au conflit lorsque les fonctionnaires sont poursuivis sans que l'autorisation préalable de l'art. 75 ait été accordée; les fonctionnaires seront-ils moins protégés ? nullement : c'est l'autorité judiciaire qui statuera par l'exception qu'ils présenteront.

Si donc le magistrat instructeur se trouve saisi d'une plainte tendant à l'appréciation d'un acte administratif, ou devant la cour d'assises, si la partie civile soulève une question de responsabilité, si à quelque degré de la procédure criminelle se produit une question préjudicielle, c'est l'autorité judiciaire agissant sous le contrôle de la Cour de Cassation qui prendra des mesures pour ne pas excéder son droit.

Enfin, on a soutenu, à tort, que *la plainte* de la partie n'est qu'une *action civile*, et que, par conséquent, on peut élever le conflit, *au criminel,* tant que l'*action publique* n'est pas intentée ; cette théorie est erronée. En effet, la plainte a bien le caractère d'une action publique, puisque, malgré le silence du ministère public, le juge doit procéder à l'instruction nonobstant l'opposition du ministère public, la partie civile peut même former opposition contre les ordonnances que le juge rendrait contrairement à ses intérêts. (135 I C): elle a ainsi le caractère plus sérieux que la simple dénonciation, puisqu'elle engage son auteur à supporter les frais et à des dommages-intérêts (art. 66. I. C) En outre, l'art. 67 en disant que *les plaignants* peuvent se porter *partie civile* en tout état de cause jusqu'à la clôture des débats, *prouve que la plainte est indépendante de l'action civile.* Le plaignant vise certainement une répression *pénale* : sinon il se serait adressé au tribunal civil.

D'ailleurs, admettre que l'art. 1er de l'ordonnance de 1828 ne vise que le cas où l'action serait intentée par le ministère public, c'est viser le cas invraisemblable où le Préfet et le Procureur de la République, *agents* tous deux du même gouvernement, seraient ainsi en désaccord : cela est superflu à prévoir, car l'hypothèse est invraisemblable.

Il est facile de répondre à ce dernier argument : c'est précisément parce que l'on n'a pas à redouter sérieusement qu'un abus soit commis par le Procureur, qu'on n'a pas voulu recourir au conflit. Tandis que le danger devient considérable si la plainte peut émaner d'un quelconque. C'est l'ancienne action accusatoire avec tous ses dangers.

Second système. — Le conflit peut être élevé sur la plainte de la victime. — Le système contraire fut soutenu par le Ministre de l'Intérieur, qui le motivait ainsi :

« L'art. 1er de l'ordonnance de 1828 n'a pas de portée — il ne s'explique qu'historiquement.

« 1° Il est *inutile*, car le conflit n'est que la *revendication* par l'autorité administrative, de la connaissance d'une *question à tort soumise* à l'autorité judiciaire. Or, la connaissance de crimes n'est dévolue par aucun texte à l'autorité administrative. L'art. 1er était donc inutile ; il suffirait de l'art. 6 qui prescrit au Préfet de citer dans l'arrêté de conflit le texte législatif qui attribue à l'Administration la connaissance des faits.

» 2° Il ne s'explique qu'historiquement.

En effet, l'Administration avait annulé fréquemment des décisions de tribunaux judiciaires absolvant des émigrés, des déserteurs, des prêtres déportés et rentrés : elle annulait les décisions des commissions militaires, pour ce motif, que celles-ci ne devaient statuer que sur l'*identité* et non sur le *fait* d'émigration, ou encore que la déportation prononcée contre les prêtres déportés et rentrés, devait être appliquée aux personnes par l'Administration, puisqu'il suffisait de constater l'*identité* de l'individu. (V. arrêtés nombreux cités. Dalloz, 1881. 3. 18 note).

» Sirey dit à ce sujet : la question de savoir si l'on était prêtre rentré, émigré, chouan, déserteur, embaûcheur ou espion, et comme tel, *condamnable à mort*, était jugé par l'Administration (Sirey : *du Conseil d'État devant la Charte* n° 139).

» Donc, ajoute le ministre, l'art. 1er a voulu prévenir le retour de ces faits : il défend toute revendication *en matière criminelle*, et *non pas* toute revendication *devant la juridiction criminelle*.

» En tout cas, il est évident que le conflit peut être élevé, même en matière correctionnelle ou criminelle, *pour l'action civile* qui y était jointe. Ces restrictions, (dit M. Batbie. Traite de droit public), ne régissent pas l'action civile, qu'elle soit intentée directement devant le tribunal ou jointe à l'action criminelle : aucune des raisons qui ont dicté les art. 1 et 2 ne s'appliquent aux demandes d'indemnité pour faits délictueux.

» Or, dans l'espèce, il n'y a pas action criminelle, mais action civile devant la juridiction criminelle. »

A la vérité, le Juge d'Instruction se trouve valablement saisi de l'action publique par la communication de la plainte — mais le ministre croit que cette doctrine comporte deux exceptions.

En premier lieu, les art. 479 et 483 permettaient au Procureur général *seul* de poursuivre en matière correctionnelle les officiers de police judiciaire (en l'espèce, il s'agissait du Préfet et du Commissaire de police, magistrats, officiers de police). On doit en conclure *à fortiori*, qu'en matière criminelle, la partie civile ne peut pas donner à son action civile contre les officiers, le caractère criminel, pas plus qu'elle ne peut lui donner le caractère correctionnel.

Le 1er système répond qu'on ne peut pas conclure *à fortiori*, car en matière correctionnelle, la partie civile met en mouvement l'action publique, tandis qu'en matière criminelle, c'est le juge d'Instruction, puis la chambre des mises en accusation qui statuent en présentant toute garantie. Par conséquent, la procédure privilégiée a sa raison d'être en matière correctionnelle, pour entraver l'action téméraire de la partie civile, elle est au contraire sans utilité au criminel, où l'action civile n'a plus aucune influence sur l'action publique.

En outre, ajoutait le ministre, il est de jurisprudence que lorsque l'action publique est mise en jeu à la suite d'une plainte civile, lorsque celle-ci est jugée avoir été portée devant un juge incompétent, l'instruction qui en avait été la conséquence *tombe en même temps* (Cass. crim. rej. 20 août 1847, 14 février 1852). Le ministre en tirait cette conséquence que le conflit pouvait être élevé sur la plainte *civile*, et, *par voie indirecte au moins*, avoir effet au criminel, c'est-à-dire *dessaisir* le juge d'instruction.

Ce second système triompha devant le Tribunal des conflits qui jugea que l'art. 1er de l'ordonnance de 1828 « a eu uniquement pour but d'assurer le libre exercice de *l'action publique* devant la juridiction criminelle, et la compétence exclusive de cette juridiction pour statuer sur ladite action. Il n'a pas eu pour but de soustraire l'action civile au principe de la séparation des pouvoirs » (Trib. des conflits 22 décembre' 1880 : 3 arrêts. — 12 février 1881, 19 février 1881, 3 arrêts, — 26 février 1881, deux arrêts, 12 mars 1881, deux arrêts, — 2 avril 1881). « et le fait pour un particulier de se porter partie civile devant la juridiction criminelle ne met pas obstacle à ce que le conflit soit élevé sur l'action de ce particulier, laquelle n'a pas le caractère d'une action publique. »

La théorie du Tribunal des conflits peut se résumer ainsi:

Théorie du Tribunal des conflits. — « Le Tribunal des conflits a le droit de rechercher si sous une forme qui semble ne viser que la personne du fonctionnaire, on veut atteindre en réalité une mesure administrative. Il peut à cet effet examiner les faits à ce point de vue spécial.

» Dans le cas où il trouve en réalité cette intention frauduleuse, l'art. 1er de l'ord. 1828 ne s'oppose pas à la recevabilité du conflit : en effet, il ne s'agit là que de l'action civile : *en vain nie-t-on* qu'il existe une action civile, et qu'il n'y a qu'une action publique : mais l'art. 63 du Code d'Instr. crim. subordonne le droit de porter plainte au fait de se porter partie civile, et l'art. 66, ajoute que « les plaignants ne seront » pas réputés partie civile s'ils ne le déclarent formellement, » soit par la plainte, soit par acte subséquent *ou s'ils ne* » *prennent*, par l'un ou l'autre, *des conclusions en dom-* » *mages-intérêts.* »

Par conséquent, se porter partie civile ou conclure à des dommages-intérêts, c'est une même chose : dans les deux cas, l'action civile est formée. Peu importe que le Juge d'Instruction ou la Chambre des mises en accusation n'ait pas qualité pour statuer sur cette action (*sic* Faust. Hélie. Pratique criminelle.)

Ainsi, M. Mangin (Traité de l'action publique) enseigne que

la plainte interrompt la prescription de l'action civile. La plainte de la partie lésée est réellement un acte introductif d'instance — si le ministère public se croit dispensé d'intervenir, son inaction n'empêche pas que la partie civile n'ait fait le nécessaire pour exercer son action et par conséquent pour conserver ses droits (Sic égal. Le gravérand, Traité de législat. criminelle.)

La plainte est donc une action civile sur laquelle le conflit peut être élevé, et comme le magistrat *instructeur, à défaut de réquisition du ministère public ne peut mettre en mouvement l'action publique qu'en vertu d'une plainte* formée devant lui, la déclaration que la plainte est non-avenue, fait tomber toute la procédure édifiée sur cette plainte.

En somme dans cette opinion, l'art. 1er de l'ordonnance de 1828 ne s'applique qu'au cas où c'est le *ministère public* qui a mis en mouvement l'action publique.

Nous approuvons complétement cette jurisprudence ; le principe de la séparation des pouvoirs domine toute la matière, et il est évident que les auteurs de l'ordonnance de 1828 n'ont pas entendu y déroger. Ils l'ont formellement consacrée au civil, et au correctionnel: Devant cette dernière juridiction, l'élévation du conflit pour trancher la question préjudicielle est une procédure régulière et protectrice des actes administratifs. Si l'on n'en a pas organisé l'équivalence pour les poursuites criminelles, c'est que les rédacteurs se sont reposés sur les termes de l'article premier du Code d'instruction criminelle, lequel dispose que : « l'action pour application des peines n'appartient qu'aux fonctionnaires auxquels elle est confiée par la loi. » Ils n'ont pas prévu qu'on ferait de l'action civile un moyen de saisir la juridiction criminelle, comme elle l'était déjà de saisir la correctionnelle ; sinon, les mêmes motifs auraient amené des précautions identiques.

Comment le Pouvoir exécutif aurait-il pu laisser poursuivre au criminel ses agents, alors qu'il estimait qu'une poursuite au correctionnel ou *même au civil* pouvait entraver le fonctionnement du pouvoir? c'est *à fortiori* qu'il eût organisé la garantie, par l'élévation du conflit sur la question préjudicielle.

Il est donc évident que l'on a considéré ce danger comme absolument chimérique, puisque les agents du ministère public, seuls habiles à mettre l'action publique en mouvement, sont sous la direction du gouvernement luimême.

D'ailleurs la sécurité du pouvoir à cet égard était fondée. En effet, il est impossible d'obtenir une condamnation au criminel sans l'intervention active du Procureur Général, agent de l'État. Nous nous contentons de renvoyer, pour la preuve, aux art. 22, 231, 234, 241, 271 et s. 335, 362 du Code d'instruction criminelle.

En fait, ces actes d'instruction ne pouvaient aboutir. La procédure ouverte était purement comminatoire quant à son résultat, mais elle pouvait être aggravée par la délivrance de mandats de comparution, d'amener, de dépôt ou d'arrêt. Malgré le caractère temporaire de ces mesures, elles suffisaient pour entraver efficacement l'exécution des lois, et pour rendre nécessaire l'élévation du conflit.

Procédure répressive spéciale contre les Préfets.

Il existe une autre garantie administrative dans la procédure spéciale aux poursuites correctionnelles ou criminelles intentées contre les Préfets.

Le Préfet coupable d'un *délit* doit être cité *directement*, *sans instruction préalable*, par le Procureur Général, devant la chambre civile de la Cour d'Appel habituellement présidée par le 1er président. (1re chambre.) (art. 479. 483 C. d'Instruct. crim. L. 20 avril 1810. art. 10. D. 6 juillet 1810 art. 4 et 7.)

Le Juge d'Instruction ne peut donc informer contre un préfet lorsque celui-ci est prévenu d'un simple délit.

La procédure de l'art. 479 est applicable, soit que le délit imputé au Préfet ait été commis dans l'exercice de ses fonctions de police judiciaire (art. 10, 470, 483. Code Instr. crim.) soit que le délit ait été commis dans ses fonctions administratives, car la loi de 1810 a pour but de protéger, non seulement la fonction mais la personne même du fonctionnaire, et n'établit dès lors aucune distinction à raison de l'exercice de cette fonction.

La jurisprudence décrète que le Procureur Général possède *seul, à l'exclusion de la partie civile*, le droit de poursuivre correctionnellement devant cette juridiction les fonctionnaires énumérés à l'art. 479, *dérogeant* ainsi en leur faveur à l'art. 182 qui admet la partie civile à saisir directement le tribunal correctionnel. (*Sic* Poitiers, 23 mars 1833. Rennes 6 janv. 1834 et Rouen 28 août 1843. Criminelle rej. 15 septembre 1832. 6 octobre 1837 et contrà, *au début* crimin. rej. 11 septembre 1812.) cette jurisprudence ne laisse pas la partie civile désarmée : elle peut : 1° citer directement devant la juridiction civile (art. 1382) 2° s'adresser au 1ᵉʳ président, qui, usant de l'art. 11 de la loi 20 avril 1810 et 62 s. du décret du 6 juillet 1810, peut convoquer les Chambres de la cour pour faire *enjoindre au Procureur Général* de poursuivre (il n'en demeure pas moins établi que celui-ci *peut s'y refuser*, et la poursuite *ne peut émaner que de lui*.)

Crimes. — Quant aux *crimes*, le préfet doit être *jugé* par la Cour d'Assises du lieu où réside la Cour d'Appel (L. 20 avril 1010. art .18) c'est encore un privilège attaché à la personne.

Mais *quid* quant à l'*information ?* quand il a agi comme officier de police judiciaire, il jouit du privilége (art. 484) d'instruction confiée au premier Président et au Procureur Général » mais quand il a agi comme administrateur, il faut revenir à la juridiction ordinaire du Juge d'Instruction. Les articles 479 et suivants sont muets en ce qui touche les fonctionnaires de l'ordre administratif et d'autre part, la loi du 20 avril 1810, art. 10 et 18 ne créent à leur égard de situation privilégiée que pour la *poursuite* et le jugement des délits, et le jugement des crimes, et non pas pour la poursuite de ceux-ci.

Il peut en résulter une anomalie, si le préfet a donné des ordres au commissaire de police lequel, en qualité d'officier de police judiciaire, a droit à la juridiction privilégiée des art. 4. 79, 483, 484 mais alors il est de principe que l'accusé privilégié entraîne devant sa juridiction le complice : le préfet bénéficiera du privilége du commissaire.

DEUXIÈME SECTION

GARANTIE PERSONNELLE

———

CHAPITRE TREIZIÈME

**Détermination des agents qui doivent être couverts
par la garantie administrative.**

Nous avons examiné quels actes devaient être couverts par
la garantie réelle.

Il nous reste à préciser quels agents publics seront abrités
par la garantie personnelle.

La solution générale intervenue à propos de la garantie
réelle ôte une partie de son intérêt à cette question. C'est à
l'acte que l'on s'attache aujourd'hui. Toutefois, il est important de rechercher même sous cette face, et parmi les incertitudes de la pratique la doctrine véritable de la garantie.

On trouve, dans les textes, pour désigner les agents publics des expressions différentes dont le sens est variable
« *Fonctionnaires publics, agents du gouvernement, dépositaires de l'autorité publique, agents de l'autorité publique,
agents de la force publique.* »

En l'absence d'une définition légale, la jurisprudence, à
l'occasion de décisions d'espèces, a posé incidemment le
principe ; malheureusement ses décisions ne sont pas identiques « le fonctionnaire public (*dans le sens de la garantie
personnelle de l'art* 75), est celui qui est tellement sous la
dépendance du gouvernement qu'il ne peut avoir, dans

l'exercice de ses fonctions habituelles et journalières, d'autre opinion que la sienne, ni tenir une conduite opposée à celle qu'il lui trace. » (Cassation, 26 déc. 1807).

Il est difficile de comprendre à quels agents s'applique cette définition ou plutôt quelle catégorie on a voulu viser. Existe-t-il donc des agents à quelque degré que ce soit, qui puissent, dans l'exercice de leurs fonctions, tenir une conduite opposée à celle que leur trace le gouvernement ? Par ces expressions, la Cour a voulu sans doute exclure les membres du corps judiciaire.

Un arrêt du 23 juin 1831 exige que l'agent du gouvernement « soit dépositaire d'une *partie de son autorité*, agisse *directement* en son nom et fasse partie de la puissance publique; » un second arrêt du 3 mai 1838 se contente que « chargée d'une partie de l'autorité, il agisse au nom du gouvernement et sous sa direction *médiate ou immédiate* », enfin un arrêt du 7 mai 1846 déclare que c'est « l'agent désigné par le gouvernement pour exercer une portion quelconque de l'autorité publique. »

Définition théorique du fonctionnaire.

Il nous semble que la définition était plus facile à trouver. Aristote, (Politique, VI, 12 § 3), enseigne que les seules véritables magistratures sont les fonctions qui donnent le droit de délibérer sur certains objets, de décider et *d'ordonner*. « J'appuie surtout sur cette dernière condition, dit-il, car ordonner est le caractère réellement distinctif de l'autorité. » Nous avons vu que les Romains reconnaissaient comme l'élément essentiel de la magistrature l'*imperium* ou la *potestas*, c'est-à-dire *le pouvoir de prendre une décision en son propre nom et sous sa propre responsabilité*, dans la limite et dans l'ordre de ses fonctions.

Si donc on veut une définition juridique, il faut déclarer

que « *le fonctionnaire est celui qui a le pouvoir de prendre une décision souveraine, sous sa propre responsabilité* ».

Mais, ainsi restreinte, la garantie que le gouvernement eut
accordée à ses agents eut été illusoire ; elle n'eut pas protégé
les agents inférieurs, les plus faciles à effrayer par la menace
de poursuites, et que par conséquent il faut couvrir avec
soin, sous peine de les voir cesser leur service, ou tout au
moins le négliger gravement. Tandis que le haut fonctionnaire peut braver un procès politique qui lui vaudra la noto-
riété publique et la faveur de son parti, l'humble agent ne
doit espérer de son devoir accompli qu'un salaire modeste et
la sécurité. Il est essentiel de les lui garantir.

**Fonctionnaires dans le sens de l'art. 75 de la loi
du 22 frimaire an VIII.** — Des mesures d'espèce prises
par la jurisprudence, il est impossible de dégager une véritable doctrine.

Elle a établi des distinctions selon les conséquences que
devait produire le caractère de fonctionnaire. Ainsi, étaient
réputés tels, au point de vue de la garantie administrative
(résultant de l'art. 75 de la constitution de l'an VIII — *vide
infrà*) :

Les gardes forestiers,
Les ingénieurs des ponts et chaussées,
Les préposés des ponts à bascule,
Les fabriciens,
Les préposés externes de l'enregistrement,
Les gardes-ports,
Les administrateurs des bureaux de bienfaisance à Paris,
Les directeurs de scrutin, (Cassat,, 3 nivôse an II.)
et n'étaient pas couverts par la même garantie :
Les gardes-champêtres,
Les greffiers et huissiers près les tribunaux,
Les préposés du régisseur de l'octroi,
Les agents-voyers,

Les employés internes des administrations. (Cassation, 8 décembre 1808.)

Les membres des conseils municipaux,

Les gendarmes,

Les officiers de recrutement,

Les sergents de ville.

Cette jurisprudence s'efforçait d'appliquer la doctrine posée avec tant d'incertitude par les arrêts de principe que nous avons cités.

Si, au point de vue du droit strict, ces décisions étaient à peu près régulières, ce que nous ne discutons pas, car l'abrogation de l'art. 75 ôte à la question un intérêt actuel, il est évident qu'au point de vue rationnel, certaines distinctions sont injustifiables.

Ainsi le directeur d'un asile d'aliénés était protégé — le médecin en chef du même asile ne l'était pas : bien qu'en fait, la loi du 30 juin 1838 accorde à ce dernier une influence considérable sur les internements. (art. 12, 18.) — (C. d'État. 21 décembre 1868.)

Était protégé, le gardien-chef d'une prison; ne l'étaient pas, les surveillants. (C. d'État, 12 juin 1867.)

Étaient protégés les Préfets, chefs de la police départementale; ne l'étaient pas les agents et inspecteurs de police.

Étaient protégés les gardes forestiers; ne l'étaient pas les gardes-champêtres, malgré l'assimilation établie entre eux par les art. 9 et 16 du Code d'Inst. crimi.

Nous n'hésitons pas à condamner rétrospectivement cette jurisprudence établie sur l'art. 75.

Si la garantie de ce texte était nécessaire, elle présentait ce caractère au même titre pour les agents en sous-ordre : en effet, s'il importe de protéger contre des poursuites téméraires les citoyens chargés d'un ministère public, cette sauvegarde est indispensable à tous les degrés de la hiérarchie. Sinon, il sera facile de troubler et entraver l'action du gouvernement en s'attaquant aux agents inférieurs qui se trouvent ainsi supporter la responsabilité effective d'actes dont ils n'ont pas la responsabilité administrative.

Ce raisonnement suppose, il est vrai, la connivence d'une magistrature hostile au gouvernement; mais, outre que l'expérience prouve que ce phénomène peut se produire, il faut constater que l'art. 75 était lui-même basé sur cette méfiance absolue.

Or, il est intéressant de remarquer qu'il ne constituait qu'une protection complète, en ce sens qu'une partie seulement des fonctionnaires en obtenait le bénéfice, et permettait à une campagne d'opposition habilement menée, de saper l'édifice gouvernemental. Elle pouvait arriver à ce but en intimidant et ruinant les humbles agents d'exécution, auxquels la qualité de fonctionnaires était refusée par une doctrine qui s'inspirait moins du véritable caractère des services rendus, que du désir de conserver une sorte de prestige attaché à la qualification de fonctionnaire, en la réservant aux titulaires de hauts emplois.

Mais l'inconséquence présentait un caractère plus saisissant encore lorsque, dans le même individu on reconnaissait le caractère de fonctionnaire à certains égards, et on le lui refusait à certains autres.

Ainsi les gendarmes, les douaniers, les agents de police, étaient réputés agents du gouvernement, au point de vue de l'application des peines de la corruption, passive ou active.

Les notaires, les gendarmes, les médecins des eaux thermales, étaient fonctionnaires au point de vue des outrages commis par voie de la presse, ou de la diffamation — or, cette dernière particularité constituait contre eux une aggravation de situation, en permettant contre eux la preuve du fait allégué. (art. 20 à 35 de la loi du 26 mai 1819).

Ces divers agents de l'État étaient cependant privés de la garantie de l'art. 75. N'y avait-il pas là une violation de l'axiome de droit : « *ubi onus, ibi emolumentum* » et pouvait-on équitablement diviser contre eux la qualité de fonctionnaire, pour lui en faire supporter les inconvénients, et leur en dénier les avantages?

L'abrogation de l'art. 75 a substitué à cet état de choses un système plus rationnel en ce sens que désormais, à tous les degrés, les citoyens chargés d'un système public sont protégés par l'exception d'incompétence et la procédure de conflit ; ce résultat, bien éloigné sans doute des intentions des rédacteurs du décret du 19 sept. 1870, a du moins introduit dans la question une unification nécessaire pour lui donner le caractère d'une véritable doctrine.

Nous ne chercherons pas à reproduire les controverses qui se sont élevées à ce sujet. On s'est demandé notamment s'il ne fallait pas considérer *la nature du contrat* qui lie l'individu envers l'État. S'il n'y avait que *louage d'ouvrage* et non mandat, on proposait de dénier le caractère de fonctionnaire.

A notre avis, la question est plus large. La garantie actuelle s'applique aux actes administratifs, et doit couvrir tous les agents qui ont concouru à leur exécution, sous peine d'être inefficace.

Instituée dans l'intérêt de l'État, elle n'a pour limite que cet intérêt même.

Jurisprudence du Tribunal des conflits. — Aussi approuvons-nous sans réserve l'extension donnée à la garantie administrative par l'arrêt suivant :

« Le Maire qui, ayant reçu de la préfecture, avec ordre de les faire apposer, des affiches annonçant une candidature officielle, défère à cet ordre, accomplit un acte administratif.

« *L'afficheur*, qui a accompli les ordres du Maire, est couvert par la même garantie. » (Rennes, 31 Décembre 1878).

Dans l'espèce, cependant, il y avait là un acte évidemment illégal ; c'était un des incidents de cette campagne du 16 mai 1877 dans laquelle le ministère accumula les faits de ce genre; l'art. 3 de la loi du 30 nov. 1875 prohibait formellement « à tout agent de l'autorité publique *ou municipale* de distribuer..... des professions de foi ou circulaires des candidats » or l'affichage était incontestablement une *distribution*, cette expression devant être ici entendue dans le sens de *publication*.

Mais ce qui prouve bien l'exactitude de notre doctrine, qui tend à couvrir l'afficheur, agent subalterne, par les ordres donnés, c'est que, dans l'espèce, le ministre, auteur principal du délit , conserva l'impunité ; on ne jugea pas opportun de le poursuivre, après la défaite politique du 14 novembre 1877. Or, quel n'eût pas été le scandale de cette impunité, si le complice inférieur, presque irresponsable, eût subi une condamnation à ce sujet.

Constatons incidemment que l'art. 3 de la loi du 30 nov. 1875 ne contenant aucune sanction à sa prohibition, sa violation ne pouvait donner lieu qu'à une action civile et qu'à une réparation pécuniaire. Cette action eut pu être efficacement intentée contre le ministre, mais dans les conditions spéciales à l'exercice de la responsabilité ministérielle.

Espèce du Bulletin des communes. — L'imprimeur est un agent de l'État. — Le 6 Juillet 1877, le Bulletin des communes publiait un article évidemment diffamatoire contre les membres de la Chambre dissoute. Le tribunal de Montbéliard, sur l'action introduite par un député, se déclara incompétent contre le ministre, et compétent contre l'imprimeur. Nous considérons la décision comme doublement fautive, et nous avons discuté plus haut le premier point.

Quant à la responsabilité de l'imprimeur, elle nous paraît avoir été à tort proclamée par le Tribunal, et c'est à juste titre que le Tribunal des conflits confirma le conflit élevé par le Préfet ; malheureusement ses motifs manquent de précision ; nous allons exposer ceux qui, à notre avis, devaient être invoqués :

L'imprimeur, dans l'espèce, n'est qu'un subordonné hiérarchique ; il exécute, sans les apprécier et sans les discuter, les ordres du Ministre. C'est en vain que le Tribunal correctionnel avait déclaré qu'il était lié au ministre par un contrat d'intérêt privé ; cette distinction entre la régie directe et l'entreprise paraît peu justifiable. En effet, il y a nécessairement de la part de tout agent de l'État, un contrat d'intérêt privé, dont l'émolument consiste dans une rémunération ; peu importent les clauses de ce contrat — la rétribution à la tâche ou à la journée — l'obligation de se consacrer exclusivement au service de l'État, ou, au contraire, le caractère temporaire et intermittent du service, ce qui se présente notamment pour un imprimeur ayant d'autres clients que l'État. Ces diverses modalités sont sans portée : ce qui caractérise essentiellement l'agent de l'État, c'est l'exécution, sous l'autorité d'un fonctionnaire, d'ordres hiérarchiques, relatifs à un service public, et qu'on ne peut éluder. Or, cette définition s'applique également aux entrepreneurs.

Vainement alléguerait-on qu'ils ne sont pas soumis à des peines disciplinaires, comme les agents proprement dits : il est facile de trouver à l'égard des entrepreneurs l'équivalent de ces peines : la *révocation* n'est autre chose que la rupture ou la *résiliation du contrat* de louage d'ouvrage : les *retenues* disciplinaires ne sont que des dommages-intérêts résultant de l'inexécution du contrat.

La *locatio operis* constitue en somme un contrat complexe qui comprend, à la fois, une vente, et une *locatio operarum* (art. 1787. C. civil) chez elle le caractère de la vente ne doit pas prédominer au point de faire disparaître les conséquences de la *locatio operarum*.

Il est nécessaire que tout citoyen mettant son industrie, ses efforts, son intelligence, au service de l'État, quel que soit le mode de rétribution de son travail, soit également protégé.

C'est ce qu'a reconnu le Tribunal des conflits, le 29 décembre 1877.

Dans une série d'arrêts postérieurs, relatifs à l'exécution des décrets du 29 mars 1880, le tribunal décida que « la protection qui résulte de la compétence administrative s'étend, non-seulement aux fonctionnaires réguliers, mais aux *auxi-*

liaires (menuisiers, serruriers) employés provisoirement. »
(Trib. conflits, divers, D. 1881, 3, 82.)

La dernière décision de ce genre date du 25 ou du 26 janvier 1883 (journal le *Temps*, 28 janvier). L'évêque d'Angers poursuivait un entrepreneur qui, sur l'ordre du Préfet, avait décoré la façade de l'évêché, immeuble appartenant à l'État, à l'occasion de la fête nationale du 14 juillet. Le préfet de Maine-et-Loire proposa un déclinatoire devant le Tribunal de première instance de Rennes, qui se déclara incompétent. (1)

La Cour de Rennes cassa le jugement d'incompétence, fournissant ainsi une preuve éclatante de la nécessité de la procédure de conflit. Était-il admissible qu'un entrepreneur agissant sur l'ordre du Préfet, fut passible d'une réparation pécuniaire, alors que le Préfet lui-même, auteur principal, eut été couvert par la garantie administrative ?

------

(1) Le Préfet de Maine-et-Loire était-il compétent pour proposer le déclinatoire, en dehors de son département ? nous avons traité la question et nous avons conclu affirmativement ; mais la pratique avait été jusqu'alors contraire.

CHAPITRE QUATORZIÈME

Régime de l'autorisation préalable.

Le décret *relatif à la constitution des municipalités*, en date des 14-22 décembre 1789 porte (art. 61) :

« Tout citoyen actif pourra signer et présenter contre les officiers municipaux la *dénonciation des délits d'administration* dont il prétendra qu'ils se sont rendus coupables; mais, avant de porter cette dénonciation devant les tribunaux, *il sera tenu de la soumettre à l'administration* ou au directoire de département qui, après avoir pris l'avis de l'administration de district ou de son directoire, *renverra la dénonciation, s'il y a lieu*, devant les juges qui en devront connaître. »

La doctrine de l'autorisation préalable par le supérieur hiérarchique est ici nettement formulée. En premier lieu, c'est l'administration qui se réserve de donner suite à la dénonciation *s'il y a lieu;* c'est-à-dire qu'elle a le droit de paralyser l'accusation par un refus.

D'autre part, ce sont les *tribunaux ordinaires* qui en connaitront, puisque le texte n'organise pas une juridiction spéciale.

Enfin, la nécessité de l'autorisation préalable est restreinte aux seuls *délits d'administration*.

Ces trois points sont fondamentaux et constituent essentiellement la théorie de l'autorisation préalable.

La loi des 7-14 octocre 1790 étend à tous les administrateurs ce que le décret sus-visé avait décidé pour les officiers municipaux.

« Conformément à l'art. 6 de la section 3 du décret du 22 décembre 1789 sur la constitution des Assemblées administratives, et à l'art. 13 du titre II du décret du 16 aout 1790 sur l'organisation judiciaire, aucun administrateur ne peut être traduit devant les tribunaux, *pour raison de ses fonctions publiques, à moins* qu'il n'y ait été renvoyé *par l'autorité supérieure,* conformément aux lois. »

On voit que la théorie de l'autorisation préalable, si vivement attaquée de nos jours comme oppressive des droits du citoyen, est une conception de l'Assemblée constituante qui, tout en fondant son système de gouvernement sur le respect de la liberté individuelle, voulut sauvegarder également les nécessités de l'action gouvernementale.

L'art. 75 de la constitution du 22 frimaire an VIII n'a fait que reproduire presque textuellement la loi de la Constituante. Il est ainsi conçu :

« Les agents du gouvernement autres que les ministres ne peuvent être poursuivis pour des faits relatifs à leurs fonctions qu'en vertu d'une autorisation préalable du Conseil d'Etat. En ce cas, la poursuite a lieu devant les tribunaux ordinaires. »

Tel est le texte qui est resté soixante-dix ans en vigueur. Il ne contient aucune innovation et l'on y retrouve, comme dans la loi prédédente, les trois principes : 1° nécessité de l'autorisation de l'autorité administrative;

2° Compétence des tribunaux ordinaires ;

3° Garantie restreinte aux délits commis dans l'exercice des fonctions.

Comme, pendant longtemps, on a identifié l'art. 75 avec la doctrine de l'autorisation préalable, c'est sur lui que nous ferons porter la discussion; nous aurions toutefois préféré l'élever à propos du texte de la Constituante, afin que notre

argumentation ne fut pas suspecte d'autoritalisme : en réalité, s'il existe une différence profonde entre les deux textes,
si identiques en apparence, c'est que l'un appartenait à un
régime de liberté, le second, à un régime de compression ; le
premier devait servir à protéger le fonctionnement d'un gouvernement libéral ; l'autre fut un instrument de règne : mais
l'erreur des critiques consista à faire porter sur l'art. 75 le
reproche qui s'adressait à la Constitution tout entière. C'était
le 18 brumaire que l'on visait à travers l'art. 75.

On commettait un sophisme : ce qu'il fallait changer, c'est
l'esprit du gouvernement, et non pas la garantie de l'autorisation préalable : on confondait l'irresponsabilité administrative avec la responsabilité politique : ce qu'il fallait assurer, c'était le châtiment des ministres et du chef de l'exécutif,
et non pas celui des « préposés des ponts à bascule » et des
« gardes forestiers. »

Un auteur qui a soutenu avec autorité la nécessité de la
responsabilité des agents inférieurs, Benjamin Constant
(Benjamin Constant, principes de politique, XI) résume son
argumentation dans cette comparaison métaphorique, « si
vous ne punissez que le ministre qui donne un ordre illégal
et non l'instrument qui l'exécute, vous placez la réparation
si haut que souvent on ne peut l'atteindre ; c'est comme si
vous prescriviez à un homme attaqué par un autre de ne
diriger ses coups que sur la tête et non sur les bras de son
agresseur sous le prétexte que le bras n'est qu'un instrument aveugle, et que dans la tête est la volonté et par conséquent le crime. »

Il est facile de répondre que s'attaquer aux bras, c'est à la
fois *iniuste* et *inefficace*. *Injuste*, parce que l'inférieur ne
peut discuter et apprécier exactement la portée d'un acte
dont la criminalité est enveloppée dans les formes d'un ordre
légal, puis parce que c'est frapper des comparses, des complices inférieurs, en laissant l'impunité au véritable coupable :
n'est-ce pas le sens de cette phrase « vous placez la répara-

tion si haut *que souvent on ne peut l'atteindre* », c'est donc
à titre de consolation, parce qu'il est impossible d'atteindre
le ministre, qu'on se rabattra sur l'agent d'exécution. Ne
voit-on pas que le scandale de l'impunité du premier s'accroît de la condamnation de son humble complice, et que la
morale n'accepte pas comme suffisante l'expiation qui s'ar-
rête au bras et ne s'élève pas jusqu'à la tête.

En outre c'est *inefficace*, parce que si le danger réside
dans l'improbité du ministre, on ne saurait le conjurer qu'en
châtiant le ministre même. Sans cela, s'imagine-t-on que
l'ambitieux sera entravé par le châtiment de quelques subalternes ? Ne puise-t-il pas d'ailleurs dans l'exercice du
pouvoir les moyens multiples de dédommager et de récom-
penser des complices ? Les déclassés ont-ils jamais manqué à
un Catilina ? Ce qui importe, c'est avant tout d'arracher le
pouvoir au ministre, et c'est cela seul qui importe. Lui tombé,
les lois reprennent leur empire, et le nouveau gouvernement
non seulement *autorisera toutes poursuites* contre les complices inférieurs, mais mettra lui-même l'action publique en
mouvement contre eux.

En résumé la responsabilité administrative n'est qu'un
leurre sous la responsabilité politique.

C'est ce qu'avaient compris les législateurs de 1835 ; à cette
époque une modification à l'art. 75 fut proposée, par le gouvernement lui-même, qui déclarait que son maintien « serait
un anachronisme depuis que la charte de 1830, en annonçant
une loi sur la responsabilité des agents du pouvoir, a promis
aux citoyens une garantie qui ne laissât plus leurs plaintes
à la discrétion du pouvoir » (M. Sauzet, rapporteur. Moniteur
des 25-27 mars 1835.) L'économie principale du projet consistait en ceci: la poursuite était libre et s'exerçait devant la
Cour d'appel, par analogie avec la prise à partie des magistrats de l'ordre judiciaire. (art. 479 et 483 C. Inst.-crim). Mais
*si le ministre assumait la responsabilité de l'acte, la pour-
suite était suspendue.*

En somme, la nécessité de l'*autorisation préalable* était remplacée par l'*évocation facultative;* avec une différence de procédure, on maintenait au gouvernement la *possibilité d'entraver la poursuite.*

Mais ce qui constituait le caractère véritablement supérieur du nouveau système, c'est que le droit de mettre obstacle à la poursuite n'apporterait plus au Conseil d'État, assemblée *irresponsable,* mais bien *au ministre;* c'est-à-dire que, conformément au principe que nous ne cessons de préconiser, la responsabilité n'était pas déniée, elle était *déplacée.*

Cependant, ce système ne fut pas adopté : on lui reprochait justement de ne pas obliger le ministre à couvrir ses agents, et l'on prévoyait que, dans la plupart des cas, celui-ci préférerait laisser poursuivre les fonctionnaires, plutôt que d'assumer la responsabilité de leurs actes. « Or, ajoutait-on, le délit n'est souvent qu'un mode d'exercice de la fonction; les fonctions administratives engagent incessamment la responsabilité des agents qui les exercent, et elles l'engagent d'autant plus vivement qu'elles touchent de plus près à la politique, aux passions locales et aux intérêts privés. Toutes les fois qu'un agent est inculpé, le pouvoir tout entier est intéressé dans la poursuite; la garantie n'est pas réclamée pour l'agent, elle est réclamée *pour le gouvernement,* pour la chose publique qui se trouve engagée. » (M. Vivien, *Moniteur* des 25 et 27 mars 1835).

Malheureusement, on tira de ces prémisses une conclusion insuffisante, et sauf quelques détails de procédure, on maintient le régime de l'autorisation préalable *par le Conseil d'État.* Or, nous avons dit que là était le côté défectueux de l'art. 75. Il eut fallu décider que *l'autorisation préalable serait donnée* PAR LE MINISTRE, *supérieur hiérarchique du fonctionnaire, et que le refus d'autorisation* ENGAGEAIT LA RESPONSABILITÉ DU MINISTRE.

Telle est, à notre avis, la doctrine véritable.

Le projet voté par la Chambre, en 1825, ne fut pas soumis

à la Chambre des pairs. En effet, la modification était assez peu importante pour qu'elle ne valut pas la peine d'être introduite dans l'ancienne procédure.

La discussion qui eut lieu à la Chambre des députés produisit cependant un effet inattendu. Elle consacra la reconnaissance législative du maintien de l'art. 75. En effet, on pouvait soutenir avec vraisemblance que ce texte avait sombré avec la constitution de l'an VIII tout entière. La charte de 1814 (art. 69) en promettant « qu'il serait pourvu, dans le plus bref délai possible, par une loi nouvelle, à la responsabilité des ministres et des autres agents du pouvoir » ajoutait (art. 70) » toutes les lois, en ce qu'elles ont de contraire aux dispositions adoptées pour la réforme de la charte, sont dès à présent et demeurent annulées et abrogées. » Des auteurs soutenaient que ces textes abrogeaient l'art. 75, contraire à *la loi nouvelle* annoncée. (Henrion de Pansey, Traité du pouvoir municipal. Toullier, droit civil, t. I. Cormenin, Questions de droit administratif, t. III, p. 404).

Il était facile de répondre qu'au contraire, tant que cette loi nouvelle n'existerait pas, elle n'aurait par conséquent rien de contraire aux anciens textes, et que ceux-ci demeuraient en vigueur. En effet, la Charte n'abrogeait pas l'ancienne constitution tout entière, elle maintenait formellement (argument *à contrario* tiré de l'art. 70) tous les textes qui n'étaient pas directement contredits par ses dispositions ; or, l'art. 75 de la constitution de l'an VIII n'était contredit qu'*in futurum*, par une loi éventuelle que le gouvernement des Bourbons ne devait pas se hâter de proposer aux Chambres : seize ans après, il n'y avait encore rien de fait à cet égard.

En l'absence de cette loi, il était évident que le gouvernement de la Restauration ne laisserait pas poursuivre ses agents ; un tel libéralisme n'était pas dans son esprit : aussi, dès le 11 décembre 1814, une ordonnance en Conseil d'État maintint la nécessité de l'autorisation préalable : depuis cette époque, la jurisprudence de la Cour de Cassation comme du Conseil d'État demeura invariable en ce sens.

Nous avons vu que, par cela même qu'elle discuta l'abrogation de l'art. 75, la Chambre de 1835 en reconnut l'existence.

Après 1848, la même question se posa de nouveau. Un arrêt de rejet du 29 avril 1848 déclara que le fait seul de la Révolution n'avait pas suffi pour abroger ce texte.

La loi électorale du 15 mars 1849, prononça *à contrario* le maintien du même article : en effet, l'art. 119 de cette loi porte que « l'autorisation préalable n'était pas nécessaire pour la poursuite des crimes et délits *électoraux* commis par les fonctionnaires. » Il en résultait qu'elle demeurait nécessaire pour les autres crimes ou délits. L'art. 75 demeura appliqué pendant tout le second empire : son abrogation figura sur le programme des revendications républicaines, et, au lendemain de la chute du gouvernement impérial, un décret fut rendu en ce sens , il est ainsi conçu :

Décret du 19 septembre 1870. — ARTICLE PREMIER. — L'art. 75 de la Constitution de l'an VIII est abrogé.

Sont également abrogées toutes autres dispositions des lois générales ou spéciales ayant pour objet d'entraver les poursuites dirigées contre les fonctionnaires publics de tout ordre.

ART. 2. — Il sera ultérieurement statué sur les peines civiles qu'il peut y avoir lieu d'édicter, dans l'intérêt public, contre les particuliers qui auraient dirigé des poursuites téméraires contre les fonctionnaires.

Pour bien apprécier la portée de ce décret, sur lequel nous reviendrons, il faut procéder brièvement à un examen rétrospectif des applications données à l'art. 75, et des erreurs de doctrine commises à ce sujet.

CHAPITRE QUINZIÈME

Procédure de l'article 75.

La procédure pour l'application de l'art. 75 avait été réglée par les textes suivants :

« *Arrêté du* 19 *germinal an VIII*, établissant la formule d'autorisation en exécution de l'art. 75.

» Les Consuls de la République, en vertu de la décision prise par le Conseil d'État conformément à l'art. 75 de la Constitution,

» Arrêtent que (l'agent désigné par ses nom, prénoms et qualités) prévenu de (retracer le délit) peut être, pour ledit fait ou lesdits faits, poursuivi devant les tribunaux ordinaires.

» NOTA : S'il s'agit d'un délit pour lequel la République soit naturellement elle-même partie poursuivante, et à l'égard duquel il s'agisse, non d'une simple autorisation, mais d'une disposition, substituer aux mots *peut être* de la formule ci-dessus, celui-ci : *sera*, etc.

Décret du 11 juin 1806. — Titre III. — De la haute police administrative. — Art. 15. — Lorsque nous aurons jugé convenable de faire examiner, par notre Conseil d'État, la conduite de quelque fonctionnaire inculpé..... (règles de procédure).

Art. 19. — Si la commission juge, avant l'interrogatoire, sur la vue des pièces, ou après l'interrogatoire, que les faits

dont il s'agit doivent donner lieu à des poursuites juridiques..... le ministre de la justice *fait exécuter les lois de
l'État.*

Les art. 20 et 22 sont relatifs à l'application de peines disciplinaires, à l'exclusion de peines judiciaires.

**Décret du 9 août 1806 relatif aux formalités à ob-
server pour la mise en jugement des agents du Gouvernement.** — ARTICLE PREMIER. — Lorsque, *sur la demande
d'autorités* locales *ou de parties,* à nous transmise par nos
ministres, il écherra d'autoriser ou non la mise en jugement
d'aucuns de nos agents inculpés dans l'exercice de leurs fonctions, il y sera pourvu comme avant le décret du 11 juin —
(ce décret n'est applicable qu'au cas où là poursuite émanait
du gouvernement).

ART. 3. — Là disposition de l'art. 75 de l'acte constitutionnel de l'an VIII ne fait point obstacle à ce que les magistrats
chargés de la poursuite des délits informent et recueillent tous
les renseignements relatifs aux délits commis par nos agents
dans l'exercice de leurs fonctions; mais il ne peut être, en ce
cas, décérné *aucun mandat* ni subi *aucun interrogatoire
juridique,* sans l'autorisation préalable du gouvernement.

Nous rattachons à cet ordre d'idées une disposition de la
loi du 16 septembre 1807 (sur l'organisation de la Cour des
comptes).

ART. 18. — « La Cour ne pourra, en aucun cas, s'attribuer
de juridiction sur les ordonnateurs, ni refuser aux payeurs
l'allocation des paiements par eux faits, sur des ordonnances
revêtues des formalités prescrites, et accompagnées des ac-
quits des parties prenantes et des pièces que l'ordonnateur
aura prescrit d'y joindre.

C'est l'application du second des principes de l'art. 75, à
savoir que les poursuites criminelles doivent toujours avoir
lieu devant les *tribunaux ordinaires.*

CHAPITRE SEIZIÈME

Pratique de l'autorisation préalable.

L'exposé de la jurisprudence détermine mieux la portée que recevait l'art. 75.

Comme nous l'avons dit, la garantie était accordée *en faveur des fonctions,* et non pas en faveur du fonctionnaire, bien qu'elle fut attachée à la personne de l'agent.

Ainsi [comprise, elle constituait une exception d'ordre public.

Comme application de ce principe, il avait été décidé qu'un fonctionnaire et spécialement un comptable, pouvait être poursuivi *après démission, sans autorisation du Conseil d'État,* pour un délit commis dans l'exercice de ses fonctions. (Cass. 5 juin 1823. Cass. crim. rejet 24 juin 1847. Av. C. d'État 16 mars 1807.) De même, *après sa destitution* (25 nov. 1845, crim. Cassation) et cela, alors même que les poursuites auraient été commencées avant la destitution. (2 fév. 1854. Cassation.) De même encore, si un fonctionnaire au sujet duquel l'administration avait refusé l'autorisation de poursuivre, était en même temps destitué, et si l'on découvrait des faits nouveaux, la poursuite pouvait embrasser non-seulement ces derniers, mais encore les faits *antérieurs* au sujet desquels l'autorisation avait été refusée par l'administration. (21 déc. 1850. Cr. rejet.)

On voit que la protection de l'art. 75 ne s'étendait qu'au

fonctionnaire *en exercice,* et que son but était manifeste : on voulait que le fonctionnaire ne fut pas troublé par l'obligation de défendre à des actions inspirées par l'esprit de parti ou des animosités particulières, afin qu'il put consacrer tout son temps et toutes ses facultés au service public.

La protection était donc bien établie en faveur DE LA FONC-TION et non pas des individus. Si, en effet, elle avait voulu couvrir le fonctionnaire, pour ce motif qu'investi d'un caractère public, il bénéficiait d'une sorte de privilège de juridiction, il aurait eu le droit de le revendiquer même après la cessation de ses fonctions, car pour apprécier le caractère de l'individu, il faut se placer non pas au moment de la poursuite, mais au moment *où le fait a été commis.*

Comme autre conséquence de ce principe que la garantie était accordée *à la fonction,* il a été jugé que le défaut d'autorisation étant d'ordre public *ne pouvait pas être couvert par l'acquiescement de l'administrateur.* (Cass. 16 juin 1811.)

Enfin, cette exception résultant du défaut d'autorisation étant d'ordre public, pouvait être opposée pour la première fois en Cassation.

Le tribunal pouvait d'ailleurs la suppléer, et déclarer la demande non-recevable, si le défendeur avait omis de conclure à un sursis pour le cas où l'autorisation du conseil d'État serait jugée nécessaire. (Cassat. civ. 3 avril 1866.)

Quant à la décision déclarant que les agents *démissionnaires* pouvaient être mis en accusation sans l'autorisation du Conseil d'État, on peut trouver que cette interprétation dérogeait à l'art. 75, puisqu'elle *substituait l'autorisation du supérieur hiérarchique à celle du conseil d'État.* Il suffisait qu'une mesure disciplinaire intervint pour que le fonctionnaire fut privé de la garantie résultant de l'autorisation préalable.

C'était bien là en effet l'intention du législateur ; en vertu de l'organisation hiérarchique, le premier appréciateur du fait, c'est le supérieur immédiat ; si celui-ci ne couvre pas son subordonné, l'État se désintéresse et abandonne l'agent à la juste répression que nécessitent ses fautes. Si au contraire il le couvre, il doit faire sanctionner sa résistance par le Conseil d'État.

En réalité il suffisait donc que *l'une des deux* autorisations intervint — celle du chef d'administration *sous forme de révocation,* ou celle du Conseil d'État, en sa forme solennelle.

L'autorisation de poursuite ne présentait pas un caractère interlocutoire (art. 452 Proc. civ.) et n'impliquait pas une présomption en faveur, soit *de la culpabilité de l'agent,* soit *de la compétence judiciaire.* Aussi, malgré l'autorisation, a-t-on vu des tribunaux se déclarer incompétents, pour ce motif que les faits incriminés se trouvaient, soit couverts par l'administration, soit attribués à sa juridiction par l'art. 4 de la loi du 28 pluviôse an VIII. (Req. 11 février 1868.)

Motif de l'abrogation de l'article 75. — Abus. — D'après la jurisprudence, l'art. 75 couvrait non seulement les actes administratifs, mais *la personne même de l'agent,* pour des actes notoirement étrangers à ses fonctions.

Tandis que la procédure de conflit ne pouvait revendiquer que les actes dévolus *par la loi* à la compétence administrative, ce qui exclut tout abus, la garantie de l'art. 75, quoique restreinte dans ses termes, était entendue par la Cassation et par le Conseil d'État dans le sens le plus large.

En ce qui concerne les personnes, on couvrait de la garantie les garde-pêche, (C. d'État. 21 mai 1823) les préposés des ponts à bascule, (Cass. 8 mai 1846) les inspecteurs des halles et marchés, (C. d'État 10 fév. 1842) les gardes forestiers, (C. d'État 21 nov. 1860) les sergents de ville, (Cass. 4 décembre 1862). Nous établissons ailleurs que, quant à l'extention aux personnes, cette doctrine était rationnelle et nécessaire, et sous le règne actuel des conflits, le Tribunal des conflits a fort heureusement persisté dans cette jurisprudence.

Mais là où éclatait le vice du système, c'est dans la *nature des actes* que couvrait l'art. 75. On en était arrivé à poser en principe que la garantie s'appliquait aux faits étant ou *pouvant être* relatifs aux fonctions. (Req. 15 nov. 1865. Civ. 30 avril 1866.) De cette théorie on faisait découler des applications scandaleuses : c'est ainsi que, parmi les actes incriminés, qu'a abrités cette jurisprudence abusive, on compte des meurtres, (C. d'État. 6 mars 1816. 3 juin 1820) des attentats à la pudeur, (C. d'État. 18 décembre 1839. 28 janvier 1840) des contraventions aux règlements concernant la salubrité (Cass. 13 nov. 1846) et des confiscations de la propriété des particuliers. (Paris 16 Juillet 1864.)

En outre, le Conseil d'État puisait dans les termes vagues de l'art. 75 un véritable pouvoir judiciaire : au lieu de se borner à examiner si les faits reprochés constituaient ou non un acte administratif, et au cas où la négative aurait été démontrée, d'accorder l'autorisation, le Conseil d'État s'érigeait en chambre des mises en accusation, empiétant sur les attributions du pouvoir judiciaire, et appréciant la culpabilité de l'accusé, la vraisemblance des charges, pesant les preuves, discutant les témoignages, admettant les excuses, autorisant à son gré *à fins criminelles ou civiles,* et refusant même l'autorisation, s'il estimait que le fait, bien que prouvé, était suffisamment puni par une *répression disciplinaire.*

Il se substituait ainsi aux juges d'instruction, à la chambre des mises en accusation, aux juges ou au jury. Or cette usurpation privait les demandeurs de toutes les garanties du débat public. L'affaire, résolue à huis clos, administrativement, sans contrôle, était étouffée plutôt que jugée. L'exercice systématique de ce droit équivalait à un véritable déni de justice et constituait dans l'État une classe privilégiée, celle des fonctionnaires, désormais placés à l'abri des revendications même les plus légitimes.

Sans doute, le reproche monte plus haut et s'adresse au régime politique lui-même ; avec des mœurs publiques plus honnêtes, avec un gouvernement parlementaire, la garantie de l'art. 75 n'eut présenté rien d'excessif. D'une part les pouvoirs sociaux n'auraient pas considéré le gouvernement comme un moyen de domination et eussent admis l'appréciation de ses actes, d'autre part la responsabilité ministérielle aurait corrigé et rendu plus rare l'irresponsabilité des agents inférieurs.

L'article 75 a donc disparu par l'abus qu'en avait fait la politique : c'est ce que constate le rapporteur de la commission chargée de contrôler les actes du gouvernement de la Défense nationale, dans la séance de l'Assemblée nationale du 24 février 1872 :

« Nul, dit-il, n'ignore que la disposition de l'art. 75, destinée à protéger les fonctionnaires contre les poursuites inspirées par des *animosités privées* ou *par l'esprit de parti* n'avait que trop souvent assuré *l'impunité de leurs fautes* en suspendant à leur profit le cours régulier de la justice. »

Bien que l'abrogation de l'art. 75 fut ainsi suffisamment justifiée, nous n'hésitons pas à affirmer que le décret du 19 septembre 1870 fut une œuvre irréfléchie, une faute gouvernementale, une concession excessive aux réclamations de la foule ignorante.

Certes, il fallait détruire ce texte, mais non pas abandonner complétement le système de garantie des fonctionnaires. Si son abrogation s'imposait, c'était à la condition qu'il fut remplacé par des dispositions donnant satisfaction aux nécessités politiques et administratives.

Mais il est plus facile de céder aveuglément à des besoins de popularité, que de tenir tête à l'opinion publique *en osant l'éclairer*. Celui-là seul est homme d'État, qui sait opposer à la multitude la rude franchise du Consul P. Scipio Nasica : « Tacite, *quæso, Quirites ; plus enim ego, quam vos, quid républicæ expediat, intelligo.* » (Valère Maxime , III, 7, § 3.)

C'est dans le sens du projet de 1835 qu'il eut fallu modifier la législation : il suffisait de décider : 1° *que l'autorisation préalable serait accordée par le ministre ;*

2° *Qu'en cas de refus, le ministre assumait la responsabitité de l'acte.*

Les conséquences funestes du décret du 19 septembre 1870 démontreront d'ailleurs suffisamment la portée de la faute commise.

CHAPITRE DIX-SEPTIÈME

Suppression de la garantie personnelle.

Nous avons dit à quelles préoccupations avaient cédé les auteurs du décret du 19 septembre 1870, en abrogeant l'art. 75, purement et simplement, sans y subsistuer une mesure sauvegardant tout à la fois le principe de la responsabilité et celui de la protection due aux fonctionnaires.

A la vérité l'article 2 du décret décidait « qu'il serait ultérieurement statué sur les peines *civiles*, qu'il y aurait lieu d'édicter, dans l'intérêt de la société, contre les particuliers qui auraient dirigé des poursuites téméraires contre les fonctionnaires, » mais cette promesse constituait un vain hommage au principe, car la mesure eût été insuffisante. Nous avons consacré un chapitre à étudier minutieusement les moyens tant préventifs que répressifs accumulés par les lois romaines « *ne maneat impunita licentia mentiandi.* » ; à défaut de l'un de ces procédés, les auteurs n'avaient d'ailleurs qu'à puiser dans le Code de Procédure civile pour y trouver les règles de la prise à partie des magistrats de l'ordre judiciaire (art. 49, 83, 505 à 516) ils auraient pu emprunter au Code d'Instruction criminelle l'énumération des cas dans lesquels elle est autorisée (art. 77, 112, 164, 271, 370, C. Instr. crim,) et la constitution d'une juridiction spéciale (art. 479 et et s. 483 et s.)

Lorsque l'Assemblée nationale révisa les décrets de la période dictatoriale, le rapporteur proposa le maintien de ce décret ; et, quant à l'art. 2, il déclara qu'il était inutile de recourir à des mesures spéciales, puisque le *droit commun* suffisait.

Or, le droit commun, c'est d'une part, en matière civile, l'art 1382, lequel, si l'on n'exige pas une caution *judicatum solvi* du *demandeur*, peut devenir illusoire. Il suffira de faire intenter l'action par un insolvable, contre lequel toute demande reconventionnelle demeurera inutile.

Et d'autre part, ce sont les poursuites autorisées par l'art. 373 du Code pénal, et les art. 358, 359, du Code d'Instruction criminelle contre le *dénonciateur*, lorsque l'acquittement du prévenu aura prouvé que la dénonciation était calomnieuse. Dans l'espèce, le fait de se porter partie civile devant un tribunal correctionnel doit être considéré comme l'équivalent de la dénonciation calomnieuse, puisque l'une tend, comme l'autre, à faire appliquer une peine. (*Sic.* Cassation 12 nov. 1813 et 14 mars 1860).

Mais les auteurs du décret n'avaient pas même voulu du droit commun ; en effet, l'art. 2 promet qu'il sera statué ultérieurement sur les peines *civiles* ; évidemment les rédacteurs avaient eu l'intention de s'en tenir à une réparation pécuniaire contre les accusateurs téméraires ; dans leur ardeur de réaction contre l'ancienne pratique, ils rêvaient d'aplanir tous les obstacles, de briser toutes les entraves : cette pensée se dégage nettement de leur rédaction ; on peut la critiquer, mais non la nier. Pour eux tout fonctionnaire était un suspect ; le seul exercice d'une fraction du pouvoir constituait une présomption de culpabilité. C'était là la doctrine d'hommes d'opposition qui n'ont pas encore eu le temps de devenir des hommes de gouvernement.

Quoi qu'il en soit, comme le décret, clair dans son intention, l'est moins dans son texte, et qu'il a omis d'exclure formellement l'application de peines correctionnelles contre les accusateurs téméraires, il faut conclure *à contrario* que le droit commun subsiste et permet la récrimination pour dénonciation calomnieuse.

Conséquences du décret du 19 *septembre* 1870.

Le décret du 19 septembre, rédigé par des hommes politiques qui pensaient fournir une arme à leur parti, produisit une conséquence inattendue; il permit aux adversaires du régime républicain d'en entraver le fonctionnement, et aurait pu amener les plus graves désordres, si le gouvernement n'avait recouru à la procédure de conflit qui, sous une forme différente, restaurait la garantie des fonctionnaires.

Il n'est pas douteux que les auteurs du décret n'aient eu l'intention d'abroger « toutes les lois générales ou spéciales » relatives à la matière. Or, ces lois, dont les jurisconsultes et les hommes d'État avaient longuement pesé le principe, mûrement élaboré les dispositions, et qu'un texte de huit lignes allait détruire en bloc, comportaient trois groupes différents :

1° Les textes relatifs à l'autorisation préalable;

2° Les textes relatifs à la *prise à partie;*

3° Les textes relatifs à la *procédure de conflit.*

Il est fort heureux que, soucieux avant tout de frapper l'opinion publique, les auteurs du décret n'aient pas songé à viser plus spécialement les lois nombreuses qui organisent les deux dernières garanties. Ceux des membres du gouvernement de la Défense nationale qui possédaient une science juridique incontestable ne la mirent pas, en cette occasion, au service de ceux de leurs collègues, dont l'ardeur politique faisait tout le mérite, et, sans doute à dessein, ne leur apprirent pas que leur décret, malgré ses tendances générales, laissait subsister deux procédures de garantie.

Prise à partie. — La procédure spéciale de la *prise à partie*, organisée par les Codes de Procédure civile et d'Instruction criminelle, pour les délits et quasi-délits spéciaux commis par les magistrats et *officiers de police judiciaire*, leur assure une double garantie : 1° responsabilité du demandeur en cas d'échec, assurée par une amende dont la consignation préalable rappelle le *sacramentum* et les garanties pécuniaires romaines (*vide suprà*), 2° juridiction spéciale pour leurs délits.

Nous ne nous étendrons pas davantage sur son caractère, car, restreinte aux agents de l'ordre judiciaire, elle ne protège pas les fonctionnaires du pouvoir exécutif proprement dit.

Nous dirons seulement qu'une jurisprudence constante, la maintint comme n'ayant pas été visée par le décret d'abrogation (1).

A la faveur des troubles politiques, les adversaires du gouvernement républicain résolurent de se servir de l'arme imprudemment mise à leur disposition, et des procès nombreux furent intentés contre les fonctionnaires qui parais-

---

(1) « En abrogeant avec l'art. 75 de la constitution de l'an VIII « toutes autres dispositions des lois générales ou spéciales ayant pour objet d'entraver les poursuites dirigées contre les fonctionnaires publics de tout ordre » le décret du 19 septembre 1870 n'a pas attendu porter atteinte aux art. 479 et suivants du Code d'instruction criminelle relatifs à la prise à partie des magistrats de l'ordre judiciaire, non plus qu'à l'art. 10 de la loi du 20 avril 1810. (Cass. criminelle, rejet 15 septembre 1871 et jurispr. constante).

« Le décret du 19 septembre 1870 a laissé subsister les règles de la *prise à partie* (art. 506 et s. Pr. civ.).

» Ces règles s'appliquent même aux officiers inférieurs de police judiciaire, tels que les gardes forestiers.

» En conséquence, l'auteur d'un délit de chasse ne peut intenter une action directe en dommages-intérêts, devant la juridiction correctionnelle, contre le garde forestier qui a saisi, sur sa personne, le fusil et le gibier dont il était porteur.

» En effet, dit l'arrêt de cassation du 4 mai 1880, *ce décret, malgré la généralité de ces termes, ne peut avoir supprimé* de nos codes *toute une procédure* précédemment instituée comme une des garanties essentielles de la justice ; — que d'ailleurs cette procédure a pour objet, *non d'entraver* les poursuites civiles contre les magistrats, mais *d'en mieux assurer le jugement* au moyen de formes spéciales et de l'institution d'un ordre plus élevé, qui protègent à la fois et la dignité du fonctionnaire et l'intérêt du contribuable. »

saient avoir excédé leurs pouvoirs. Comme en pareille matière, il n'existe de critérium que dans la conscience du juge, il arriva que des arrêts dépassèrent même les termes du décret du 19 septembre, et, pour entraver les actes du gouvernement, reconnurent aux tribunaux judiciaires le droit d'apprécier et de châtier ceux qui leur sembleraient abusifs.

Première conséquence erronée.

Les tribunaux sont compétents pour apprécier un acte des fonctions. La Cour de Cassation parut, il est vrai, respecter le principe de la séparation des pouvoirs, en déclarant que « le tribunal civil est incompétent pour connaître du fait imputé à un fonctionnaire public alors que ce fait constitue *un acte légitime* des fonctions du défendeur ». (Cassat. civ. 13 déc. 1874, Dalloz, 76, 1, 289, 298). Mais, à considérer cet arrêt, qui ne voit combien sa doctrine est contestable ? Comment, en effet, un tribunal peut-il arriver à reconnaître que *l'acte* est *légitime* ? l'examen auquel il se livre constitue l'usurpation, car il comporte le droit de le déclarer *illégitime.*

Or la loi des 16-24 août 1790 prohibe « *de citer les administrateurs pour raison de leurs fonctions* », et, cette formule, reprise par les lois suivantes, (citées plus haut, page) se retrouve dans le dernier texte, l'art. 129 du Code pénal qui punit de la dégradation civique « les juges qui auraient permis de *citer des administrateurs pour raison de l'exercice de leurs fonctions* ».

Ces textes n'auraient aucune portée s'ils devaient être interprétés ainsi : « les tribunaux sont incompétents pour châtier les actes légitimes des fonctions », cela est trop évident ! nous avons établi (v. introduction) que l'exécution de la loi ne peut jamais constituer un délit ni un quasi-délit ; par conséquent il eut été inutile d'accumuler les textes sur la

séparation des pouvoirs, pour ne proclamer que cette naïveté ;
leur véritable sens, c'est la prohibition faite aux tribunaux
d'apprécier les actes, même pour les reconnaître réguliers.

Mais pourquoi cette prohibition ? la méfiance du pouvoir
exécutif à l'égard du pouvoir judiciaire est-elle encore justifiée, comme au lendemain de 1789 ? les tribunaux, gardiens
de la loi, n'ont-ils pas seuls compétence pour apprécier la
légalité d'un acte ? La réponse ne peut se faire en se plaçant
au point de vue abstrait, car le rêve du philosophe serait
certes de constituer un corps judiciaire, instruit, intègre,
joignant à la probité fonctionnelle l'honnêteté politique. —
Mais on va voir par la suite de cet exposé dans quelles erreurs
peuvent parfois tomber les magistrats, et ces exemples cons-
titueront la plus éloquente justification de la séparation des
pouvoirs.

Seconde conséquence abusive.

*Le décret du 19 mars abroge les art. 64, 327 et 328 du
Code Pénal.* Comme seconde conséquence du décret du 19
mars, deux décrets de Cour d'Appel déclarèrent qu' « en dehors des faits prévus par les art. 114 et 190 du Code Pénal,
(attentats à la liberté et abus d'autorité contre la chose publique) les fonctionnaires n'étaient pas admis à invoquer
comme excuses les ordres de leurs supérieurs. » (Angers, 17
nov. 1871. Orléans, 28 juin 1872. Dalloz, 73, 1, 286). En effet,
ces deux articles reconnaissent expressément l'excuse résultant d'ordres hiérarchiques, et décident que, dans ce cas, la
responsabilité du fait est encourue *par le supérieur*. Mais
avant d'en conclure en vertu de la maxime « *qui dicit de uno
de altero negat* », que l'excuse ne pouvait pas être invoquée
dans les autres cas, il fallait considérer s'il n'existait pas un
texte plus général : or, ce texte existe, l'art 64 du Code Pénal
déclare qu'il n'y a pas culpabilité lorsque l'agent a été con-

traint par une force à laquelle il n'a pas pu résister. On en a tiré la théorie de l'obéissance passive que nous avons examinée plus haut ; toutefois, même en tenant compte des distinctions que la doctrine a établies, il est certain que l'art. 64 admet, dans une certaine mesure, l'exception résultant d'ordres supérieurs ; or, le décret de 1870 n'avait pas abrogé l'art. 64. Les arrêts cités étaient donc abusifs ; ils devaient constater que l'excuse résultant d'ordres supérieurs ne se présentera plus sous forme *de refus d'autorisation*, comme avant le décret, mais que lorsqu'elle sera invoquée devant les tribunaux judiciaires, ceux-ci devront l'admettre à l'égal de celles qui sont édictées par les art. 327 et 328 du même Code.

Sinon, en poussant à l'extrême les conséquences du décret du 19 septembre, on en arriverait à décider également que le[s] *excuses péremptoires* résultant de *l'ordre de la loi*, ou *de la légitime défense* seraient retirées aux agents de l'État. Un garde forestier couché en joue par un délinquant fait feu et le blesse : il ne pourra pas invoquer la légitime défense, dira-t-on parce que le décret de 1870 a abrogé toutes les lois *générales ou spéciales mettant obstacle à la poursuite des fonctionnaires*. Telle est la conséquence logique de la doctrine des deux arrêts que nous critiquons. L'absurdité de la conclusion démontre assez celles des prémisses.

D'ailleurs la jurisprudence ne s'en tint pas à ces décisions contestables, mais du moins spécieuses. Les tribunaux s'attribuèrent compétence absolue contre les fonctionnaires.

Nous groupons plusieurs arrêts intervenus dans des affaires présentant une grande analogie, autour de l'espèce la plus caractéristique.

Un journal du département de Maine-et-Loire fut, pendant l'invasion allemande, supprimé par arrêté du Préfet, M. Engelhardt. Le rédacteur, M. de Cumont, ne contesta pas la légalité de l'arrêté, qu'autorisait la législation alors en vigueur ; mais il se prétendit diffamé par les considérants, et obtint les arrêts suivants :

« Il appartient à l'autorité judiciaire de statuer sur l'action en diffamation intentée contre un préfet par le gérant et le rédacteur d'un journal, à l'effet d'obtenir la réparation du préjudice que lui auraient causé les imputations contenues dans les motifs de l'arrêté portant suspension dudit journal et l'affichage de cet arrêté (Angers, 3 février 1871) (annulé par l'arrêté du Conseil d'État du 7 mai 1871) D. 73. 1, 286.

» En conséquence, le préfet ne peut pas élever le conflit dans l'instance correctionnelle, et la cour d'appel saisie de la poursuite, peut passer outre, *nonobstant l'arrêté* par lequel le conflit aurait été abusivement élevé (Angers, 17 nov. 1871. D. 73, 1, 286).

» Spécialement, la Cour d'Appel, sans empiéter sur le domaine de l'autorité administrative a pu déclarer un préfet convaincu du délit de diffamation pour avoir fait afficher un arrêté par lequel, en prononçant la suspension du journal, il motivait cette mesure sur ce que ledit journal avait excité à la guerre civile et s'était rendu coupable de connivence avec l'ennemi, et de trahison envers la patrie en danger (C. cass. 25 janvier 1873. D. 73, 1, 289).

» Dans l'espèce, les imputations incriminées ne constituaient pas l'exécution d'un acte administratif, car elles ne se trouvaient pas dans les instructions ministérielles (*sic* Angers. *suprà*).

» Il appartient à l'autorité judiciaire de statuer sur les actions formées par un particulier contre un fonctionnaire à raison des imputations outrageantes qui seraient comprises *dans un acte émané de lui dans l'exercice de ses fonctions,* — pourvu que les conclusions se bornent à demander la répression du fait de diffamation ou des dommages-intérêts sans porter atteinte à l'autorité et à la valeur de l'acte administratif. (C. d'État. 7 mai 1871, D. 72, 3, 13).

Doctrine dangereuse en ce sens qu'elle semblait en réalité respecter le dispositif d'un arrêté pour n'en apprécier que le motif : or, qui ne voit que ce sont là deux parties d'un même

acte étroitement corrélatives, que les motifs étaient des prémisses d'où découlait le dispositif, qui, sans elles, demeurait
inexplicable et entaché d'arbitraire, tandis que dans l'espèce,
le préfet usant des pouvoirs que lui conférait l'état de guerre,
devait avoir le droit de *qualifier* les faits qu'il avait le droit
de *punir* : c'est là un *à fortiori*.

En fait, les arrêts précédents, inspirés par des considérations extra-juridiques tentaient d'introduire dans la jurisprudence une distinction subtile qui détruisait le principe de la
séparation des pouvoirs. (1)

Méconnaissance de la séparation des pouvoirs. —
Dans les arrêts précités, il règne encore une certaine timidité, les décisions s'abritent sous des subtilités, et recourent à des qualifications qui leur permettent de statuer
sans paraître nier la séparation des pouvoirs.

Les arrêts suivants apportent au contraire une franchise
complète dans l'exposé de la doctrine nouvelle.

« Le principe de la séparation des pouvoirs ne met pas
obstacle à ce que le juge, saisi de la poursuite d'un délit commis par un fonctionnaire dans l'exercice de ses fonctions, apprécie les faits qui se rattachent à l'acte incriminé, les motifs
qui leur ont servi de base *et la responsabilité* qui peut en
résulter. (Crim. rej. 25 janv. 1873. Crim. rej. 20 juin 1873.)

Le décret du 19 septembre, disait-on, ne peut avoir pour
effet d'enlever à l'autorité judiciaire le pouvoir d'appréciation
que lui reconnaissait l'art. 75 lui-même ; il portait : « dans ce
cas (où l'autorisation serait accordée) la poursuite aura lieu
devant les tribunaux ordinaires.» Il n'a eu d'autre effet que
de restituer aux citoyens le droit de porter *directement* devant

______

(1) Dans le même ordre d'idées, on doit citer encore le jugement suivant: « Le
fait pour un maire d'avoir, par une intervention abusive, causé un scandale
public dans une église au moment de l'office, peut-être déféré au tribunal
correctionnel sans déclaration préalable d'abus de pouvoir par le Conseil
d'État. (Trib. Chambéry 8 juin 1872. D. 72, 3, 84.)

Dans l'espèce, le tribunal qualifiait de scandale public un acte des fonctions
du maire.

les tribunaux leurs demandes en réparation contre les fonctionnaires.

C'est ce que dit également un arrêt fondamental. « L'abrogation de l'art. 75 autorise les tribunaux à *apprécier* et *qualifier* les actes imputés aux fonctionnaires et qui donnent lieu
à une réparation civile. » (Requêtes, 3 juin 1872.)

Dans cette dernière affaire, M. l'avocat général Reverchon
a ainsi apprécié la portée du décret du 19 septembre : « Avant
1870, des lois spéciales avaient déjà dérogé à l'art. 75, soit
pour certains fonctionnaires, soit pour certains actes de certains fonctionnaires. Les agents des contributions indirectes,
par exemple, sans exception, pouvaient être poursuivis à fins
civiles ou à fins criminelles, sans aucune autorisation. (Loi
8 déc. 1814, art. 144 et L. 28 avril 1816 art. 244.)

En outre, depuis 1818, la loi annuelle de finances portant
ouverture du budget contient *in fine* l'article suivant : « Toutes
contributions directes ou indirectes, autres que celles autorisées par la présente loi, à quelque titre ou sous quelque
dénomination qu'elles se perçoivent, sont formellement inter-
dites, à peine, contre les autorités qui les ordonneraient,
contre les employés qui confectionneraient les rôles et tarifs,
et ceux qui en feraient le recouvrement, d'être poursuivis
comme concussionnaires sans préjudice de l'action en répétition (action civile) pendant 3 années, et *sans que pour exercer
cette action devant les tribunaux, il soit beosin d'une autorisation spéciale.* »

Or, déjà, avant le décret du 19 septembre 1870, on pouvait
soutenir et l'on a soutenu qu'en cas d'action en répétition, il
serait nécessaire que l'autorité administrative statuât sur la
régularité ou la légalité de l'acte administratif en vertu
duquel l'impôt avait été perçu.

« Or, le conseil d'État, dans cette circonstance, a décidé
(14 déc. 1862. Dalloz, 63, 3, 1,) que la garantie de l'examen
préalable par l'autorité administrative *n'existait pas*, et qu'elle
était formellement écartée, comme celle de l'art. 75, par les

termes généraux de l'article final de la loi de finances.

» Pourquoi donc le décret du 19 septembre 1870 aurait-il une portée moindre ? Oui, certes, il en résulte une atteinte considérable au principe de la séparation des pouvoirs, et l'on ne peut guère supposer que les auteurs ne l'aient signé en pleine connaissance de cause. Mais alors même qu'ils n'en auraient pas vu toute la gravité, l'autorité judiciaire n'a pas à le juger..... »

« Quant à l'arme de conflit, qui subsiste, elle s'emploiera encore : supposons, dit M. l'avocat général, qu'un particulier, lésé par un travail public, au lieu de demander à l'administration une réparation pécuniaire devant le Conseil de préfecture, poursuive directement devant les tribunaux civils l'ingénieur dont *la faute*, la malice prétend-il, aura causé le dommage, pour ce cas, l'administration conserve la ressource du conflit. »

Nous avouons que cette dernière concession de l'avocat général nous parait dangereuse pour l'ensemble de sa théorie, et que, généralisée, elle ne tend à rien moins qu'à l'infirmer tout entière. En effet, dans l'espèce choisie, à quel titre l'administration revendiquera-t-elle l'affaire ? Évidemment parce qu'elle prétendra que l'exécution des travaux constitue un acte administratif, mais non pas une faute personnelle. Or, reconnaître que c'est à l'administration à statuer sur le caractère administratif de l'acte, c'est affirmer de nouveau cette séparation des pouvoirs que l'on prétendait tout à l'heure avoir été abrogée par le décret de 1870. Il est, en effet, impossible de trouver une seule espèce, où la demande de réparation civile ne soulève pas une question préalable d'appréciation, et admettre que cette appréciation appartient à l'autorité administrative, en matière de travaux publics, c'est l'admettre en tout autre matière. Une distinction basée sur la diversité des actes, selon qu'il s'agirait de travaux, ou de police, par exemple, ne serait pas juridique. Ce que l'on concède pour un acte relatif aux travaux publics, doit être également accordé pour tous autres actes administratifs.

Quant à l'arrêt du conseil d'État du 14 déc. 1862, (cité page 275) intervenu alors que la question ne se présentait pas avec le même caractère de gravité, il a tranché trop promptement peut-être une difficulté dont, en présence de l'accord régnant à cette époque entre les divers pouvoirs, on n'entrevoyait pas encore les conséquences possibles. Donc, on ne peut donc pas le considérer comme décisif, en présence d'une situation toute nouvelle, qui nécessite un examen plus approfondi.

Discussion de la première interprétation du décret du 19 septembre 1870. — Un arrêt d'Alger du 7 juillet 1874 a donné la formule la plus énergique de cette nouvelle doctrine. « Attendu, dit-il, que si les tribunaux saisis devaient surseoir à statuer sur le fond jusqu'à ce que l'acte imputé eut été soumis à l'examen de l'autorité administrative, ce serait *faire revivre sous une autre forme* la garantie de l'art. 75.

« Attendu que ce décret a porté, il est vrai, *quelque atteinte* à la règle de la séparation des pouvoirs administratif et judiciaire, mais que ce serait méconnaître la *volonté*, regrettable ou non, *de ses auteurs*, que de *restreindre la portée* à l'abrogation de la fin de non recevoir que les fonctionnaires puisaient dans l'art. 75 de la Constitution de l'an VIII, afin d'échapper aux poursuites pour des faits relatifs à leurs fonctions, alors que ces faits n'avaient pas un caractère administratif et constituaient des crimes ou délits de la compétence des tribunaux judiciaires.

« Attendu que le principe de la séparation des pouvoirs peut recevoir encore des applications nombreuses, et le tribunal des conflits avoir sujet d'exercer sa haute juridiction en dehors des poursuites dirigées contre les fonctionnaires, que ce principe continuera, par exemple, d'empêcher un tribunal civil d'entraver l'exécution d'un acte administratif, mais qu'il n'empêchera plus le pouvoir judiciaire de déterminer quelles sont les conséquences légales, par rapport aux intérêts privés, des actes de l'administration accomplis et subis ; que le but voulu par les auteurs du décret de 1870 est précisément d'attribuer aux tribunaux civils le jugement des questions de savoir si, par suite d'une faute ou d'un abus d'autorité imputables à un fonctionnaire, ses actes sont de nature à donner lieu à une action en dommages-intérêts. »

Cet arrêté résume sous une forme saisissante les arguments principaux de la doctrine que tend à donner au décret de 1870 une portée générale.

Il est donc nécessaire de reprendre séparément chacun d'eux et de le discuter pour en démontrer soit l'inanité, soit le danger.

Discussion de l'arrêt d'Alger. — En prétendant que si les tribunaux devaient surseoir à statuer sur le fond jusqu'à ce que les tribunaux administratifs aient prononcé sur le caractère de l'acte, il y aurait là une résurrection, sous une autre forme, de l'art. 75 ; la cour d'Alger commet une erreur facile à réfuter : elle repose en effet sur une confusion entre les deux garanties, l'une réelle, l'autre personnelle.

La première, basée sur les nombreux textes qui ont organisé la séparation des pouvoirs, protège les actes eux-mêmes, et garantit l'indépendance du pouvoir gouvernemental.

La seconde était destinée à assurer aux fonctionnaires une garantie spéciale contre les poursuites « inspirées par les animosités privées ou l'esprit de parti » ; elle a disparu avec l'art. 75.

Or, la distinction entre ces deux garanties est parfaitement tranchée : procédure, but, caractère, tous les différencie profondément. Alors que la première est réglée par l'ordonnance du 1ᵉʳ juin 1828, la seconde l'était par l'art. 75. Pour qu'aucun doute ne subsistât sur la séparation absolue des deux garanties, l'art. 3 de l'ord. du 1ᵉʳ juin déclare que *le conflit ne pourra être élevé pour défaut d'autorisation.*

Avant le décret du 19 septembre, le tribunal civil devait se déclarer incompétent, soit sur le déclinatoire proposé par le fonctionnaire, soit d'office, lorsque l'autorisation préalable n'avait pas été accordée.

D'autre part, et *lors même que le défendeur n'aurait pas été fonctionnaire,* si la solution du litige dépendait d'une question attribuée par la loi à l'autorité administrative, le Préfet avait le droit d'élever le conflit, c'est-à-dire de faire trancher *la question préjudicielle* par le tribunal administratif.

L'un des deux moyens constitue donc *une exception,* l'autre *une règle de compétence.*

Ce qui les rapproche, cependant, c'est que le Conseil d'État, pour statuer sur l'autorisation préalable, examinait si l'acte était ou non fonctionnel ; et que, de même, la juridiction qui tranche le conflit, apprécie le caractère régulier ou abusif de l'acte : les deux procédés constituaient également une garantie contre les empiétements du pouvoir judiciaire.

Mais l'arrêt d'Alger se trompe quand il affirme que la procédure de conflit *ressusciterait, en l'aggravant, l'art.* 75. Nullement ! elle existait en même temps que lui et n'a pas été abrogée.

Il est évident que cette constatation atténue singulièrement la portée du décret du 19 septembre 1870. Mais la faute en est à ses rédacteurs, qui ne visèrent pas la procédure de conflit.

Quand l'arrêt d'Alger affirme que la séparation des pouvoirs n'est pas atteinte par son interprétation, et que l'autorité judiciaire ne pourra pas empêcher l'exécution d'un acte administratif, il se dément lui-même, car le tribunal civil a le droit de déclarer abusif ou fautif un acte fonctionnel, n'est-ce pas lui permettre d'entraver l'action gouvernementale en paralysant les agents d'exécution ? L'expérience démontra bien rapidement que les protagonistes de cette doctrine tendaient indirectement et peut-être inconsciemment à ce résultat.

Nous citerons un dernier arrêt en ce sens : (1)

1. En l'espèce, il est évident que l'affaire ne pouvait pas ressortir à la juridiction administrative, car une détention arbitraire n'est pas un acte rentrant dans les attributions du Préfet, *en tant qu'administrateur* ; (sauf le cas de l'art. 18 de la loi du 30 juin 1838 sur les aliénés) mais l'art. 10 du Code d'Ins-

« Le tribunal civil qui statue directement et sans renvoi à l'autorité administrative sur une demande en dommages-intérêts formée contre un préfet pour avoir *illégalement prolongé* la détention du demandeur, ne fait pas obstacle à un acte administratif, et *ne contrevient pas à la règle de la séparation des pouvoirs.*

« Et c'est à bon droit que le tribunal a condamné le Préfet à réparer le préjudice causé par l'excès de pouvoir dont il s'est rendu coupable. » (Req. 8 fév. 1875 D. 76. 1. 289-292. Civ. rejet 3 août 1874 D. 76. 1. 289-297.)

Dans cette dernière affaire, M. l'avocat général Blanche a expliqué de la manière suivante la portée du décret de 1870 : bien que son interprétation n'ait pas, dans l'espèce, été admise par la cour, c'est elle qui a prévalu, par la suite, devant le tribunal des conflits ; c'est elle qui nous paraît établir avec un grand sens juridique la situation créée par l'abrogation de l'art. 75, « Est-il donc vrai, dit M. Blanche, que ce décret n'a pas seulement abrogé l'art. 75 de la constitution de l'an VIII, mais aussi modifiée les règles de la compétence si fortement établies par la loi des 16-24 août 1790 et 16 fructidor de l'an III ?

« Est-ce que le défaut d'autorisation a jamais été autre chose qu'une fin de non recevoir ? Est-ce qu'il a jamais agi sur la compétence ? ouvrez l'ordonnance du 1er juin 1828 et vous y verrez que le défaut d'autorisation *ne peut pas donner lieu à un conflit.* Pourquoi ? C'est que la prohibition de poursuivre les agents du gouvernement sans autorisation préalable n'a jamais constitué une règle de compétence, et qu'elle ne créait qu'une fin de non recevoir. La fin de non recevoir, le décret du 19 septembre 1870 l'a fait disparaître, mais la règle de

---

truction criminelle (abrogé aujourd'hui) assimilait le Préfet à un officier de police judiciaire, et, comme c'était en cette qualité seulement qu'il avait pu procéder, *il avait droit à la procédure spéciale* des art. 479 et 483 du Code d'Instruction criminelle, et, en vertu de l'axiome « le criminel tient le civil en état » il aurait fallu que le tribunal civil attendit le résultat de cette prise à partie pour statuer sur les dommages-intérêts.

compétence est restée la même, puisque le décret ne la modifie pas.

« Il en résulte que, depuis ce décret, les tribunaux judiciaires peuvent être saisis directement des faits imputables aux fonctionnaires, des faits à l'occasion desquels ils pouvaient être saisis précédemment, avec l'autorisation du gouvernement. Mais il est *irrationnel d'admettre que*, par voie de conséquence forcée, *les tribunaux sont devenus compétents* pour apprécier les faits dont la loi constitutionnelle leur interdit de connaître. »

Il existe, d'ailleurs, des dérogations à la règle de la séparation des pouvoirs, permettant à l'autorité judiciaire d'apprécier les actes administratifs dans les cas suivants :

1° En matière criminelle, et, en matière correctionnelle (sauf certaines conditions). (Ord. de 1828, art. 1 et 2.)

2° En matière de simple police : Art. 471 — 15° visant les règlements *légalement* faits;

3° En matière d'expropriation; (L. 3 mai 1841.)

4° En matière de contributions indirectes.

Mais ces exceptions sont de droit strict, et l'on y voit le législateur, lorsqu'il veut porter une atteinte au principe de la séparation des pouvoirs, prendre le soin de préciser sa pensée, d'organiser une procédure spéciale, et d'employer des expressions qui ne laissent substituer aucun doute.

Peut-on soutenir qu'il en est de même du décret du 19 septembre 1870 ?

C'était en ce sens que s'exprimait le rapport de M. Taillefer à l'Assemblée nationale pour préciser la portée de ces expressions du décret « *toutes lois générales ou spéciales* ».

« ..... Il ne sera pas inutile de faire connaître les dispositions spéciales qui ont disparu avec l'art. 75 : elles sont au nombre de trois :

Les préfets pouvaient autoriser la mise en jugement des préposés d'un octroi municipal (arrêt du 19 thermidor an X.) ils pouvaient dénoncer aux tribunaux, après avoir pris l'avis du sous-préfet, les percepteurs des contributions directes, pour des faits relatifs à leurs fonctions, sans que l'autorisation du Conseil d'État fût nécessaire. (Arrêté du 10 floréal an X.)

Enfin, le Directeur de l'Enregistrement pouvait autoriser des poursuites contre de simples employés. (Arrêté 9 pluviôse an X.)

« Telle est, exclusivement, la portée du décret du 19 septembre 1870. »

L'énumération de M. Taillefer est incomplète. Voici quelles étaient les dispositions spéciales analogues à l'art. 75.

Certains fonctionnaires pouvaient être traduits devant les tribunaux ordinaires, avec l'autorisation d'autorités inférieures au Conseil d'État.

1° Les préposés d'un octroi municipal avec l'autorisation du préfet. (Arrêté 29 thermidor an XI.)

2° Les percepteurs des contributions directes avec l'autorisation du préfet et l'avis du sous-préfet, et, en outre, *omis par M. Taillefer*. (Arrêté du 10 floréal an X.)

3° Les gardes-forestiers, avec l'autorisation de l'administration générale des forêts. (D. du 28 pluviôse an XI.)

4° Les préposés des douanes, avec l'autorisation du Directeur général des douanes. (Second arrêté du 29 therm. an XI.)

5° Les préposés des droits réunis avec l'autorisation du Directeur des droits réunis. (D. 28 messidor an XIII.)

Quant aux agents de l'enregistrement, ils composent une seconde classe, avec les agents des postes et ceux de la loterie. Ces différents employés pouvaient être traduits devant les tribunaux par les Directeurs de ces différentes administrations. Ici il ne s'agissait pas d'autorisation, on visait les poursuites intentées directement par les supérieurs hiérarchiques. (Arrêtés du 9 pluviôse an X.)

On voit, en somme, qu'il n'y avait rien de spécieux à soutenir que les expressions du décret du 19 septembre, en visant les lois spéciales, se référaient à ces diverses dispositions de détail, assez nombreuses pour mériter une mention du législateur.

Au dire du rapporteur, le décret laissait donc en dehors de ses termes la seconde garantie constitutionnelle, *réelle*, qui se traduit ; 1° par l'interdiction faite aux juges de connaitre des actes administratifs (L. 16-24 août 2790 et 17 fructidor an III).

2° Par la création, dans le sens de l'administration, d'une juridiction spéciale pour statuer sur les réclamations auxquelles peuvent donner lieu les actes administratifs (L. 11 septembre 1790, 7-14 octobre 1790, 25 avril — 25 mai 1791.

3° Enfin, par le droit pour l'autorité administrative de revendiquer devant l'autorité judiciaire la connaissance et le contrôle de ses propres actes (L. 7-14 octobre 1790 — L. 27 avril - 25 mai 1791).

Il nous reste à mentionner l'avis exprimé par M. Boulatignier (Dictionnaire d'administration de Blanche, *conflits*). Ce jurisconsulte soutient que la portée du décret du 19 sept. 1870 est absolue, et que les tribunaux judiciaires devenant compétents, le principe de la séparation des pouvoirs *subsiste toujours, mais* qu'il est placé sous la sauvegarde *de la Cour de Cassation.*

Les raisons que nous avons développées ne permettent pas d'accueillir cette explication ; elle nous semblerait cependant *des plus correctes, au point de vue abstrait ;* certes, s'il était loisible d'édifier de toutes pièces une organisation sociale où se mouvraient des hommes sans passions, c'est au pouvoir judiciaire que l'on attribuerait la décision suprême en ces matières. Mais, qu'on ne l'oublie pas, la séparation des pouvoirs est basée sur la méfiance envers l'autorité judiciaire, et lui remettre le maniement de l'arme forgée contre elle, équivaudrait à l'abandon du principe.

Nous avons vu qu'une seconde interprétation du décret du 19 septembre avait ramené ses conséquences à leur véritable proportion, et avait maintenu la garantie réelle.

Elle suffit à remplacer la garantie personnelle, au point de vue de la protection nécessaire aux fonctionnaires, mais, bien que le principe en soit différent, elle abrite, comme l'art. 75, des confusions préjudiciables aux droits des citoyens. Quelles que soient les procédures, la sauvegarde de la séparation des pouvoirs réside moins dans leurs dispositions, que dans l'incorruptible vertu des magistrats.

Or, le législateur ne peut pas tabler sur la perfection humaine, et les théories assombries de Hobbes et de Machiavel doivent servir de base à toute constitution. Le régime parlementaire, ce gouvernement de la méfiance par excellence, préconisé par Stuart Mill, permet-il du moins de trouver plus haut cette responsabilité qui, aux degrés inférieurs de la hiérarchie doit se dérober.

C'est à l'organisation efficace de la triple responsabilité politique, pénale et civile des ministres qu'il faut demander cette garantie indispensable de la liberté des citoyens : cette solution appartient au domaine de la philosophie et du droit constitutionnel.

POSITIONS

DROIT ROMAIN

I. — Contrairement à l'assertion de Tite-Live (L, **X**, 9.) la déclaration « *improbè factum* » émanant des comices entraînait une mise hors la loi contre les magistrats coupables.

II. — Aucune disposition légale n'assurait l'irresponsabilité du dictateur en charge.

III. — La concussion était distincte des crimes *repetundarum*.

IV. — L'action spéciale contre les publicains, telle qu'elle est établie avec titre « *de publicanis* » diffère essentiellement des actions de droit commun ; selon les circonstances, et dans des cas déterminés au chapitre 6-4° de cette thèse, les parties avaient intérêt à user des actions de droit commun ou de l'action spéciale.

V. — La loi 2, §.3, *de populari actione*, en disant que le préteur a le droit de choisir, parmi plusieurs accusateurs « *idoniorem* » n'a pas voulu signifier « le plus solvable. » comme l'ont compris plusieurs auteurs : la garantie de fortune n'était qu'une des considérations multiples que devait envisager le préteur.

VI. — Celui à qui l'hérédité est restituée en vertu du S. C. Trébellien ne trouve pas dans cette hérédité l'action populaire *intentée par le défunt.* (L. 7 *de popul. act.*) Elle demeure par conséquent au grevé de restitution.

VII. — Le désistement d'une action populaire ne peut être attaqué par les créanciers en vertu de l'action *paulienne.*

VIII. — L'opinion de Paul (Sentences, L. 1, 6, 3.), que l'accusation dans laquelle on a succombé peut être reprise par un autre, est inexacte dans sa trop grande généralité.

IX. — Cicéron (*pro* Flacco 36, 37) commet une erreur intentionnelle lorsqu'il dit « *nihil potest de legitimà tutelà sine omnium auctoritate, diminui* ».

DROIT FRANÇAIS

DROIT CIVIL

I. — L'art. 2102, 7° confère à l'État et aux particuliers deux priviléges distincts, qui ne sont pas de même ordre et ne s'exercent pas concurremment : celui de l'État est primé par celui du particulier, non-seulement lorsque la créance de l'État résulte d'une condamnation pénale (amendes) mais encore lorsqu'elle a le caractère d'une réparation civile.

II. — La nullité des actes de l'interdit, prononcée par l'art. 502, est absolue, et s'étend même aux droits dont *l'exercice* et la *jouissance* ne peuvent être séparés.

III. — Les dons manuels sont interdits par la législation actuelle.

DROIT PUBLIC

IV. — La théorie de la séparation des pouvoirs, telle qu'elle est actuellement organisée, est faussement attribuée à Montesquieu.

V. — L'art. 75 de la Constitution de l'an VIII n'avait pas été abrogé par les art. 69 et 70 de la Charte de 1814.

VI. — Le décret du 19 septembre 1870 a laissé subsister la garantie réelle, résultant du principe de la séparation des pouvoirs et organisée par la procédure de conflit.

VII. — Le particulier, cité devant un tribunal administratif, peut, après le rejet de son exception d'incompétence, saisir *directement* le Tribunal des conflits, par voie de requête.

VIII. — Dans toute affaire soumise à un tribunal administratif, lorsqu'une question de propriété, d'état ou de capacité est soulevée, le tribunal doit *surseoir* jusqu'à ce que la question préjudicielle ait été tranchée par l'autorité judiciaire.

IX. — Le Tribunal des conflits excède ses pouvoirs, lorsqu'il juge au fond les affaires qui lui sont soumises ; il doit se borner à prononcer sur la compétence, et, au cas où il reconnait que le litige est du ressort des tribunaux administratifs, renvoyer l'affaire devant le Conseil d'État, pour qu'il soit statué au fond.

PROCÉDURE

X. — Est erronée la doctrine du Tribunal des conflits décidant que, en présence de la nécessité de l'interprétation d'un acte administratif, l'autorité judiciaire doit se déclarer *incompétente* ; elle doit se borner *à surseoir*, sans se dessaisir.

XI. — Est seul compétent pour élever le conflit devant un Tribunal de renvoi le Préfet du département dans lequel a été rendu le premier jugement de compétence.

DROIT PÉNAL

XII. — L'amnistie laisse subsister tous les droits acquis aux tiers par la condamnation. (Argument tiré de *l'abolitio* romaine).

XIII. — La partie civile ne peut mettre en mouvement l'action publique devant aucune juridiction.

XIV. — L'art. 131 du Code pénal frappe d'une pénalité les membres des tribunaux administratifs qui refusent de surseoir jusqu'à ce que la question de compétence ait été tranchée par le Tribunal des conflits.

XV. — L'art. 131 du Code pénal n'est pas applicable aux Conseillers d'État lorsque, agissant, non comme juges d'appel, mais comme juges du recours pour excès de pouvoir, ils ont refusé d'annuler l'acte abusif. Dans ce cas l'administrateur est seul responsable.

XVI. — Le Conflit ne peut être élevé au criminel *sur l'action publique*. Là se borne la portée de l'art. 1er de l'ordonnance du 1er juin 1828 ; ce texte ne met pas obstacle à ce que le gouvernement élève le Conflit sur l'action civile ou sur la plainte de la partie.

Le Président,

GÉRARDIN.

Vu par le Doyen,

Ch. BEUDANT.

Vu et permis d'imprimer :

Le Vice-Recteur de l'Académie de Paris,

GRÉARD.

TABLE DES MATIÈRES

Imp, du Fort-Carré Paris, 19, Chaussée-d'Antin

www.ingramcontent.com/pod-product-compliance
Ingram Content Group UK Ltd.
Pitfield, Milton Keynes, MK11 3LW, UK
UKHW021917070726
13614UKWH00001B/83